BAR INTERNATIONAL SERIES 3043 | 2021

Tecniche digitali e geoarcheologia per lo studio del paesaggio medievale

Uno studio interdisciplinare in Pianura Padana centrale

FILIPPO BRANDOLINI

Published in 2021 by
BAR Publishing, Oxford

BAR International Series 3043

Tecniche digitali e geoarcheologia per lo studio del paesaggio medievale

ISBN 978 1 4073 5854 3 paperback
ISBN 978 1 4073 5855 0 e-format

DOI https://doi.org/10.30861/9781407358543

A catalogue record for this book is available from the British Library

© Filippo Brandolini 2021

COVER IMAGE *Veduta area della Botte Bentivoglio all'incrocio tra Torrente Crostolo e Cavo Parmigiana – Moglia (Guastalla – RE).*

The Author's moral rights under the 1988 UK Copyright, Designs and Patents Act, are hereby expressly asserted.

All rights reserved. No part of this work may be copied, reproduced, stored, sold, distributed, scanned, saved in any form of digital format or transmitted in any form digitally, without the written permission of the Publisher.

Links to third party websites are provided by BAR Publishing in good faith and for information only. BAR Publishing disclaims any responsibility for the materials contained in any third party website referenced in this work.

BAR titles are available from:

BAR Publishing
122 Banbury Rd, Oxford, OX2 7BP, UK
EMAIL info@barpublishing.com
PHONE +44 (0)1865 310431
FAX +44 (0)1865 316916
www.barpublishing.com

Di relativo interesse

The Clay World of Çatalhöyük
A fine-grained perspective
Chris Doherty

Oxford, BAR Publishing, 2020 — BAR International Series **2981**

Carta archeologica di Vaste – territorio comunale di Poggiardo (Puglia meridionale)
Giovanni Mastronuzzi, Fabrizio Ghio and Valeria Melissano

Oxford, BAR Publishing, 2019 — BAR International Series **2939**

Il paesaggio trasformato
La pianura a sud di Padova tra Romanizzazione e Tarda Antichità
Michele Matteazzi

BAR Publishing, 2019 — BAR International Series **2921**

Géoarchéologie de la transition Pléistocène-Holocène dans le nord-est pampéen (Buenos Aires, Argentine)
Révision historique, stratigraphique et taphonomique. Perspectives pour le peuplement pré-LGM
Marcelo Javier Toledo

Oxford, BAR Publishing, 2017 — BAR International Series **2880**

Dinamiche Insediative nel Territorio di Canicattini Bagni e nel Bacino di Alimentazione del Torrente Cavadonna (Siracusa) tra Antichità e Medioevo
Santino Alessandro Cugno

Oxford, BAR Publishing, 2016 — BAR International Series **2802**

For more information, or to purchase these titles, please visit **www.barpublishing.com**

A Sofia

Ringraziamenti

Desidero ringraziare i supervisori del mio dottorato di ricerca, prof. Mauro Cremaschi e prof. ssa Manuela Pelfini (Università degli Studi di Milano) per avermi continuamente consigliato su come affrontare e sviluppare i temi della ricerca qui presentata. Desidero inoltre ringraziare per i confronti, i consigli e gli insegnamenti ricevuti le tante persone che nel corso degli anni del dottorato mi hanno guidato e aiutato: il prof. Andrea Zerboni (Università degli Studi di Milano), il prof. Luca Trombino (Università degli Studi di Milano), il dottor Guido Stefano Mariani (Università di Cagliari), il dottor Stefano Costanzo (Università degli Studi di Napoli "L'Orientale"), il prof. Sam Turner (Newcastle University, UK), il dottor Francesco Carrer (Newcastle University, UK) per avermi introdotto nel mondo delle *Spatial Humanities*, la prof.ssa Maria Elena Gorrini (Università degli Studi di Pavia), il dottor Giacomo Patrucco (Politecnico di Torino) per il suo aiuto nel procedimento fotogrammetrico e, infine, la mia collega dott.ssa Nika Shilobod (Plymouth University) che ha revisionato l'inglese del manoscritto. Un ringraziamento doveroso va anche allo staff dell'Archivio di Stato di Modena e dell'Archivio di Novellara (RE), che grazie alla loro professionalità e disponibilità hanno facilitato il lavoro di ricerca di fonti, documenti e cartografia storica. Desidero ringraziare, inoltre, gli anonimi revisori che, con commenti e suggerimenti costruttivi, hanno contribuito a migliorare significativamente l'elaborato finale. Un ringraziamento finale a tutta la mia famiglia per il loro costante supporto e incoraggiamento. A tutti voi, grazie.

Indice

Lista delle figure ix
Lista delle tabelle xi
Abstract xii

Introduzione 1

1. Impostazione della ricerca 3
    1.1 L'area di studio 3
    1.2 Materiali e Metodi 5
        1.2.1 Il Dataset: fonti storiche, cartografia, dati archeologici e geopedologici 6
        1.2.2 Archeologia del paesaggio: principi e prospettive 11
        1.2.3 Geoarcheologia 12
        1.2.4 L'era della Digital Geoarchaeology 12

2. Genesi delle paludi padane 21
    2.1 Geomorfologia del territorio 22
    2.2 Contesto storico-archeologico 23

3. Estensione, limiti e caratteristiche delle "*valli-paludi*" 29
    3.1 L' Enza "*Carolingia*" 29
    3.2 Le valli – paludi 30

4. Insediamenti e gestione del territorio 37
    4.1 Il sito di *Castrum Popilii* 37
        4.1.1 Una motta medievale nei pressi della palude 37
        4.1.2 Micropedologia 41
        4.1.3 Tecniche edilizie rurali alla luce del dato geoarcheologico 47
    4.2 Evoluzione delle dinamiche antropiche e ambientali 49
        4.2.1 Point Pattern Analysis (PPA) 49
        4.2.2 Le forme del paesaggio tardo-medievale: ventagli di rotta e bonifiche "*per colmata*" 54

5. Bonifiche post-medievali e moderne 63

6. Transdisciplinarietà e disseminazione culturale: gli itinerari 71

7. Conclusioni 75
    7.1 Il paesaggio medievale ricostruito 76
    7.2 *Digital Geoarchaeology*: vantaggi, potenzialità e prospettive future 77

Appendice. A- Codice in R relativo alle analisi geospaziali presentate nel Cap. 4.2.1 81
Bibliografia 89

Lista delle figure

Fig. 1.1 Localizzazione dell'area di studio (in rosso) nella Pianura Padana (Italia Settentrionale) 5

Fig. 1.2 Area di studio. Le zone delimitate da tratteggio in bianco indicano le due valli-paludi medievali di Gualtieri (a Ovest) e Novellara (a Est) 5

Fig. 1.3 Rappresentazione schematica dei tre differenti approcci di ricerca 7

Fig. 1.4 Rappresentazione schematica del procedimento interdisciplinare adottato 7

Fig. 1.5 Carta topografica del comune di Novellara (RE) del 1774 digitalizzata con metodo fotogrammetrico 10

Fig. 1.6 Sovrapposizione generale dei fotogrammi acquisiti per la carta "Grandi Mappe-4"(fig. 1.5) 10

Fig. 1.7 A) Modello digitale ad alta risoluzione della carta di fig.1.5 ottenuto con Agisoft Photoscan 11

Fig. 1.8 Diagramma di Venn che rappresenta l'interazione tra diverse discipline archeologiche 13

Fig. 1.9 Mappa concettuale della definizione di *Digital Geoarchaeology* 14

Fig. 1.10 Sistema di classificazione del modulo *r.geomorphon* 16

Fig. 1.11 Esempio di una possibile definizione fuzzy del concetto umano di *giovane* 17

Fig. 1.12 Rappresentazione grafica di eventi spaziali generati da un processo stocastico e delimitato da una regione definita 17

Fig. 1.13 Confronto tra intensità costante all'interno della regione (*HPP*, a sinistra) e intensità spazialmente variabile (*IPP*, a destra) 18

Fig. 1.14 Effetti di attrazione e segregazione sull'interazione spaziale tra punti 18

Fig. 2.1 "*Topografia delli antichi alvei del Po e della gran padusa*" J.P. Neri, 1570 22

Fig. 2.2 Variazioni climatiche tardo-oloceniche 24

Fig. 2.3 Schematica ricostruzione delle principali unità geomofologiche dell'area di studio 24

Fig. 2.4 Schematica rappresentazione del sistema della centuriazione romana (a sinistra) e quello delle *curtes* medievali (a destra) (immagine modificata da [190]) 25

Fig. 2.5 Centuriazione sepolta nell'area delle Valli Nuove di Guastalla (RE) 26

Fig. 2.6 I tre elementi fondamentali della *Bonifica Bentivoglio* ancora attivi e integrati nel moderno sistema di drenaggio della Bassa Pianura Reggiana 28

Fig. 3.1 DTM (a sinistra) e raster ricavato con *r.geomorphon* (a destra) 31

Fig. 3.2 Sovrapposizione della carta pedologica con il DTM dell'area di studio 32

Fig. 3.3 Raster del rischio di alluvionamento generata con il modulo r.hazard.flood in GRASS GIS 33

Fig. 3.4 Risultato della *fuzzyfication* del raster del DTM (A); MTI (B) e carta pedologica. (C) 34

Fig. 3.5 Fuzzymap delle valli-palude. I punti neri indicano i siti medievali 35

Fig. 4.1 Localizzazione del sito di Poviglio nell'area di studio 38

Fig. 4.2 DTM dell'area di studio. A sinistra: l'elevazione del terreno del centro storico del Poviglio 39

Fig. 4.3 Sezione stratigrafica del sito di Santo Stefano di Poviglio 41

Fig. 4.4. 1 - Noduli fosfatici impregnati di Fe / Ca (MFT B; SS 3) 43

Fig. 4.5. Ricostruzione schematica della sequenza stratigrafica del sito 44

Fig. 4.6. MFT B, zona attiva 45

Fig. 4.7. Microstruttura massiccia e pedofeature amorfe Fe-Ca-P (frecce gialle) 46

Fig. 4.8. Zona passiva di tipo 1 (o PZ 1). Una breve sequenza di fitoliti (frecce blu) 46

Fig. 4.9. A- Frammento di intonaco a base di calce con bordo biancastro (frecce bianche) e punto di diopsite (freccia blu) 47

Fig. 4.10. Passaggio da zona attiva a zona passiva di tipo 2 nella sequenza stratigrafica *Castrum Popilii* 48

Fig. 4.11 Localizzazione siti romani (pallini bianchi) e siti medievali (pallini neri) all'interno della regione di studio indagata (linea nera) 49

Fig. 4.12 Le tre covariate utilizzate per la PPA 51

Fig. 4.13 Misura della funzione L bivariata omogenea (a sinistra) e inomogenea (a destra) 52

Fig. 4.14 Valori residuali dei due modelli R1 (a sinistra) e M1 (a destra) 54

Fig. 4.15 Dettaglio del paleodosso del Cavo Tagliata rappresentato in [57] 56

Fig. 4.16 Immagine satellitare (© Google Earth 2019) del cavo Tagliata 56

Fig. 4.17 Dettaglio del Cavo Tagliata nel DTM dell'area di studio 57

Fig. 4.18 Cartografia storica dell'area di studio 58

Fig. 4.19 Dettaglio della carta AsMo 52 - "Congregazione delle Acque e delle Strade, Reggio e Reggiano" Archivio di Stato di Modena 59

Fig. 4.20 Dettaglio della carta AsMo 53 - "Congregazione delle Acque e delle Strade, Reggio e Reggiano" Archivio di Stato di Modena 60

Fig. 4.21 Dettaglio del DTM dell'area di studio 61

Fig. 4.22 Ripresa aerea della Chiesa di San Bernardino e del dosso del *Crustulus Vetus*, il cui tracciato è oggi percorso dalla SP81 61

Fig. 5.1. Schematica rappresentazione dei principali interventi della Bonifica Bentivoglio 64

Fig. 5.2 *Botte Bentivoglio*. Si tratta di un edificio in muratura, di tipologia a torre, su tre livelli con interrato, con copertura a padiglione in coppi di laterizio 65

Fig. 5.3 Lapide collocata nel 1765 sulla facciata est della Botte Bentivoglio 66

Fig. 5.4 Ripresa da drone dell'impianto idrovoro del Torrione (Gualtieri, RE) 67

Fig. 5.5 Idrografia e sistemi di drenaggio di metà XIX sec. d.C. nell'area compresa tra le città di Guastalla e Novellara 67

Fig. 5.6 Sistema di drenaggio contemporaneo (in blu) e attuale corso dei torrenti appenninici (in azzurro) 68

Fig. 5.7 Esempio di un *dugale* ormai soppresso, il *Canal Barchesino* 69

Fig. 6.1 Uno degli eventi organizzati durante le celebrazioni *2200 anni della Via Aemilia* in cui è stato proposto l'itinerario culturale nell'area indagata 73

Fig. 6.2 Un momento durante il percorso dell'itinerario medievale 73

Fig. 6.3 Itinerario Medievale 74

Fig. 6.4 Una delle chiaviche ancora attive lungo il Cavo Tagliata in località Villarotta (RE) 74

Lista delle tabelle

Tab. 1.1 Elenco delle principali fonti documentarie consultate per questo studio.. 8

Tab. 1.2 Elenco delle principali carte archeologiche e archivi web consultati per reperire i dati archeologici editi dell'area di studio.. 8

Tab. 1.3 Lista dei catasti storici utilizzati per il Catasto Storico della Regione Emilia-Romagna in formato WMS.......... 9

Tab. 4.1 Risultati delle analisi con dosimetria termoluminescente.. 39

Tab. 4.2 Classificazione tessiturale dei suoli codificata dal Dipartimento dell'Agricoltura degli Stati Uniti d'America . 51

Tab. 4.3 Risultato del processo BIC stepwise per la selezione delle covariate e selezione del modello secondo i pesi BIC 52

Tab. 4.4 Coefficienti BIC dei modelli per i siti Romani (sopra) e i siti Medievali (sotto) 52

Abstract

Landscapes are geographic areas perceived by people whose characteristics result from the interaction between natural factors and human activities. Though the concept of "landscape" is much older, current global challenges have been brought into the spotlight, highlighting the concept's importance in sustainable conservation policy (European Landscape Convention, 2000). Landscapes are the cumulation of processes that have lasted centuries. Thus, it is necessary to consider the past to inform the present and future. Therefore, it is imperative to understand a site's formation processes in a diachronic sense to both mitigate potential problems and assist in revitalising damaged ecosystems.

The European landscape retains aspects derived directly from environmental factors and anthropogenic interventions of the post-Roman era; therefore, focusing on the Medieval period is crucial for understanding which factors may have influenced the current landscape shape. In particular, the reciprocal interaction between fluvial environments and human activities has been documented since the Neolithic, when fluvial landscapes were first altered for agriculture purposes. Today, floodplains are densely cultivated, and the modern European countryside is principally derived from the human landscape modification that occurred in medieval times.

This research focuses on one of the most important European riverscapes, the Po Plain (Northern Italy), which has always played a fundamental role in the historical and geographical connection between the Mediterranean and continental Europe.

The collapse of the Western Roman Empire (5th century CE), associated with a cooling climate phase, triggered a waterlogging process in a large portion of the Po Plain. Swamps became the typical features of the Medieval landscape until large-scale land reclamation works reshaped the riverscape for agricultural purposes (15th century CE).

The results presented in this volume contribute to integrate our knowledge about the genesis, development and management of marshy environments of the central Po Plain. What distinguishes this research from similar archaeological studies about the Medieval riverscape of the Po Plain is the interdisciplinary approach adopted. As accounted by the title, geoarchaeological techniques and digital tools have been combined following the principles of Digital Geoarchaeology. This definition refers to a novel approach: computer science, geoscientific know-how and archaeological expertise are combined for multi-method investigations of past human-environment relationships. Within the framework of Digital Geoarchaeology, disciplines are meant to support each other and interconnect. Finally, this study aims to detect and unravel/disentangle the ten centuries-long mutual interactions between anthropogenic activity and environmental factors in the central Po Plain through the synergic combination of geosciences, archaeological data and spatial statistics.

Introduzione

Secondo la definizione formulata durante l'*European Landscape Convention* (Firenze, Italia – 20 ottobre 2000), i paesaggi sono aree geografiche percepite dall'uomo le cui caratteristiche sono il risultato dall'interrelazione tra fattori naturali e attività umane nel corso del tempo[1]. Gli Stati membri del Consiglio d'Europa, inoltre, hanno ribadito il fondamentale ruolo esercitato dai paesaggi in campo culturale, ecologico, ambientale e sociale. I paesaggi, come appaiono oggi ai nostri occhi, sono l'esito di un processo evolutivo durato secoli: per promuovere politiche sostenibili di salvaguardia e valorizzazione è chiaramente necessario ricostruire questo processo formativo in senso diacronico. Il paesaggio europeo conserva nel suo aspetto elementi derivati direttamente da processi ambientali e interventi antropici occorsi in epoca post-romana, pertanto risulta indispensabile focalizzarsi sul periodo medievale per comprendere quali fattori abbiano maggiormente influenzato la sua formazione [1–3].

Nel Medioevo il paesaggio ha rappresentato una fondamentale risorsa per la collettività, che ha modellato il territorio in cui risiedeva in funzione delle proprie necessità [4]. Nei primi secoli del Medioevo le comunità di individui tendevano ad adattarsi alle nuove condizioni ambientali innescatesi in epoca post-romana, mostrandosi resilienti al cambiamento e sfruttando a proprio vantaggio le risorse del paesaggio naturale: un esempio ben noto da dati storici e archeologici è il ruolo preponderante assunto nell'Alto Medioevo dalle pratiche silvopastorali a discapito della tradizionale economia agricola romana. Fu invece soprattutto l'attività monastica dei secoli centrali del Medioevo a iniziare un processo di "recupero" degli spazi naturali riconvertendoli a uso agricolo. E' da questo momento che si assiste a un'inversione di tendenza in cui il paesaggio non è più visto solo come una risorsa, ma viene modellato su misura delle collettività che vi abitano. Bosco [2,5,6] e palude [7–9] sono due tratti caratteristici del paesaggio medievale i cui risvolti economici, sociali e ambientali sono stati ampiamente trattati in passato nei lavori di Aldo Settia [10–13] e di Vito Fumagalli [14–16], profondi conoscitori del Medioevo padano. In Italia Settentrionale e in particolare nelle aree di Bassa Pianura, ampie distese paludose e boschive comportarono una rimodulazione delle dinamiche di popolamento e lo sviluppo di nuove logiche d'occupazione che riguardarono tanto lo sfruttamento, quanto il rapporto con lo spazio contemporaneo [17].

Obiettivo della ricerca presentata in questo elaborato è la ricostruzione delle dinamiche insediative, sociali e ambientali della Pianura Padana centrale in un arco cronologico che va dalla tarda età romana (V sec. d.C.) al Basso Medioevo (XV sec. d.C.), attraverso l'analisi del popolamento, delle trasformazioni delle aree considerate e delle attività antropiche di gestione e sfruttamento delle *valli-paludi* post-romane. Le interazioni tra uomo e ambiente, infatti, hanno fortemente condizionato l'assetto del territorio della Pianura Padana per tutto il Medioevo. Dal V secolo d.C., cambiamenti climatici più o meno repentini, unitamente a un calo del controllo antropico sulla regimazione dell'idrografia padana, hanno profondamente alterato il paesaggio [18] con conseguenze sulle pratiche agricole e selvicolturali, nonché sulle pratiche tecnologiche e insediamentali delle popolazioni. Un tratto caratteristico della Pianura Padana è rappresentato proprio dalle *valli-paludi*, depressioni della pianura alluvionale del Po, spesso soggette a impaludamento e inondazione dall'era post-romana fino alla loro bonifica, iniziata in epoca rinascimentale e definitivamente completata solo tra XIX e XX secolo d.C.

I risultati presentati in questo volume contribuiscono a integrare la nostra conoscenza circa genesi, sviluppo e gestione degli ambienti paludosi della Pianura Padana centrale e a esaminare le mutue interazioni tra attività antropica e fattori ambientali nel Medioevo. Le tematiche affrontate in questo studio, infatti, si inseriscono in una ormai pluridecennale tradizione di studi di archeologia del paesaggio medievale in area padana [19]. L'analisi storica delle fonti scritte, unitamente a mirate ricognizioni sul terreno, ha permesso, per esempio, l'interpretazione delle dinamiche di trasformazione dell'insediamento fluviale tra i fiumi Tanaro e Po, dall'Alto Medioevo fino al XIX secolo d.C., evidenziando le potenzialità offerte dallo studio delle fonti scritte nell'ambito di una scala micro-territoriale [20]. Nell'Oltrepo' Mantovano, invece, è stata indagata in maniera approfondita l'attività monastica benedettina di regimazione delle acque e gestione del territorio con contributi derivati da dati storici, archeologici e geoarcheologici [21]. Uno studio analogo per metodologia e tematiche è stato condotto anche nell'area valliva a nord di Mirandola (MO) e finalizzato alla comprensione delle dinamiche evolutive che hanno portato alla formazione dell'attuale assetto idrografico e antropico dei territori del destra Secchia [22].

Sempre in bassa pianura modenese uno studio di archeogeomorfologia ha portato al riconoscimento delle caratteristiche principali del paesaggio rurale tra i secoli VIII e XIV d.C. mettendo in relazione informazioni storiche topografiche con il dato geomorfologico [23]. Nel bolognese, invece, sono soprattutto gli studi di Stefano Cremonini ad aver esaustivamente ricostruito l'evoluzione di questa porzione di Pianura Padana durante il Tardo

---

[1] https://www.coe.int/en/web/conventions/full-list/-/conventions/treaty/176

Olocene attraverso una puntuale lettura geomorfologica della complessa idrografia storica dell'area [24–28]. Proseguendo idealmente verso il delta del Po e la costa adriatica, si segnala lo studio topografico e geoarcheologico di Alessando Alessio Rucco, che ha studiato le dinamiche evolutive del paesaggio altomedievale focalizzando l'attenzione soprattutto sugli aspetti naturali e antropici del paesaggio comacchiese tra VII e X secolo d.C. [29]. Infine, Occorre ricordare anche l'analisi sistematica del paesaggio condotta da Fabio Saggioro nella bassa pianura veronese [30] e ferrarese [31] in cui le variazioni del popolamento in epoca post-romana mostrano una stretto legame con le dinamiche ambientali.

Geograficamente, l'area indagata in questo elaborato aggiunge un tassello alla ricostruzione dell'ambiente della Pianura Padana e del rapporto che con esso avevano le comunità antropiche in epoca medievale fino alle bonifiche rinascimentali. La Bassa Pianura Reggiana, infatti, è stata ampiamente indagata per quanto riguarda l'Età del Bronzo grazie alla combinazione di geoscienze, analisi palinologiche e dati archeologici [32]. Recenti studi di archeologia del paesaggio si sono concentrati soprattutto sul periodo romano [33,34] mentre l'evoluzione del popolamento in epoca medievale e il rapporto delle comunità locali con le valli-palude è stato indagato attraverso localizzate indagini archeologiche [35] e documentazione storica [36].

Ciò che maggiormente distingue questa ricerca da simili studi di archeologia del paesaggio medievale padano è proprio l'approccio interdisciplinare adottato. Studi in contesti simili hanno dimostrato come il dialogo tra archeologia e discipline differenti, in special modo fonti storiche [37], geografia [38], palinologia e xilologia [39–42], e geomorfologia [23,43,44] sia essenziale per poter approfondire la nostra consapevolezza circa l'interazione tra habitat medievale e comunità antropiche. Recentemente, dati stratigrafici ottenuti per mezzo di carotaggi localizzati e informazioni ricavabili dalla cartografia archeologica e geologica edita, hanno permesso di indagare caratteristiche e spessore dei depositi alluvionali post-romani nella porzione orientale della Pianura Padana [23,29,45]. Sin dalle sue prime applicazioni in area padana [46,47], la geoarcheologia è senza dubbio l'approccio interdisciplinare che ha restituito i risultati più esaurienti riguardo l'idrografia storica medievale, la genesi e lo sviluppo di ambienti paludosi e le mutate dinamiche di insediamento antropico [44,48].

L'inarrestabile processo di interdisciplinarità ha portato all'integrazione, a sua volta, della geoarcheologia con tecniche digitali e computazionali giungendo alla definizione della *Digital Geoarchaeology* [49]. Il termine racchiude nel suo significato un nuovo metodo di indagine che coniuga l'elaborazione di dati archeologici, geoscienze e modellizzazione spaziale per rispondere all'esigenza di comprendere le dinamiche passate che hanno portato alla formazione dei paesaggi odierni. I primi pionieristici esiti dell'interazione tra tecniche digitali e geoarcheologia in Pianura Padana centrale risalgono ai primi anni '90 [50] e, malgrado i limiti strumentali dell'epoca, emersero chiaramente i vantaggi di tale approccio interdisciplinare. In questo elaborato, l'adozione di metodologie di ricerca spaziale ha permesso non solo di mettere in luce nuovi aspetti qualitativi di questo rapporto uomo – paesaggio nel Medioevo, ma anche di quantificarli. La statistica spaziale e in particolar modo la *Point Pattern Analysis* rappresentano una metodologia ormai consolidata per lo studio del passato dell'uomo e offre potenzialità un tempo inimmaginabili, soprattutto in studi a scala di paesaggio.

La ricerca presentata in questo volume consiste dunque in uno studio di archeologia del paesaggio in Pianura Padana centrale (Italia) in epoca Medievale attraverso un metodo interdisciplinare che combina dati storici e archeologici, geoarcheologia, modellizzazione spaziale e strumenti computazionali secondo i principi della *Digital Geoarchaeology*. Lo scopo della ricerca è non solo quello di comprendere le variabili culturali e ambientali che incisero sulle modalità con le quali l'uomo entrò in relazione con lo spazio naturale, ma anche di quantificare questa continua interazione tra uomo e ambiente nel Medioevo. Fine ultimo di questa ricerca è mostrare la potenzialità della *Digital Geoarchaeology* per la ricostruzione di paesaggi del passato e per migliorare la nostra comprensione di essi. Si tratta, inoltre, di un approccio interdisciplinare altamente versatile e adattabile a dati eterogenei la cui rielaborazione permette, in un'ottica transdisciplinare [51], di contribuire anche alla definizione di strategie sostenibili per la salvaguardia e la fruizione dei paesaggi culturali per le generazioni future.

L'elaborato si articola in una serie di capitoli che affrontano i vari passaggi della ricerca e i risultati ottenuti. Dopo una breve premessa sulla scelta dell'area di studio, il Capitolo 1 espone in maniera articolata i vari metodi, strumenti e tecniche adottati. Nei capitoli successivi, invece, vengono presentati i risultati ottenuti dall'approccio interdisciplinare scelto. In particolare, il Capitolo 2 racconta quali fattori ambientali e socioculturali hanno portato all'impaludamento dell'area nell'Alto Medioevo mentre il Capitolo 3 si focalizza sulla ricostruzione delle caratteristiche fisiche delle due valli-paludi di Gualtieri e di Novellara. Nel Capitolo 4, il mutuo rapporto tra attività antropiche e ambiente viene indagato con tecniche geoarcheologiche e analisi geospaziali, che hanno permesso di ricostruire le dinamiche insediative e di gestione del territorio sia a scala di sito (Cap. 4.1), sia a scala di paesaggio (intra-sito) (Cap. 4.2). Il Capitolo 5, infine, esplora gli effetti delle bonifiche post-medievali sull'evoluzione dell'area studiata, evidenziando gli elementi storici ancora ben riconoscibili nel paesaggio contemporaneo. L'importanza della disseminazione culturale dei risultati ottenuti a un pubblico non prettamente accademico viene affrontata nel Capitolo 6, in cui vengono presentati anche i percorsi culturali proposti e "testati" nel corso di eventi culturali organizzati da enti locali. Il capitolo conclusivo (Capitolo 7) chiude l'elaborato con considerazioni generali sui risultati ottenuti e sui vantaggi che comporta l'applicazione dell'approccio interdisciplinare della *Digital Geoarchaeology* per lo studio delle dinamiche evolutive di un paesaggio medievale.

1
Impostazione della ricerca

The Po Plain is the largest floodplain in Italy with a long history of human habitation. Because of the wealth of existing information about the area, it is an ideal for the interpretation of environmental and cultural influences between the Mediterranean regions and continental Europe. The area is especially unique due to its complex settlement and land-management history, making it an ideal study-area to specifically investigate the adaptive dynamics of human communities in alluvial environments.

This research focuses on the portion of Central Po Plain comprised between the Po River, the Apennines foothills and the two cities of Parma and Modena. Here, both natural and anthropogenic manipulation alluvial processes have been previously established as the main drivers of the environmental history of the riverscape. Traces of protohistoric human–environmental interactions have been found, with the first historical large-scale land and water management project in the study area dated to the 2nd century BC. At that time, the Romans colonized the Po Plain and profoundly modified the natural landscape by dividing the cultivated land into square fields with a regular grid of roads and ditches. After the collapse of the Roman Empire (5th century CE), the maintenance of the irrigation systems was neglected and fell to disrepair. This, combined with a cooling climate, led to the gradual waterlogging of the Po Plain. As a result, the natural depressions on the right side of the Po River turned into two vast swamp basins known as Valle di Gualtieri and Valle di Novellara.

The intensive and complex human-environment interaction in the Po Plain during the Roman and Medieval periods is mirrored by the significant archaeological evidence and historical written sources available. Previous studies on the Roman and Medieval landscape archaeology in the area represented a useful starting point to accomplish the research goals:

1) investigating the natural and social causes beyond the genesis of medieval swamps;
2) reconstructing the riverscape's main physiographic characteristics;
3) quantifying the environmental conditions' influence over the human settlement strategies;
4) deciphering the effects of anthropogenic management activities on landscape development.

To achieve these objectives, an interdisciplinary approach that combines geosciences, spatial statistics and archaeological and historical data was employed. For the study-area, the archaeological sites dataset has been compiled from various sources – especially regional archaeological maps and online databases. This initial set of data was integrated with the results of additional terrain surveys. The 18th and 19th century CE transcriptions of Medieval accounts and parchments provided a reliable starting point for the analysis of the historical documents, along with the 20th-century editions of medieval documents kept at Parma and Reggio Emilia National Historical Archives. Additional information has been gathered through historical cartography kept at the Modena National Historical Archive, which was digitised using SfM-photogrammetry.

1.1 L'area di studio

«*Eo tempore fuit aquae diluvium [...] quale post Noe tempore creditur non fuisse*[1]»

Le pianure alluvionali sono sistemi antropico-ambientali molto complessi in cui l'interazione reciproca tra attività umana e dinamiche fluviali ha influenzato profondamente lo sviluppo del paesaggio [44,52,53]. La necessità di terreno fertile e di fonti irrigue per l'agricoltura, infatti, hanno portato le popolazioni del passato a prediligere aree prossime ai fiumi per stanziarsi in maniera stabile e strutturata. Il pericolo di alluvioni, però, ha rappresentato un problema costante per gli insediamenti posti nei pressi di corsi d'acqua e ha portato all'introduzione di sistemi di gestione delle acque sempre più avanzati e complessi a seconda delle epoche e dei luoghi [54].

---
[1] Paolo Diacono, Historia Langobardorum Liber III, 23

In Europa, l'interazione reciproca tra ambienti fluviali e attività umane è stata documentata sin dal Neolitico [55,56]. Oggi, le pianure alluvionali sono densamente coltivate e la moderna campagna europea deriva principalmente da modifiche antropiche del paesaggio avvenute in epoca medievale. La Pianura Padana (fig. 1.1) rappresenta la più grande pianura alluvionale in Italia [57,58] e ha sempre esercitato un ruolo chiave per l'interpretazione delle influenze ambientali e culturali tra l'area mediterranea e l'Europa continentale [59]. La sua complessa storia di insediamenti e gestione del territorio la rende un'area di studio ideale per analizzare il rapporto uomo-ambiente nel Medioevo.

Fin dalla Preistoria [32,60] le comunità umane si stabilirono nella Pianura Padana per la sua predisposizione all'agricoltura, alterando il naturale paesaggio fluviale con pratiche di gestione delle acque principalmente a scopo irriguo.

In età romana la Pianura Padana fu densamente abitata e coltivata, ma il rischio di alluvionamento fu mitigato dalla costruzione di argini e drenaggi. Il passaggio dal periodo romano all'Alto Medioevo rappresenta un momento cruciale per la riorganizzazione delle strategie di insediamento antropico nella Pianura Padana [43]. Ampie aree della pianura furono soggette a episodi alluvionali [61] che portarono a un significativo spopolamento delle campagne romane tra il IV e il VI secolo d.C. Nell'Alto Medioevo l'agricoltura fu sostituita in larga parte da un'economia marcatamente silvo-pastorale [4]: in questo quadro l'uso e lo sfruttamento di boschi e paludi divenne fondamentale per la società contemporanea [9,15,29,62,63]. I dati storici e archeologici a disposizione, unitamente a recenti ricerche di archeologia del paesaggio in Pianura Padana [30,44,63], mostrano che le trasformazioni ambientali ebbero un ruolo rilevante nell'organizzazione del popolamento delle campagne tra le due epoche, ma resta necessario individuare le ragioni e, soprattutto, capire come si risolse il rapporto tra l'ambiente e gli insediamenti altomedievali.

L'area di ricerca presa in esame coincide con la Bassa Pianura Reggiana, un'area della Pianura Padana amministrativamente compresa nella Provincia di Reggio Emilia e geograficamente delimitata dal fiume Po a nord, dai corsi dell'Enza e del Secchia rispettivamente a ovest e a est, e chiusa dai rilievi pede-appenninici a sud (fig. 1.2). Quest'area ha conservato importanti dati storici, evidenze archeologiche e dati geomorfologici il cui studio interdisciplinare ha permesso di ricostruire l'evoluzione del territorio e il suo sfruttamento antropico dalla fine dell'Impero Romano d'Occidente al Basso Medioevo. L'utilizzo di tecniche mutuate dalla geomorfologia e dalla geoarcheologia, unitamente all'integrazione di documentazione storica e archeologica attraverso software GIS, hanno permesso di evidenziare come la trasformazione del popolamento nell'area in esame abbia avuto forti relazioni con i contemporanei mutamenti ambientali.

L'area di studio considerata in questo elaborato è particolarmente interessante per la presenza di due ampie depressioni (*piane interfluviali* o *intercanali*) note dalle fonti storiche come *Valle di Gualtieri* e *Valle di Novellara* (fig.1.2) e per la presenza di documentati livelli di visibilità archeologica elevati [64,65]. In età romana queste zone della Bassa Pianura Reggiana erano comprese tra le centuriazioni [66–68] di *Brixellum* (Brescello – RE), *Tannetum* (Sant'Ilario d'Enza – RE) [33], *Augusta Parmensis* (Parma), *Regum Aemiliae* (Reggio Emilia) e *Mutina* (Modena): la maglia regolare di strade e drenaggi è per larghi tratti ancora riconoscibile nelle parcellizzazioni agrarie moderne soprattutto nella zona compresa tra Brescello, Sant'Ilario d'Enza e Reggio Emilia [34,69]. Dal V sec. d.C. una serie di concause ambientali e sociali contribuirono all'impaludamento delle due *Valli*. Zone paludose e un'idrografia soggetta a repentini cambiamenti di corso[2], condizionarono inevitabilmente le dinamiche insediamentali antropiche: *paludes*, *lacus*, rivi e corsi d'acqua compaiono nei diplomi regi e concessioni terriere come aree da sfruttare, permutare e possedere al pari di altre risorse [70,71].

L'andamento dell'idrografia storica dell'area di studio era stato oggetto di indagine negli studi di Mauro Cremaschi [46,47] già sul finire degli anni '70, mentre il record archeologico nell'area è noto da numerosi interventi di scavo e ricognizione [35,64,65,72] succedutisi dal XIX sec. d.C. con le prime indagini di Gaetano Chierci [73]. La Bassa Pianura Reggiana, inoltre, è stata ampiamente indagata per quanto riguarda l'età protostorica [74,75]. Da oltre trent'anni le indagini geoarcheologiche condotte dall'Università degli Studi di Milano hanno permesso di ricostruire in maniera approfondita non solo le dinamiche di popolamento del sito di Santa Rosa di Poviglio [76,77] ma anche il rapporto tra la civiltà terramaricola e l'ambiente fluviale contemporaneo [78,79] e le tecniche di gestione delle acque adottate [77,80,81]. Per quanto riguarda i periodi successivi, gli studi di archeologia del paesaggio condotti da Paolo Storchi si sono focalizzati soprattutto sulla viabilità nella pianura reggiana in età romana [33] giungendo all'identificazione del sito di *Tannetum* tramite fotografia aerea [34,82]: ricognizioni su terreno e scavi archeologici in località *Castellazzo di Taneto* hanno portato alla luce importanti testimonianze di una frequentazione altomedievale del sito [83]. L'evoluzione delle dinamiche insediative in epoca medievale e il rapporto delle comunità locali con gli ambienti umidi è altrimenti noto da localizzate indagini di superficie nelle campagne di *Canolo di Mezzo* [35,72] e dall'interpretazione di documentazione e cartografia storica [36].

Partendo da questi studi pregressi sull'archeologia del paesaggio di epoca romana e medievale nella Bassa Pianura Reggiana, la ricerca presentata in questo volume

---

[2] Particolarmente interessante per la descrizione dettagliata dell'idrografia dell'epoca un diploma di Carlo Magno datato 8 giugno 781, commentato e analizzato in L. Iannacci; M. Mezzetti; M. Modesti; A. Zuffrano, *Chartae Latinae Antiquiores*. Facsimile-Edition of the Latin Charters. Ninth Century. Part XCI-Italy LXIII, 2nd Series; Reggio Emilia: Firenze, Italy; Urs Graf Verlag: Zurich, Switzerland, 2012; ISBN 9783859512337.

Impostazione della ricerca

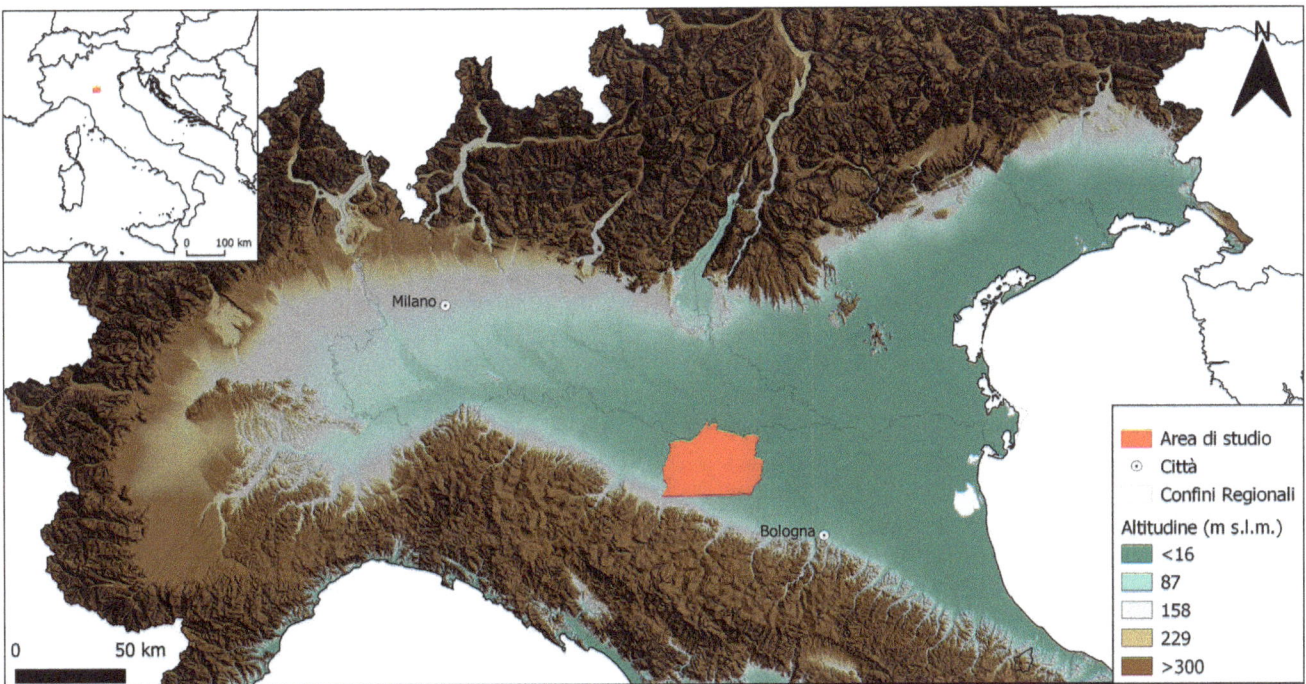

Fig.1.1 Localizzazione dell'area di studio (in rosso) nella Pianura Padana (Italia Settentrionale). (© Filippo Brandolini).

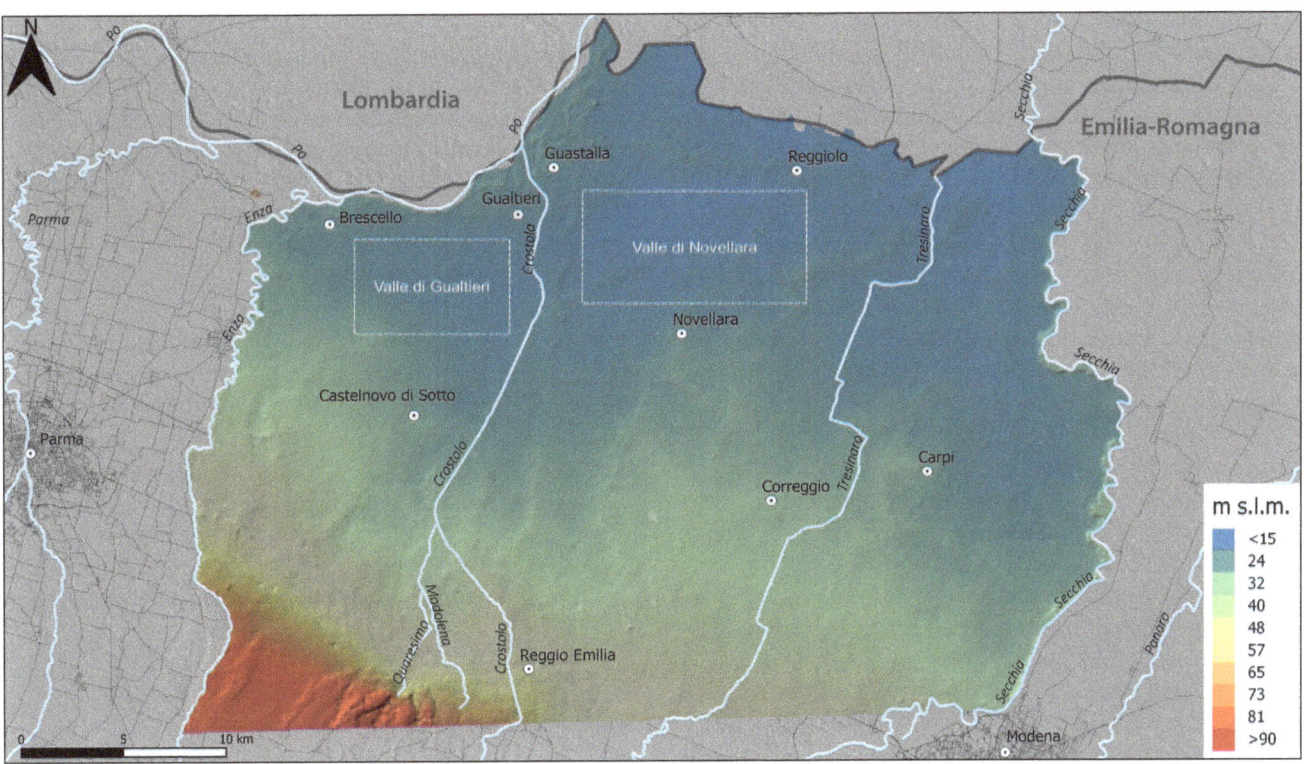

Fig. 1.2 Area di studio. Le zone delimitate da tratteggio in bianco indicano le due valli-paludi medievali di Gualtieri (a Ovest) e Novellara (a Est). (© Filippo Brandolini).

ha come scopo: 1) indagare le cause naturali e sociali che hanno portato alla "riattivazione" delle paludi in epoca medievale; 2) ricostruire le loro caratteristiche fisiche principali; 3) quantificare come le condizioni ambientali abbiano condizionato le strategie di occupazione tra le due epoche; 4) comprendere quali furono le azioni di gestione, sfruttamento e bonifica delle aree paludose da parte delle comunità antropiche. Per perseguire tali obiettivi è stato impiegato l'approccio interdisciplinare della *Digital Geoarchaeology* [49] i cui metodi e tecniche sono spiegati nel dettaglio nei paragrafi successivi.

1.2 Materiali e Metodi

La complessità maggiore di questa ricerca ha riguardato l'integrazione tra dati appartenenti alla sfera "*naturale*" del paesaggio con i suoi aspetti "*culturali*". La commissione "*Horizon 2020 Expert Group on Cultural Heritage report Getting cultural heritage to work for Europe*"[3] ha ribadito la tendenza degli studiosi a considerare la componente "naturale" e quella "culturale" di un paesaggio come due entità distinte rilevando l'estrema inefficacia di tali approcci monodisciplinari.

Negli ultimi anni è emerso come la ricerca scientifica, nell'affrontare complesse problematiche legate alla natura umana, necessiti sempre più di approcci di ricerca che rispecchino tale complessità: ciò ha portato singole discipline a una continua integrazione di metodi e tecniche passando da criteri puramente monodisciplinari a protocolli multidisciplinari prima, interdisciplinari poi e, molto recentemente, anche transdisciplinari [51]. In un approccio multidisciplinare la stessa tematica viene studiata simultaneamente da più discipline, senza che siano esplicitate le reciproche relazioni tra esse: si tratta di percorsi paralleli che tendono a uno scopo comune grazie alla somma dei singoli contributi. A questa casistica appartengono, per esempio, le ricerche condotte nell'Oltrepo' Mantovano [21] o nell'area valliva a nord di Mirandola (MO) [22], in cui esperti di diverse discipline hanno contribuito simultaneamente ognuno con il proprio expertise allo studio della medesima tematica. L'interdisciplinarità, invece, indica l'interazione tra due o più discipline differenti attraverso una intercomunicazione continua: ne risulta un'interazione più profonda delle discipline rispetto a una semplice giustapposizione [84] (fig. 1.3).

L'archeologia ha una consolidata predisposizione all'interdisciplinarità derivata da una continua sperimentazione di tecniche, strumenti e principi mutuati da altre discipline che, a sua volta, ha portato alla genesi di metodi di indagine ormai assodati come la geoarcheologia. Come accennato nel paragrafo introduttivo, a sua volta il costante processo di interdisciplinarità ha portato la geoarcheologia a integrarsi sempre più con strumenti digitali e tecniche computazionali giungendo alla definizione della *Digital Geoarchaeology* (Cap. 1.2.4).

Al fine di perseguire gli obiettivi della ricerca si è dunque deciso di impiegare un approccio interdisciplinare attraverso la combinazione di strumenti e tecniche mutuati da diverse discipline, in particolare: Archeologia del Paesaggio, Geoarcheologia e Modellizzazione Spaziale. L'area di studio considerata, a sua volta, si è rivelata particolarmente adatta proprio per sperimentare l'interazione e integrazione tra diverse metodologie per la ricostruzione diacronica di un paesaggio fluviale.

La prima fase della ricerca è stata focalizzata sulla ricostruzione delle dinamiche ambientali che hanno portato alla formazione in epoca post-romana delle due paludi note dalle fonti come *Valle di Gualtieri* e *Valle di Novellara*. Particolare attenzione è stata dedicata anche all'idrografia storica dell'area, soprattutto sull'evoluzione dei corsi d'acqua appenninici durante l'Alto Medioevo. La ricostruzione dell'evoluzione ambientale dell'area ha avuto un ruolo propedeutico per poi passare ad analizzare come le comunità antropiche abbiano interagito con le paludi medievali. Grazie a dati di archivio, *survey* mirati e tecniche di *remote sensing* è stato possibile indagare il rapporto uomo – palude sia a micro – scala (vedi Cap. 4.1), sia a macro – scala (vedi Cap. 4.2). La continua azione sinergica tra scienze della terra, scienze archeologiche e strumenti digitali si è rivelata particolarmente proficua per perseguire gli obiettivi della ricerca. Per la compilazione e analisi del dataset è stato fondamentale l'impiego di software GIS che hanno facilitato notevolmente l'integrazione di dati provenienti da ambiti disciplinari diversi. Come software GIS sono stati utilizzati i programmi *open-access* QGIS [85] (OSGeoProject, versione Madeira 3.4.10 LTR), GRASS [86] (OSGeoProject, versione 7.4). Per correggere errori topologici dei file di punti (quote e siti archeologici) sono stati utilizzati alcuni algoritmi di SAGA [87] integrati in QGIS. Il software RStudio [88], invece, è un ambiente di sviluppo integrato per il linguaggio di programmazione R ed è stato utilizzato sia per le analisi spaziali (*fuzzyfication* e *Point Pattern Analysis*) sia per la creazione di alcuni elementi del comparto grafico presente in questo elaborato attraverso il pacchetto di visualizzazione dei dati *ggplot2* [89]. Infine, l'intero database utilizzato è depositato nel *dataverse* dell'Università di Harvard (U.S.A.) e pubblicato in versione *open – access* [90].

Nei paragrafi successivi prima verrà presentato quali fonti sono state indagate per compilare il dataset utilizzato per la ricerca e, successivamente, verranno discussi brevemente gli approcci metodologici considerati per l'analisi dei dati raccolti. Come riassunto schematicamente in fig. 1.4, un'ultima fase del lavoro svolto ha riguardato la divulgazione dei risultati anche a pubblico non accademico attraverso la definizione di percorsi geoculturali [91] proposti durante gli eventi del progetto "*2200 anni lungo la Via Emilia*"[4] (vedi Cap. 6).

1.2.1 Il Dataset: fonti storiche, cartografia, dati archeologici e geopedologici

La prima fase della compilazione del dataset ha riguardato lo studio delle fonti storiche e archeologiche. Lo studio di documentazione e cartografia storica ha permesso di ricavare informazioni sia sull'evoluzione ambientale dell'area, sia sui principali interventi di gestione delle acque avvenuti durante il Medioevo.

L'opera più antica sull'intera area di studio (tab.1.1) è quella dell'ing. Lodovico Bolognini (1739 – 1816) in cui

---

[3] European Commission, 2015. Getting Cultural Heritage to Work for Europe. Report of the Horizon 2020 Expert Group for Cultural Heritage. DG Research and Innovation. Luxembourg. https://ec.europa.eu/programmes/horizon2020/en/news/getting-cultural-heritage-work-europe, p.9

[4] http://www.2200anniemilia.it/

Impostazione della ricerca

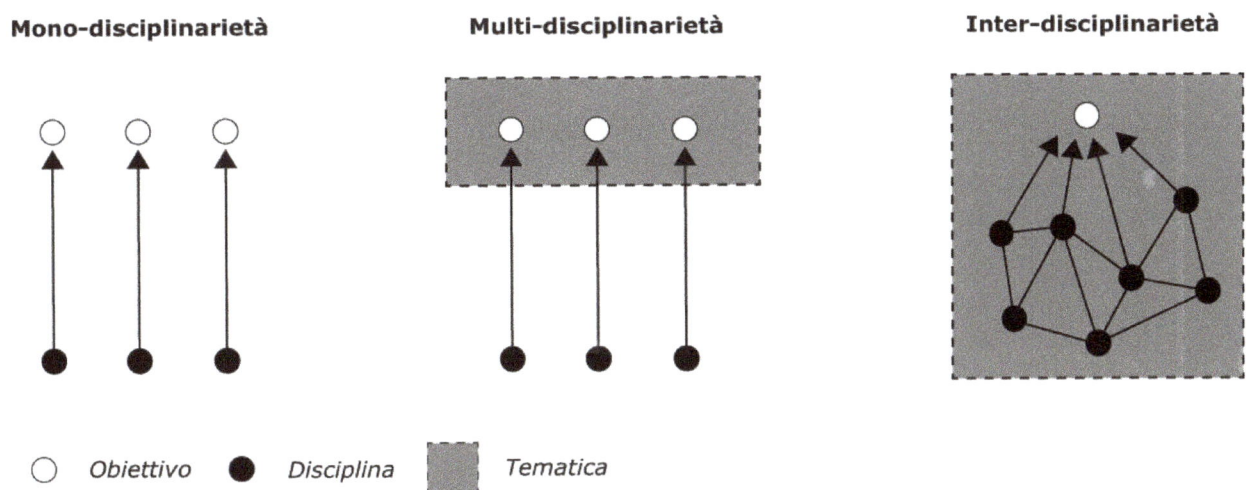

○ *Obiettivo* ● *Disciplina* ▢ *Tematica*

Fig. 1.3 Rappresentazione schematica dei tre differenti approcci di ricerca: Mono-disciplinare, Multi-disciplinare, Inter-disciplinare (modificato da [51])

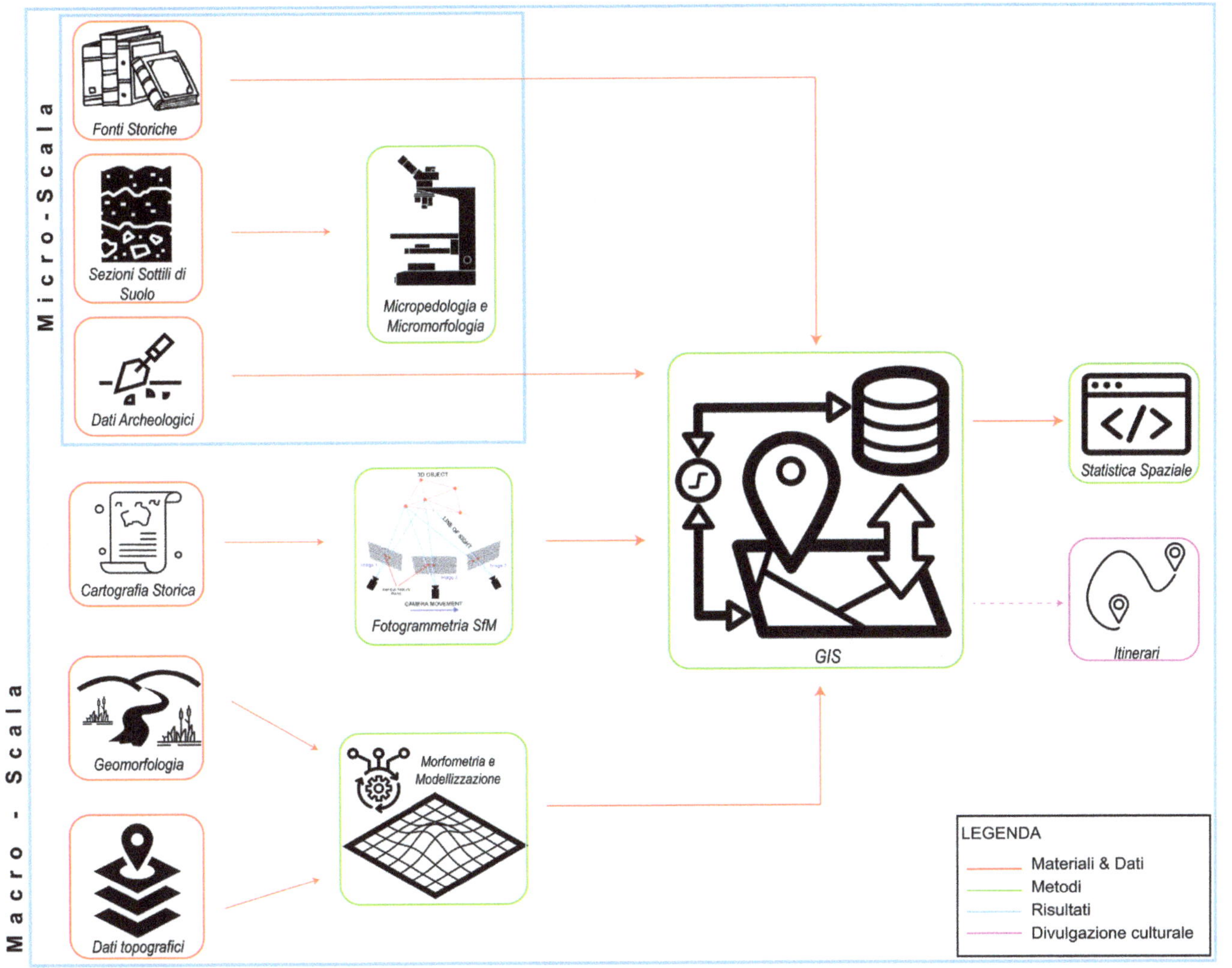

Fig. 1.4 Rappresentazione schematica del procedimento interdisciplinare adottato (© Filippo Brandolini).

l'autore descrive il territorio reggiano e in particolare la rete viaria, i corsi d'acqua naturali e le opere di canalizzazione. Ampio spazio è dedicato soprattutto alle norme tecniche per la gestione e regimazione dell'ambiente fluviale dell'epoca.

L'opera più dettagliata per l'area della *Valle di Gualtieri* è la *Cronaca* di Fra' Salimbene de Adam, scritta nel XIII sec. d.C. ed editata nel 1882 da Carlo Cantarelli (tab. 1.1). Molto utili si sono rivelati anche i manoscritti settecenteschi di Ireneo Affò (1741 – 1797), soprattutto per quanto concerne le opere di canalizzazione e bonifica della *Valle di Novellara*.

Le trascrizioni di diplomi regi conservati presso gli archivi di Parma e Reggio Emilia si sono rivelate di particolare interesse soprattutto per tentare di comprendere l'idrografia dei secoli dell'Alto Medioevo (V – XI sec. d.C.). Il *Dizionario Topografico degli Stati Estensi*, infine, è un catalogo del XIX sec. d.C. ricco di dati storici e toponomastici dei principali luoghi dell'area di studio considerata in questo elaborato (tab.1.1): per ogni luogo vengono riportati dall'autore sia elementi talvolta leggendari e poco utili per la ricerca, sia precise informazioni sul contesto storico e ambientale del toponimo descritto.

Il record archeologico dell'area, invece, è stato ricostruito attraverso il materiale edito disponibile, *database* reperibili in rete (Tab. 1.2) e controllati con survey mirati nelle due *Valli*. Tutti i dati raccolti sono stati importati in software GIS in *shapefile* di punti e divisi per tipo e per epoca.

Le coordinate dei siti sono state importate utilizzando, quando possibile, le informazioni geografiche fornite nella pubblicazione originale e validate con il software QGIS. La posizione e le condizioni dei siti archeologici e storici

Tab. 1.1 Elenco delle principali fonti documentarie consultate per questo studio. La maggior parte di esse sono gratuitamente consultabili via web sul portale Google Books©

Autori	Titolo	Data di Pubblicazione
Bolognini, L.	*Istruzioni pratiche pei deputati all'acque e strade del Reggiano*	1780
Affò, I.	*Istoria di Guastalla*	1786
Affò, I.	*Storia di Parma*	1792
Tiraboschi, G.	*Dizionario Topografico Degli Stati Estensi*	1824
Cantarelli, C.	*Cronaca di fra Salimbene Parmigiano Dell'ordine dei Minori*	1882
Schiaparelli, L.	*Diplomi di Berengario I*	1903
Torelli, P.	*Le Carte Degli Archivi Reggiani: Fino al 1050*	1921
Drei, G.	*Le Carte Degli Archivi Parmensi dei Secoli X–XI*	1923
Schiapparelli, L.	*I diplomi di Lotario, in I diplomi di Ugo e Lotario, di Berengario II e di Adalberto*	1924
Torelli, P. Gatta, F.S	*Le Carte degli Archivi Reggiani 1051–1060*	1938

Tab. 1.2 Elenco delle principali carte archeologiche e archivi web consultati per reperire i dati archeologici editi dell'area di studio. L'intero database raccolto è disponibile online: https://doi.org/10.7910/DVN/JSYZ3H

Autore	Fonte	Luogo e Data di Pubblicazione	Ultimo Accesso
SisTeMoNet - Portale Geografico Territorio Modenese	http://www.sistemonet.it/sistemonet/viewArchaeologys-action	-	Aprile 2019
Castelli dell'Emilia-Romagna: Censimento e Schedatura	https://ibc.regione.emilia-romagna.it/argomenti/castelli	-	Aprile 2019
Bottazzi et al.	Carta Archeologica del Comune di Poviglio 1986–1989	Poviglio, 1995	-
Baricchi, W. (Ed.)	Insediamento Storico e Beni Culturali Bassa Pianura Reggiana: Comuni di Boretto, Brescello, Fabbrico, Gualtieri, Guastalla, Luzzara, Novellara, Poviglio, Reggiolo, Rolo	Parma, 1989	-
Cremaschi et. al	L'evoluzione del settore centromeridionale della valle padana, durante l'età del bronzo, l'età romana e l'età altomedievale, geomorfologia ed insediamenti. Padusa, 16, 5–25	1980	-
Degani	Carta Archeologica Della Carta d'Italia al 1:100.000; Foglio 74 (Città e Provincia di Reggio Emilia)	Firenze, 1974	-
AA.VV.	Notizie Scavi di Antichità 1940 - Vol.1, ISSN: 0391-8157	1940	-

(quando ancora riconoscibili in superficie) sono state verificate direttamente con il rilevamento sul terreno. I toponimi medievali e post-medievali riportati nelle mappe storiche sono stati incrociati con le informazioni ricavabili da fonti storiche.

I dati storici – archeologici si sono rivelati fondamentali sia per la contestualizzazione e datazione delle forme del paesaggio individuate, sia per l'applicazione della *Point Pattern Analysis* (PPA) unitamente con i dati geopedologici. In particolare, nel dataset è stata digitalizzata la *Carta dei Suoli della Regione Emilia-Romagna* la quale consiste in una carta tematica che rappresenta la distribuzione geografica dei suoli e ne descrive le principali caratteristiche chimico-fisiche (scala 1:50.000). Per gli scopi di questa ricerca, come si vedrà nel corso dell'elaborato, il parametro della tessitura dei sedimenti fluviali si è rivelato essere determinante per l'interpretazione delle forme del paesaggio in rapporto con gli interventi antropici medievali occorsi nell'area di studio.

L'intero dataset è depositato online nel *dataverse* dell'Harvard University [92] (MA, USA).

Cartografia storica e digitalizzazione con metodo fotogrammetrico

Ulteriori informazioni circa l'evoluzione del sistema idrografico medievale e post-medievale sono state desunte dal *Catasto Storico della Regione Emilia-Romagna*, accessibile in formato WMS dal Geoportale della Regione Emilia-Romagna. Un WMS (*Web Map Service*) è uno standard internazionale per la pubblicazione online di mappe geografiche in formato immagine (PNG, GIF, JPEG). Il servizio topografico della Regione Emilia-Romagna ha ricavato questa mappa storica digitale (scala 1: 50.000) elaborando mappe catastali storiche del XIX secolo (tab. 1.3).

Anche le carte storiche conservate presso l'Archivio di Stato di Modena e in particolare il fondo "*Congregazione delle Acque e delle Strade, Reggio e Reggiano*" hanno rappresentato un importante database cartografico di informazioni sulle opere di canalizzazione e regimazione delle acque fin dal Basso Medioevo (XIII – XV sec. d.C.). Per poter sfruttare appieno le potenzialità di questi dati analogici si è scelto di digitalizzare alcune carte storiche e importarle in software GIS per georeferenziarle [93]. Dimensioni e stato di conservazione di alcune mappe storiche, però, avrebbero potuto costituire un limite per la digitalizzazione con scanner a contatto. Per ovviare a questo problema il metodo della fotogrammetria SfM (*Structure-from-Motion*) si è rivelata uno strumento di digitalizzazione altamente flessibile, rapido e senza contatto, così da evitare ogni tipo di rischio di danneggiamento dovuto a deformazione meccanica agli antichi supporti analogici [94]. La fotogrammetria SfM è ormai ampiamente impiegata in diversi ambiti dei beni culturali per: creazione di modelli tridimensionali di monumenti [95–97] e materiali archeologici [98,99], monitoraggio architettonico [100], ricostruzione digitale di siti ormai perduti [101,102] oltre che come strumento digitale per la divulgazione culturale [103].

L'applicazione dell'approccio fotogrammetrico per digitalizzazione di materiale cartografico storico è stata testata con successo con alcune mappe fondo "*Congregazione delle Acque e delle Strade, Reggio e Reggiano*"[104] (un esempio è riportato in fig. 1.5).

Il procedimento consiste nell'acquisire immagini di un documento storico in "strisciate" regolari e parallele così da coprire l'intera superficie dell'oggetto con il maggior numero di immagini sovrapposte: più è alta la sovrapposizione (*overlapping*, in inglese) generale delle immagini, maggiore sarà il dettaglio del prodotto digitalizzato (fig. 1.6).

Le foto sono state poi importate in software fotogrammetrico per la creazione del modello digitale. Per questa ricerca si è scelto di utilizzare un software commerciale professionale, Agisoft Photoscan [105]. Brevemente, il software fotogrammetrico procede nel seguente modo: allineamento immagini, estrazione nuvola sparsa di punti, creazione nuvola densa di punti, interpolazione punti, texturizzazione del modello ottenuto, estrazione dell'ortofotopiano del modello (fig. 1.7 A). Il risultato consiste in una copia digitale del documento con risoluzione di 0.101 mm per pixel (fig. 1.7 B). L'intera procedura esula dagli scopi di questo elaborato ma è stata dettagliatamente descritta in un manoscritto dedicato e pubblicato sulla rivista *Heritage* in *open-access* e liberamente accessibile [104].

Tab. 1.3 Lista dei catasti storici utilizzati per il Catasto Storico della Regione Emilia-Romagna in formato WMS (Geoportale Emilia-Romagna)

Catasto	Data	Scala
Carta del Regno Sardo	1853	1:50.000
Carta del Regno Lombardo Veneto	1833	1:86.400
Carta del Ducato di Parma, Piacenza e Guastalla	1828	1:86.400
Carta del Ducato di Modena	1849	1:86.400
Carta del Gran Ducato di Toscana e dello Stato Pontificio	1851	1:86.400

Tecniche digitali e geoarcheologia per lo studio del paesaggio medievale

Fig. 1.5 Carta topografica del comune di Novellara (RE) del 1774 digitalizzata con metodo fotogrammetrico. "Grandi Mappe-4". Ministero dei Beni e delle Attività Culturali e del Turismo—Archivio di Stato di Modena". (© Archivio Stato di Modena: Autorizzazione prot. n. 1350 class. 28.01.02/21.2, 30 Aprile 2019).

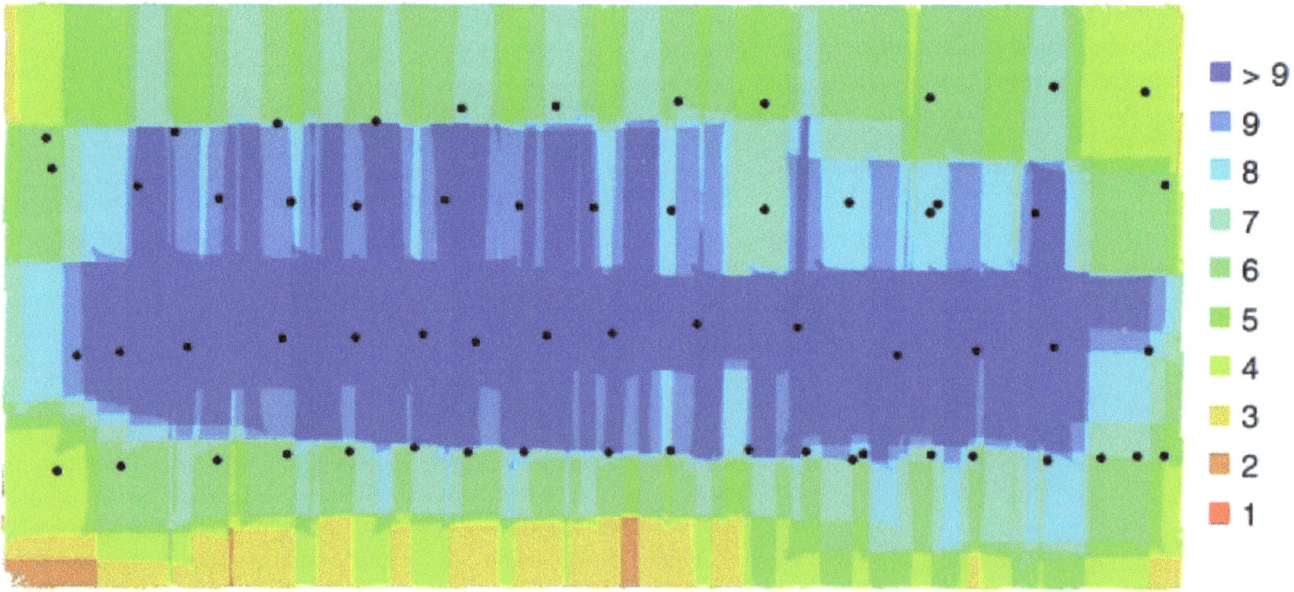

Fig. 1.6 Sovrapposizione generale dei fotogrammi acquisiti per la carta "Grandi Mappe-4"(fig. 1.5). I punti neri indicano la posizione della fotocamera al momento dello scatto. Come rappresentato dalla legenda, la quasi totalità della superficie del documento è stata acquisita con una sovrapposizione da 6 a più 9 di fotogrammi. (© Filippo Brandolini).

La digitalizzazione con fotogrammetria SfM permette di ottenere copie digitali ad alta risoluzione del documento storico evitando i rischi di danneggiamento che si presenterebbero con scansioni a contatto. Inoltre, tale approccio, si è rivelato altamente flessibile e di facile applicazione anche nel caso di mappe dalle dimensioni considerevoli o realizzate su supporto non scansionabile con scanner (es. mappe realizzate su muro, incorniciate o fissate su pesanti telai lignei).

Le mappe, digitalizzate con metodo fotogrammetrico, sono state georeferenziate con il software QGIS [85] (OSGeoProject, versione Madeira 3.4.10 LTR) adottando il metodo della *Thin Plate Spline* (TPS) [106] utilizzando almeno tre *Ground Control Points* (GPS, o *punti di controllo a terra*) [107] ma spesso l'assenza di una griglia regolare topografica ha reso problematica questa fase. A questo proposito, la posizione di canali e fossati storici ancora attivi nell'attuale sistema di drenaggio è

Impostazione della ricerca

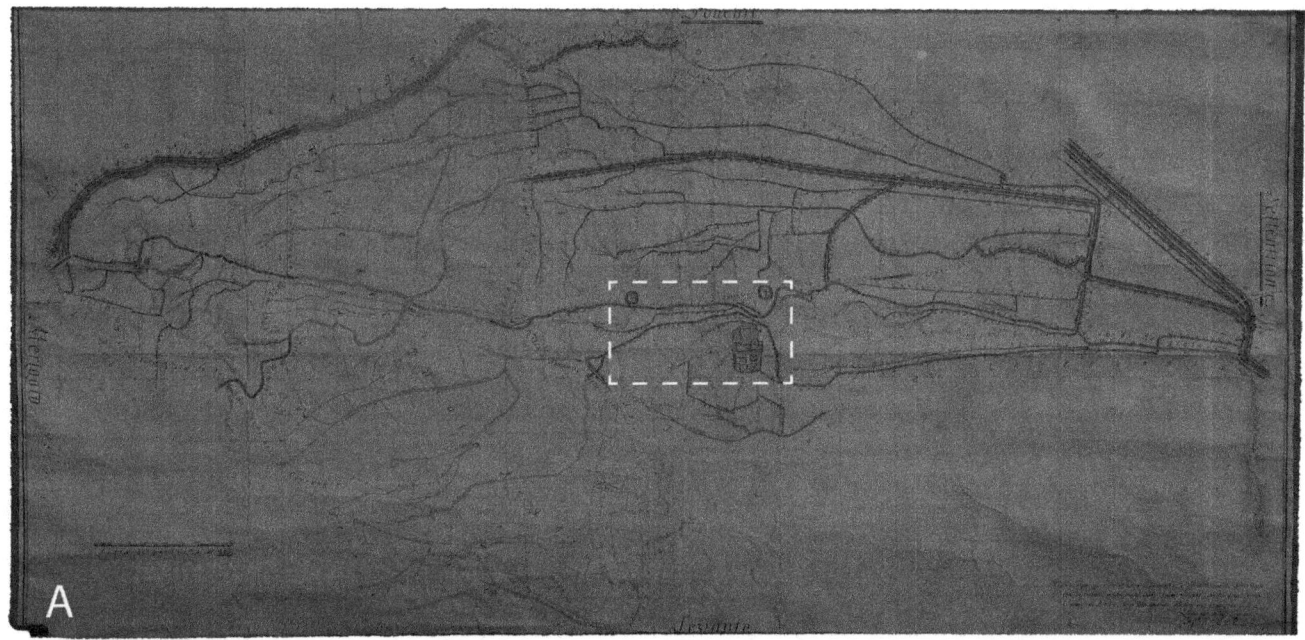

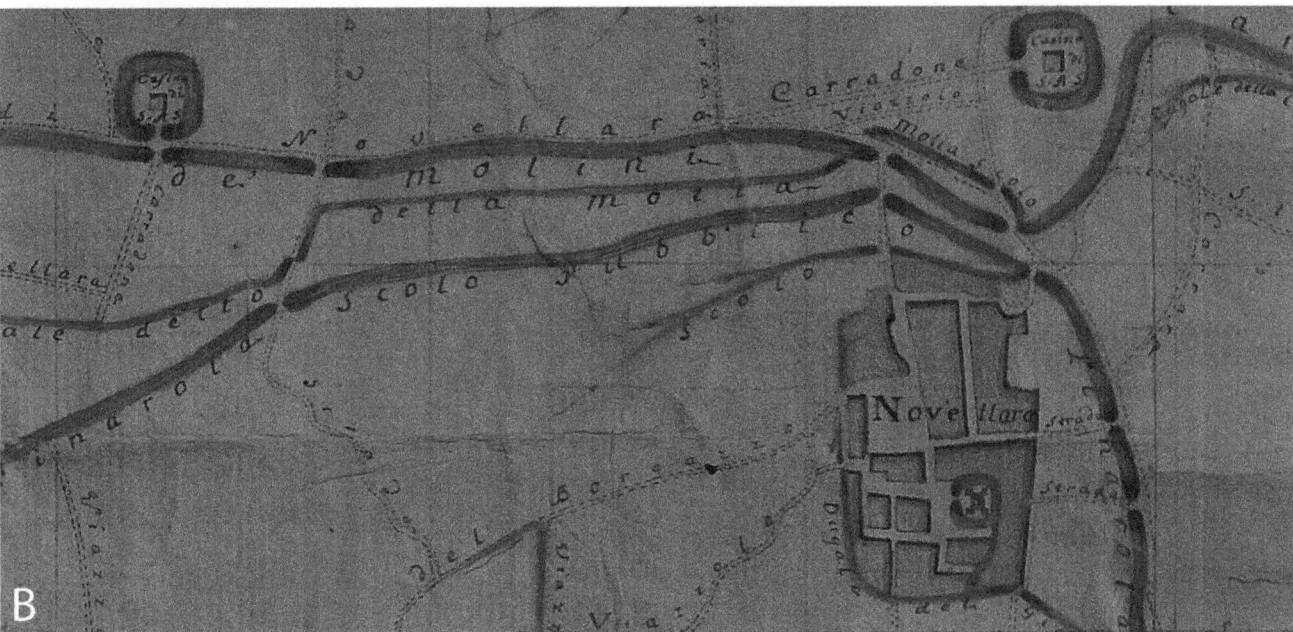

Fig. 1.7 A) Modello digitale ad alta risoluzione della carta di fig.1.5 ottenuto con Agisoft Photoscan. Nel riquadro in tratteggio bianco, B) dettaglio della città di Novellara. (© Filippo Brandolini).

servita da riferimento affidabile per ancorare le mappe storiche al paesaggio attuale. Inoltre, per minimizzare l'imprecisione spaziale di alcune di queste mappe, è stato adottato il *"backdating approach"* [93,108,109]: consiste nel verificare e correggere le posizioni dei punti nelle mappe più vecchie (in questo caso, le mappe storiche recuperate presso l'Archivio di Stato di Modena) secondo mappe catastali recenti e più accurate (in questo caso, il file WMS della Mappa catastale storica della Regione Emilia-Romagna). Questo metodo non può risolvere tutte le inesattezze derivate durante il processo di georeferenziazione ma rappresenta l'approccio più affidabile per georeferenziare mappe storiche quando non sono applicabili metodi più accurati.

1.2.2 Archeologia del paesaggio: principi e prospettive

Gli archeologi studiano le società umane passate soprattutto attraverso resti materiali, ma la moderna archeologia deve anche considerare inevitabilmente sia gli aspetti di geografia fisica sia i modi in cui il mondo è stato abitato, vissuto e plasmato per avere una completa comprensione dalle mutevoli società che si sono succedute nel corso del tempo [38]. Il paesaggio che ci circonda è niente meno che un immenso palinsesto culturale, risultato della complessa sovrapposizione di forme naturali e antropiche [18,110,111], la cui comprensione si realizza attraverso un approccio diacronico d'indagine [112]. L'archeologia dei paesaggi consiste dunque in una lettura stratigrafica del territorio, decodificando le tracce impresse nel paesaggio attuale per ricostruire i sistemi insediativi, sociali ed economici che si sono succeduti nel tempo [3]. L'archeologia del paesaggio è per definizione un campo interdisciplinare (fig. 1.8), in cui si combinano, in maniera di volta in volta diversa, discipline umanistiche (in particolare la storia e gli studi del mondo antico), geoscienze, scienze biologiche e fisiche e le scienze sociali (in particolare antropologia e geografia [113,114]). Il cambiamento rimane una preoccupazione centrale per gli archeologi del paesaggio [3,30] per spiegare e presentare le catene di relazioni che hanno creato i paesaggi in cui oggi viviamo [4].

Negli ultimi anni, nel panorama italiano e in Pianura Padana, ricerche di archeologia del paesaggio si sono focalizzate soprattutto sullo studio della transizione tra età romana e (Alto) Medioevo [21,30,116,117]. Una complessa serie di concause sociali, culturali, climatiche e ambientali, infatti, ha segnato una cesura molto netta nell'organizzazione dello spazio e nell'evoluzione del paesaggio tra le due epoche. Per comprendere appieno i processi di trasformazione, formazione e organizzazione di nuovi paesaggi è necessario impiegare un approccio di ricerca interdisciplinare che combina strumenti e tecniche mutuate da diverse discipline, tra cui geoarcheologia, geografia, archeologia ambientale e, sempre più, statistica spaziale e modelli digitali [115,118].

Nei paragrafi successivi verrà discusso come il ruolo dei software GIS e delle analisi e modellizzazione spaziale [119] siano divenuti progressivamente fondamentali sia per le geoscienze, sia per l'archeologia e come abbiano facilitato il dialogo interdisciplinare tra ambiti diversi. Lo sforzo maggiore è stato cercare di presentare in maniera distinta come la rivoluzione digitale abbia interessato le diverse discipline singolarmente e, al tempo stesso, abbia favorito una costante interazione tra loro.

1.2.3 Geoarcheologia

La moderna archeologia combina metodologie diverse nello studio delle società e culture specialmente nella ricostruzione integrale di paesaggi del passato. Negli ultimi 50 anni le geoscienze sono diventate una componente indispensabile per lo studio e la gestione di beni culturali e archeologici. Il termine 'geoarcheologia' definisce genericamente quell'insieme di tecniche mutuate dalle geoscienze e applicate in contesti archeologici. Più precisamente, la geoarcheologia studia archivi geologici e biologici in contesti archeologici combinandoli con dati storici e archeologici per formulare interpretazioni sulle interazioni uomo-ambiente avvenute nel passato. La geoarcheologia si pone come *trait d'union* tra le geoscienze e l'archeologia impiegando metodi e tecniche proprie delle scienze della terra per studiare la formazione sia di singoli siti, sia di interi ecosistemi e paesaggi del passato [120–122].

Micromorfologia Archeologica del Suolo

La micromorfologia archeologica del suolo è una tecnica mutuata dalla pedologia e si occupa dell'osservazione e dell'interpretazione di sedimenti e suoli archeologici al microscopio [120]; la sua applicazione consente di ricostruire i processi di formazione di una stratigrafia archeologica nonché di valutare l'origine dei componenti dei campioni raccolti, siano essi di natura organica o minerale, la struttura del terreno e la presenza di elementi indicativi dei processi pedologici [123].

Questa tecnica, associata ad altre analisi geoarcheologiche, permette di dedurre informazioni sull'ambiente di formazione del deposito archeologico, sugli agenti e i meccanismi responsabili della sua genesi e sulle eventuali modificazioni avvenute dopo la sua deposizione, a opera di fenomeni naturali o antropici [124]. Per periodi storici in cui le evidenze monumentali e le fonti scritte sono scarse o del tutto assenti, lo studio del suolo a livello micromorfologico diventa fondamentale per ricostruire le dinamiche insediative dell'uomo nell'ambiente. In Italia la micromorfologia del suolo è stata largamente impiegata in contesti archeologici preistorici [125], protostorici [78] e nello studio di stratificazioni urbane post-classiche [126].

Nella ricerca presentata in questo elaborato, analisi micropedologiche sono state condotte su sezioni sottili di suolo campionate nella sequenza stratigrafica della motta medievale di *Castrum Popilii* (Poviglio – RE) (vedi Cap. 4.1) individuata durante lavori edilizi nel 1989 e successivamente oggetto di indagini d'emergenza da parte della Soprintendenza Archeologica dell'Emilia-Romagna [127]. Le sezioni sottili, lunghe 15 cm e larghe 8 cm, sono state preparate dal laboratorio dell'Università di Gent seguendo la procedura standard [128]. Per la descrizione di sezioni sottili è stata utilizzata la terminologia definita da George Stoops[5], insieme al concetto di *Microfacies Type* (MFT) introdotto da Paul Goldberg e Richard Macphail[6]. Ogni MFT corrisponde a un processo o a una combinazione di processi pedologici derivati da una specifica attività antropica associata.

Lo studio dei processi di formazione della motta di *Castrum Popilii* ha permesso di indagare lo sviluppo di un villaggio medievale tra IX e X sec. d.C., sorto a poca distanza dalla palude della *Valle di Gualtieri*.

1.2.4 L'era della Digital Geoarchaeology

L'impiego di analisi geospaziali negli ultimi anni è aumentato esponenzialmente in seguito a una accresciuta consapevolezza circa le potenzialità analitiche dei software GIS e tecniche di indagine da remoto da parte degli operatori in campo sia archeologico [132–134], sia geomorfologico [135,136]: da molto tempo, infatti, è sorta la necessità di comprendere in modo più accurato e approfondito le caratteristiche spaziali relative ai fenomeni studiati nella loro complessità [137].

---

[5] Per la terminologia descrittiva di sezioni sottili di suolo, si faccia riferimento al volume [129] e la relativa traduzione in italiano: [130].
[6] Sulle definizioni di *Macrofacies Type* si vedano: [123,131].

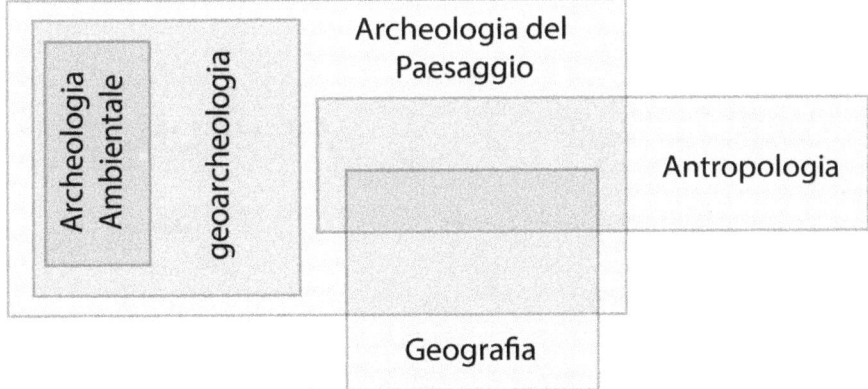

Fig. 1.8 Diagramma di Venn che rappresenta l'interazione tra diverse discipline archeologiche (modificato da [115])

Metodi computazionali e informatici sono ormai un elemento fondamentale per la moderna archeologia e per le geoscienze che si occupano della ricostruzione delle dinamiche del paesaggio soprattutto per decifrare le interazioni spazio-temporali tra uomo e natura.

L'integrazione dei software GIS con programmi di analisi statistica, inoltre, ha aperto la strada a studi quantitativi che permettono di migliorare la nostra comprensione riguardo scala e intensità dei processi naturali [138] e umani [139] coinvolti nell'evoluzione del paesaggio.

Statistica spaziale e strumentazione computazionale hanno permesso di superare il tradizionale problema di scala che persisteva tra archeologi, abituati a lavorare a scala di sito, e scienze della terra, che, invece, tendono a concentrarsi sui processi di formazione e sull'evoluzione di interi ambienti e paesaggi su larga scala. Attraverso la georeferenziazione dei record di scavo, i dataset archeologici hanno ora (quasi) tutti un attributo spaziale che si rivela di fondamentale importanza per le geoscienze impegnate nell'indagine diacronica dell'interazione uomo – ambiente in specifici *range* temporali. Le scienze umanistiche svolgono più che mai un ruolo chiave nell'interpretazione dell'impatto antropico sugli ambienti del passato e nel leggere le implicazioni storico-culturali che hanno determinato la formazione di particolari e, talvolta, unici paesaggi culturali.

Una commistione completa tra archeologia, geoscienze e informatica è ancora rara [115,137] e poco esplorata, tuttavia parziali sinergie tra queste discipline hanno portato a risultati molto promettenti. Ad esempio, metodi analitici e digitali stanno acquisendo un'importanza sempre maggiore nella ricerca archeologica ed è sempre più comune ritrovare il termine *Digital Humanities* per indicare in generale l'impiego simultaneo di informatica e scienze umanistiche [131,138–140]. Tuttavia, questo approccio manca, spesso, dell'apporto significativo delle geoscienze che, invece, si realizza in seno alla Geoarcheologia (vedi Cap.1.2.3). La geoinformatica [141], invece, è la realizzazione sinergica di metodi computazionali e geoscienze che, però, si occupa soprattutto di dinamiche ambientali correnti e propone modelli futuri senza approfondire l'impatto antropico in senso diacronico.

Recentemente è stata introdotta la definizione di '*Digital Geoarchaeology*' [48] (fig. 1.9) che consiste in un nuovo approccio interdisciplinare che nasce dall'intersezione tra diverse discipline e contribuisce a consolidare differenti prospettive accademiche in un approccio unitario superando il limite monodisciplinare della ricerca scientifica. Solitamente le scienze archeologiche definiscono il contesto storico e la dimensione temporale mentre le geoscienze lavorano nell'ambito spaziale e ambientale dell'oggetto di studio. La *Digital Geoarchaeology*, dunque, è il risultato di un'evoluzione metodologica interdisciplinare inesorabile che ha portato a una integrazione sempre più consapevole di approcci spesso simili per domande di ricerca e contesto di indagine ma distinti nella loro applicazione. Tale approccio interdisciplinare facilita la combinazione tra geoscienze e scienze umanistiche attraverso strumentazione informatica per indagare gli aspetti storici e culturali derivanti dall'interazione tra uomo e ambiente nel passato [140].

Quale che sia la terminologia che si sceglie di adottare per definire questo approccio interdisciplinare, è indubbio che la sinergia tra archeologia, geoscienze e informatica ha aperto la strada a nuove chiavi interpretative sull'evoluzione dei paesaggi del passato che, a loro volta, rappresentano un dataset inestimabile per la modellizzazione di possibili scenari futuri. E' solo attraverso un percorso interdisciplinare che problematiche di ricerca sul rapporto uomo-ambiente possono essere esplorate in maniera più nitida ed esaustiva [137].

Geomorfologia fluviale, Geostatistica e Geomorfometria

La Geomorfologia Fluviale studia i processi di produzione, trasporto e deposizione di sedimenti nel bacino idrografico e nell'alveo fluviale nella breve, media e lunga scala temporale e delle forme risultanti nell'alveo e nella piana inondabile. Scopo della geomorfologia fluviale è dunque l'interpretazione dei processi fluviali che generano e modificano le forme del paesaggio [141].

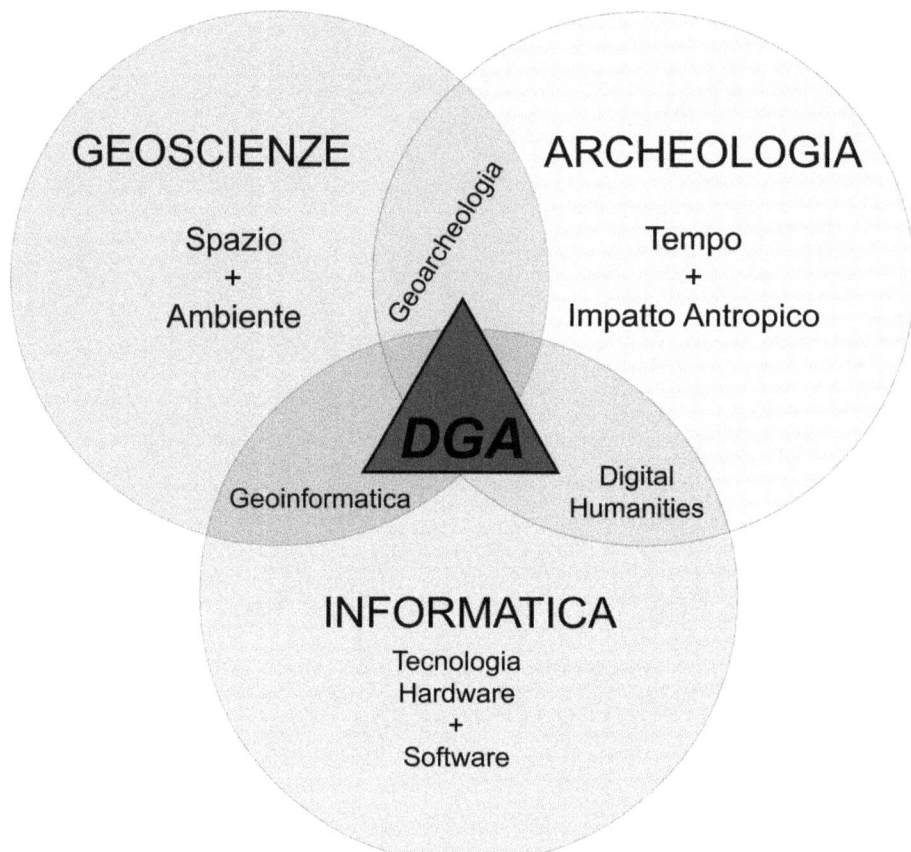

Fig. 1.9 Mappa concettuale della definizione di *Digital Geoarchaeology* (DGA) (immagine modificata da [49]).

L'interazione fra geoarcheologia e ricerca geomorfologica permette di indagare le dinamiche culturali archeologiche, in particolar modo permette di individuare i condizionamenti naturali che influenzarono le dinamiche insediative del passato [44].

Come già introdotto in precedenza in questo volume, le pianure alluvionali sono sempre state ambienti privilegiati per le attività agricole e, di conseguenza, per l'insediamento di comunità stabili. Uno studio di archeologia del paesaggio in ambiente fluviale, pertanto, non può prescindere dall'impiego di metodi e tecniche mutuate dalla geomorfologia fluviale per comprendere come e in che grado le attività antropiche abbiano interagito con l'ambiente nel passato [142].

La modellizzazione svolge ormai un ruolo fondamentale negli studi geomorfologici sin dagli anni '70 del secolo scorso [143]. I recenti progressi dei software GIS e *remote sensing* hanno ulteriormente rivoluzionato anche il settore disciplinare della geomorfologia, non solo per quanto concerne gli aspetti di mappatura di forme del paesaggio, ma anche e soprattutto per l'introduzione di nuovi algoritmi e strumenti per analisi geostatistiche e geomorfometriche [144,145].

Per quanto riguarda il caso studio presentato in questo elaborato, gli studi sull'idrografia storica dell'area condotti tra gli anni Settanta e Ottanta dello scorso secolo [46,47,146], nonché la *Carta Geomorfologica della Pianura Padana* [57,58] hanno costituito un fondamentale punto di partenza per la ricerca. L'esigenza di analizzare le forme del terreno a una risoluzione più alta rispetto a quanto disponibile in bibliografia, però, ha richiesto l'elaborazione di un nuovo modello digitale di terreno o *Digital Elevation Model* (DEM). Un DEM è la rappresentazione della distribuzione delle quote di un territorio, o di un'altra superficie, in formato digitale *raster* associando a ciascuna cella l'attributo relativo alla quota assoluta. Esistono due tipi di DEM: i modelli digitali di superficie o *Digital Surface Model* (DSM) e i modelli digitali di terreno o *Digital Terrain Model* (DTM). Un DSM tiene conto di tutti gli oggetti insistenti sul terreno (vegetazione, edifici e altri manufatti) mentre un DTM riproduce solo andamento della superficie geodetica[7]. Il DEM realizzato per gli scopi della ricerca presentata in questo elaborato appartiene alla categoria dei DTM in quanto era necessario leggere le forme del paesaggio escludendo le interferenze antropiche contemporanee.

I punti quotati disponibili sul Geoportale della Regione Emilia-Romagna[8] sono stati elaborati con i software *open-source* QGIS e GRASS. In particolare, lo *shapefile* dei punti quotati della Regione è stato 'filtrato e pulito' di tutte le

---
[7] sulle differenze tra diversi modelli digitali di elevazione: https://gisgeography.com/dem-dsm-dtm-differences/
[8] http://geoportale.regione.emilia-romagna.it/

quote relative a manufatti antropici (strade, viadotti, ponti, ferrovie, ecc …) per poter ricostruire il modello digitale di terreno. In seguito, il DEM/DTM è stato realizzato utilizzando il il *kriging*, un metodo di regressione usato in geostatistica che permette di interpolare una grandezza nello spazio, minimizzando l'errore quadratico medio. Di tutti i metodi di interpolazione, il *kriging* è considerato in letteratura [147–149] il metodo più affidabile in termini di accuratezza del risultato. Conoscendo il valore di una grandezza in alcuni punti nello spazio, come per esempio il parametro di altitudine in m s.l.m., attraverso il *kriging* si può determinare il valore altimetrico in aree in cui non esistono misure note. Il *kriging* delle quote altimetriche dell'area di studio è stato realizzato con il modulo *v.krige*[9] in GRASS. La risoluzione del DEM elaborato è stata impostata a 25 m utilizzando il modulo *r.mapcalc*[10] (in GRASS) mentre curve di livello con un intervallo di 0,5 m sono state ottenute con il modulo *r.contour*[11] (presente sia in GRASS, sia in QGIS).

Il DEM elaborato è stato integrato in QGIS con i *layers* dei dati archeologici, cartografia storica e immagini satellitari per datare e contestualizzare le forme del paesaggio fluviale identificate e successivamente verificate direttamente sul terreno con ricognizioni mirate.

Infine, la *Carta dei Suoli della Regione Emilia-Romagna*[12] è stata utilizzata per identificare le aree caratterizzate da tessiture più fini (limo e argilla), indicatrici della deposizione di sedimenti a seguito di eventi alluvionali o ristagno d'acqua. Questo dato pedologico si è rivelato molto utile sia per poter ipotizzare la massima estensione raggiunta delle paludi in epoca Medievale (vedi Cap. 3.2), sia come parametro legato all'uso del suolo per analisi spaziali (vedi Cap. 4.2.1).

Nell'area di indagine il software GRASS 7 è stato impiegato non solo per elaborare il DEM (vedi Cap. 1.2.3) ma anche per migliorare la visibilità delle forme del paesaggio indagato attraverso analisi geomorfometrica. Trattandosi di un'area di pianura con differenze altimetriche molto limitate, l'impiego di moduli come *r.shade*[13], *r.slope.aspect*[14] e *r.relief*[15] ha permesso di evidenziare forme naturali e antropiche altrimenti difficilmente percepibili. Inoltre, il modulo *r.hazard.flood*[16] è impiegato per generare il *"Modified Topographic Index"* (MTI) utilizzato come 'covariata' nel processo di *Point Pattern Analysis* (vedi Cap. 1.2.4 e 4.3.2). Infine l'applicazione del modulo *r.geomorphon* ha permesso di categorizzare in maniera automatica le forme principali del paesaggio. Questo modulo funziona inserendo come parametro iniziale il DTM della zona oggetto di studio e permette di ottenere come risultato un raster riclassificato contenente l'identificazione delle dieci forme terrestri più comuni. Queste ultime sono classificate con un valore numerico da 1 a 10 e ciascun valore corrisponde a una diversa morfologia: zone pianeggianti (*flat area*), picchi (*summit*), crinali (*ridge*), cigli di scarpata (*shoulder*), forme aspre (*spur*), versanti (*slope*), selle (*hollow*), piedi di versanti (*footslope*), valli (*valley*), depressioni (*depression*) (fig. 1.10).

Tale classificazione si basa sul confronto tra il valore Z del pixel di riferimento e quello dei suoi otto vicini, individuati applicando il principio della linea di vista lungo le otto direzioni principali e partendo dalla cella che si trova a est e proseguendo in senso antiorario. Come risultato del confronto si ottiene un operatore ternario (i.e. +, -, -, -, 0, +, +, +) che descrive un possibile modello di misure relative per i pixel che circondano la cella di riferimento.

Analisi spaziali e metodi quantitativi in archeologia

In archeologia i metodi quantitativi presi in prestito da altre discipline, come geografia ed ecologia, sono ormai uno strumento affermato per analisi intra-sito e infra-sito. I metodi statistici, infatti, sono comunemente usati per studiare e quantificare la correlazione tra variabili spaziali e la localizzazione di materiali e siti archeologici in aree definite [150–153]. Tra i software per analisi statistica disponibili, il codice di programmazione open-source *R*[17] offre potenzialità enormi anche in studi di archeologia quantitativa grazie al continuo sviluppo di pacchetti di codici con funzionalità specifiche [139]. Negli ultimi anni, però, il linguaggio di programmazione *Python*[18] è quello che è cresciuto maggiormente tra gli sviluppatori di diversi ambiti (tra cui proprio geoscienze [154] e archeologia [111,155] per la sua versatilità nella gestione di significative quantità di dati (i cosiddetti *Big Data*). Anche in archeologia, ormai, la ricerca si svolge sempre più attraverso l'utilizzo di enormi ed eterogenee quantità di informazioni raccolte nei decenni passati secondo metodi e modalità differenti: i linguaggi di programmazione assolvono all'annoso problema di gestione di questi dataset [156].

Due tipi di analisi spaziali sono stati applicati al dataset di questa ricerca: la logica sfumata (o *Fuzzy Logic*) e l'analisi di eventi spaziali per punti (o *spatial point pattern analysis*).

La *Fuzzy Logic* è stata introdotta negli anni '60 del secolo scorso da Lotfi Zadeh [157] e consiste in un'alternativa adatta alle probabilità per quantificare e stimare quanto un valore di un insieme caratterizza il concetto a esso associato, con un valore di appartenenza. La logica fuzzy viene applicata tramite l'uso degli insiemi fuzzy: in un

---

[9] https://grass.osgeo.org/grass78/manuals/addons/v.krige.html
[10] https://grass.osgeo.org/grass77/manuals/r.mapcalc.html
[11] https://grass.osgeo.org/grass64/manuals/r.contour.html
[12] https://geo.regione.emilia-romagna.it/cartpedo/
[13] https://grass.osgeo.org/grass74/manuals/r.shade.html
[14] https://grass.osgeo.org/grass74/manuals/r.slope.aspect.html
[15] https://grass.osgeo.org/grass74/manuals/r.relief.html
[16] https://grass.osgeo.org/grass74/manuals/addons/r.hazard.flood.html

[17] *R Foundation for Statistical Computing*, disponibile all'indirizzo: https://www.r-project.org/
[18] *Python Software Foundation*, disponibile all'indirizzo: https://www.python.org/

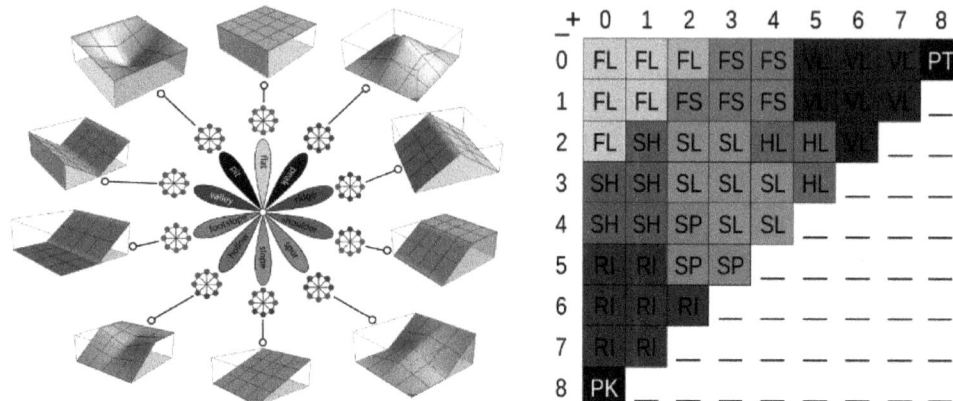

Fig. 1.10 Sistema di classificazione del modulo *r.geomorphon* (da: https://grass.osgeo.org/grass78/manuals/addons/r.geomorphon.html)

insieme normale un oggetto o appartiene o non appartiene all'insieme mentre negli insiemi fuzzy vi è un grado di appartenenza all'insieme che corrisponde a un valore tra 0 e 1. La differenza con la probabilità è sostanziale, perché la probabilità misura la verosimiglianza che un evento futuro avvenga mentre la logica fuzzy misura l'ambiguità di un avvenimento già accaduto [158]. L'esempio tipico è quello di definire una persona *giovane* o *vecchia* in base all'età. Un trentenne è giovane se consideriamo la definizione globale di *giovane* ma è più *vecchio* di un ventenne. Se si considerasse di modellizzare il concetto di *giovane* con delle probabilita', e assegnando una probabilita' dell'0,75 per i *quasi giovani* trentenni significherebbe che il 75% delle persone di 30 anni avrebbero la possibilità di essere considerate giovani e il restante 25% no: questo non avrebbe ovviamente alcun senso. Con la logica sfumata associando alle persone di 30 anni un valore di appartenenza (o *membership value*) di 0.75 rispetto al concetto di *giovane*, significa che un trentenne è sì *giovane*, ma non completamente (fig. 1.11). Un modello fuzzy non serve per indagare se una particolare affermazione sia vera o falsa, ma per determinare i vari gradi di vero (o falso), compresi in un valore numerico tra 0 e 1 [159].

L'unità di misura della logica fuzzy è il FIT (*Fuzzy Information Unit*). La logica fuzzy ha il vantaggio di avvicinarsi all'esperienza umana, lasciando sempre aperta la porta dell'incertezza e permettendo di descrivere la realtà in continua evoluzione. In archeologia concetti spaziali (per esempio, *vicino* o *lontano* da una determinata risorsa) o cronologici (esempio, cronologie relative o classificazioni tipologiche) possono essere tradotti in logica sfumata per essere impiegati in modelli quantitativi. In questo studio la logica fuzzy è stata impiegata per determinare l'estensione delle paludi post-romane (vedi Cap. 3.2) utilizzando il procedimento della *fuzzyfication*[19]: esso consiste nel trasformare una variabile numerica in una linguistica [115]. Mappe fuzzy (o *fuzzymaps*) sono state elaborate attraverso il pacchetto di funzioni *FuzzyLandscape* [160] in *R*.

La *Point Pattern Analysis* (indicata con "PPA"), invece, è una tecnica di analisi di statistica spaziale mutuata dall'ecologia ma sempre più utilizzata anche in archeologia del paesaggio [161] perché permette di studiare dinamiche di insediamento del passato a scala regionale [38,162–164]: la struttura distributiva di un oggetto, infatti, è causa ed effetto di altri processi che avvengono al suo interno. Scopo della PPA è proprio quello di identificare le caratteristiche strutturali di una distribuzione per punti. Un modello 'a punti' corrisponde alla posizione degli eventi spaziali generati da un processo stocastico all'interno di una regione delimitata [165], secondo la formula:

$$n(X \cap B)$$

dove n = eventi spaziali, X = processo stocastico (Poisson) e B = regione delimitata (fig. 1.12).

Un processo X è caratterizzato da proprietà che influiscono sugli eventi spaziali. Le proprietà dette "di primo ordine" sono quelle che riguardano l'intensità. La densità del modello 'a punti' è proporzionale all'intensità del processo stesso, mentre l'intensità, a sua volta, può essere costante all'interno della regione (*Homogeneous Point Pattern* o HPP) o spazialmente variabile (*Inhomogeneous Point Pattern* o IPP) influenzando così l'uniformità della distribuzione degli eventi spaziali nella regione definita (fig. 1.13).

Le proprietà di "secondo ordine", invece, sono quelle che riguardano la dispersione spaziale. Essa può essere intesa come uno degli attributi geografici più importanti di qualsiasi fenomeno traducibile a livello cartografico in una mappa di distribuzione per punti. Per dispersione spaziale si intende il modo, in termini puramente topologici, secondo il quale gli oggetti o gli eventi di un determinato fenomeno sono disposti a livello spaziale: ordinato, casuale, concentrato [137]. Precisamente, un *point pattern* all'interno di una regione definita può: essere completamente indipendente/casuale (si parla di *Complete Spatial Randomness* o *CSR*); essere condizionato da un effetto di segregazione (gli eventi tendono ad essere regolari/ordinati all'interno della regione) o di

---

[19] per una bibliografia dettagliata: https://www.sciencedirect.com/topics/computer-science/fuzzification

Impostazione della ricerca

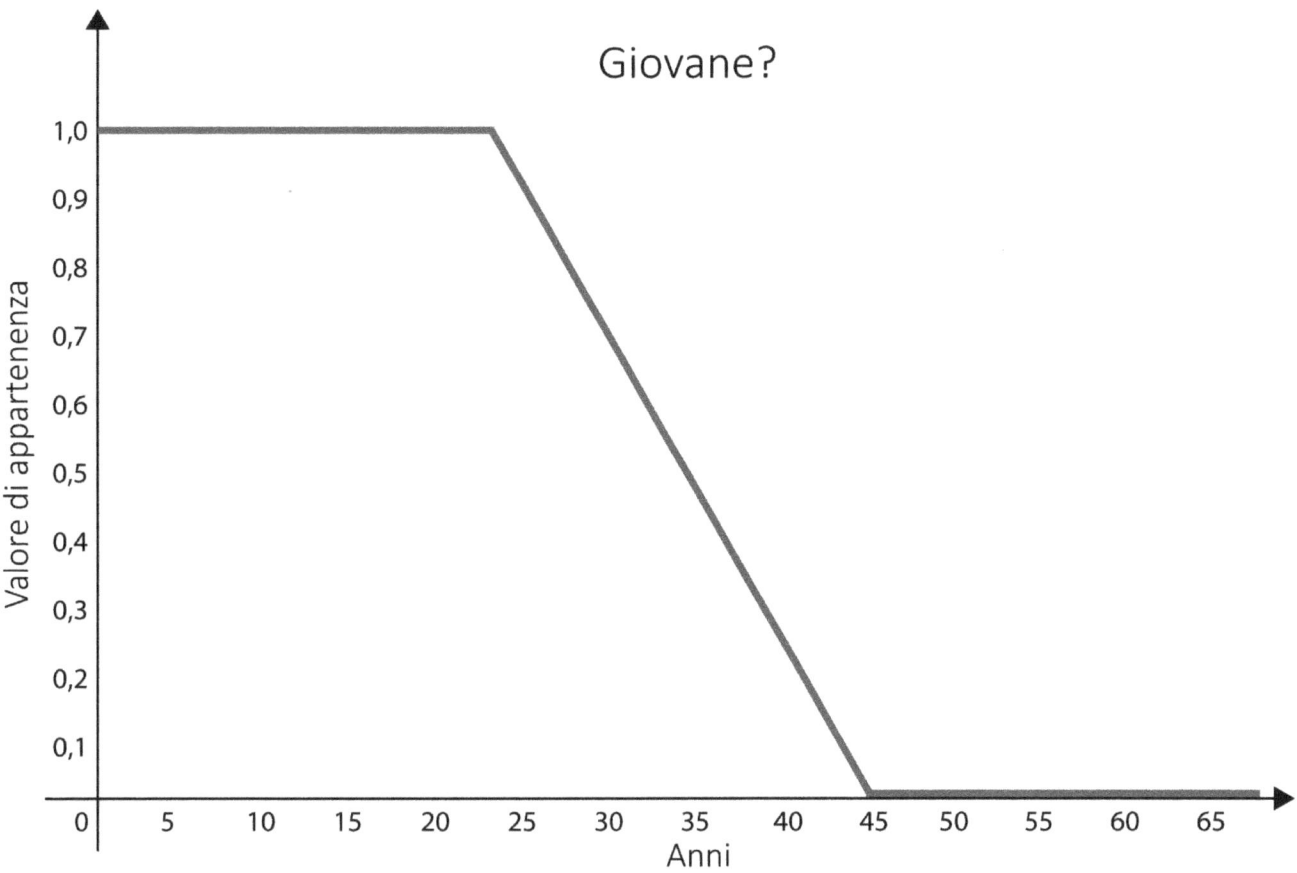

Fig. 1.11 Esempio di una possibile definizione fuzzy del concetto umano di *giovane* (© Filippo Brandolini).

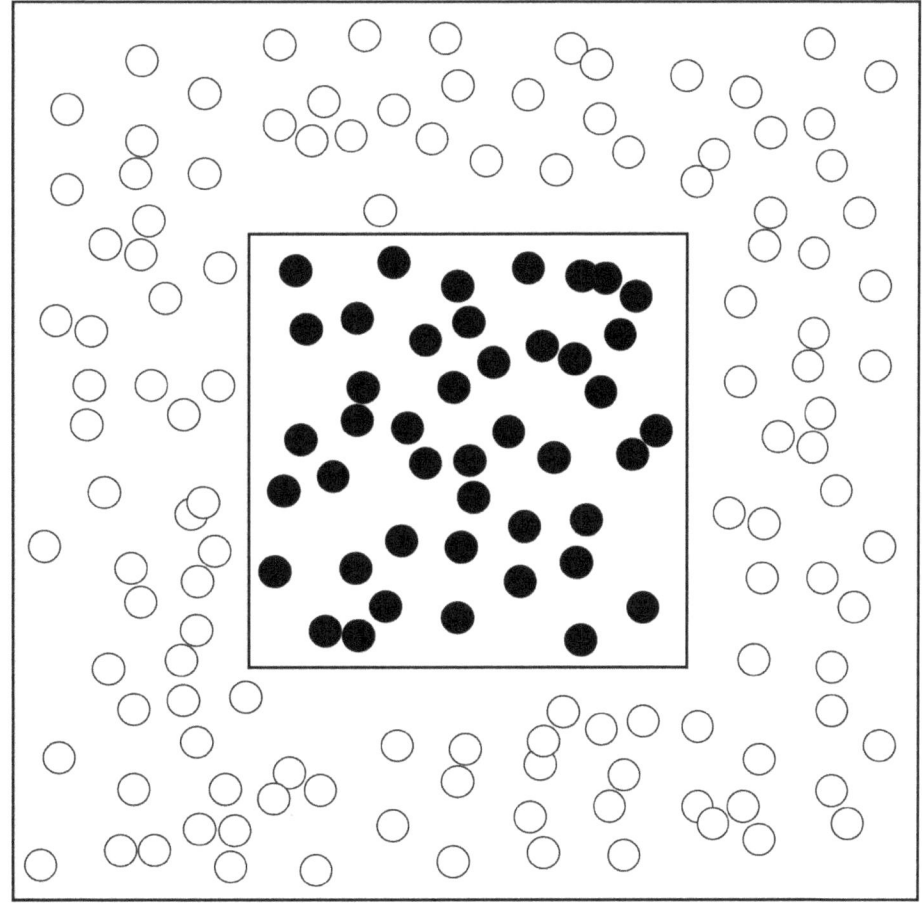

Fig. 1.12 Rappresentazione grafica di eventi spaziali generati da un processo stocastico e delimitato da una regione definita (© Filippo Brandolini).

aggregazione (gli eventi tendono a concentrarsi in *clusters* di punti) (fig. 1.14).

A seconda di come gli oggetti sono spazialmente distribuiti, essi tendono a interagire in un modo piuttosto che in un altro. La PPA, dunque, permette di comprendere quale sia l'interazione spaziale dei punti, oltre che definire se siano distribuiti in maniera omogenea o disomogenea. Nel caso di modelli spazialmente non omogenei vengono utilizzate delle variabili spaziali (o "covariate") per testare quali parametri possano aver influenzato la distribuzione dei punti all'interno di una regione definita e come. La PPA in ambito di archeologia del paesaggio permette di creare dei modelli per verificare se e come i siti archeologici siano stati influenzati, per esempio, dalle caratteristiche ambientali di un territorio. Si può affermare che, dato un certo territorio o area geografica, e data una rete di stanziamento, l'analisi delle proprietà di primo ordine ci permette di identificare le tendenze generali di distribuzione su "larga scala", mentre le proprietà di secondo ordine identificano processi "locali".

Stuart Eve e Enrico Crema [166] hanno applicato la PPA per creare modelli spaziali basati sulla combinazione di variabili topografiche e di visibilità. Successivamente i due autori hanno comparato i modelli generati utilizzando il "Criterio di Informazione Bayesiano" (*Bayesian Information Criterion*, indicato con "BIC") per poter concludere quale variabile abbia maggiormente influenzato la distribuzione dei loro siti archeologici. Una metodologia simile è stata impiegata anche da Davide Visentin e Francesco Carrer [167] per studiare la distribuzione dei siti mesolitici nelle Dolomiti. In questo caso, oltre al BIC, per la valutazione e confronto dei modelli statistici è stato utilizzato anche il "Criterio d'Informazione di Akaike" (*Akaike Information Criterion*, indicato con "AIC").

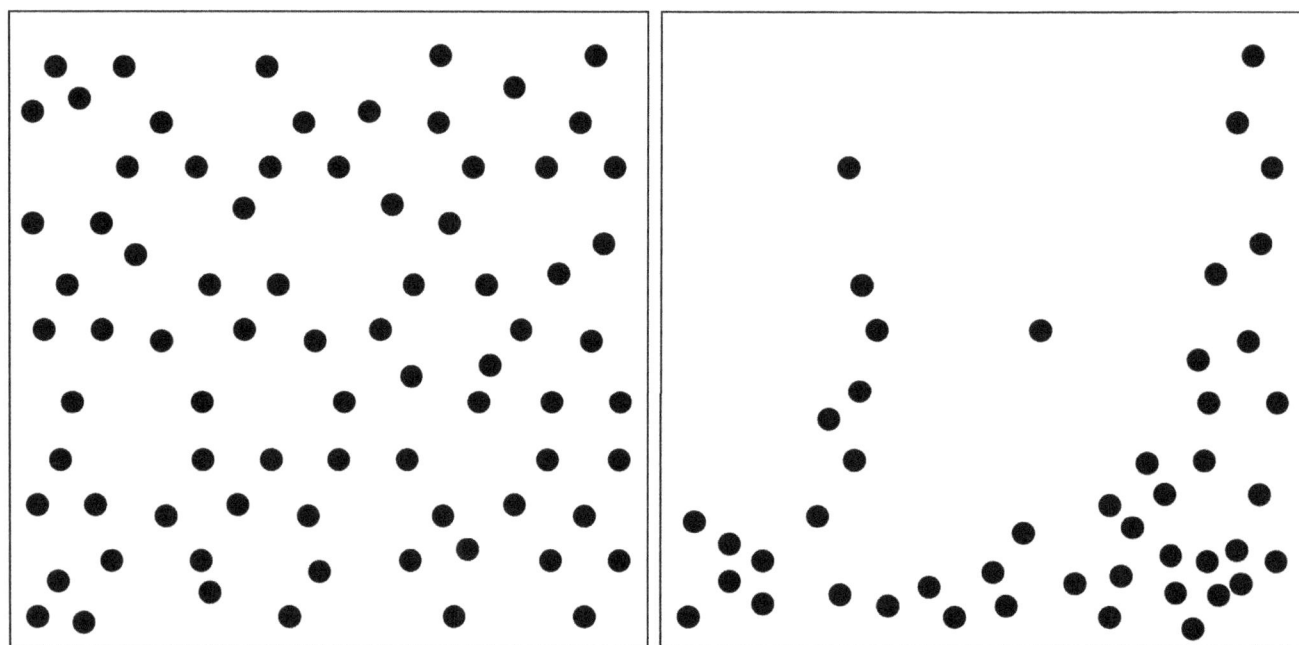

Fig. 1.13 Confronto tra intensità costante all'interno della regione (*HPP*, a sinistra) e intensità spazialmente variabile (*IPP*, a destra). (© Filippo Brandolini).

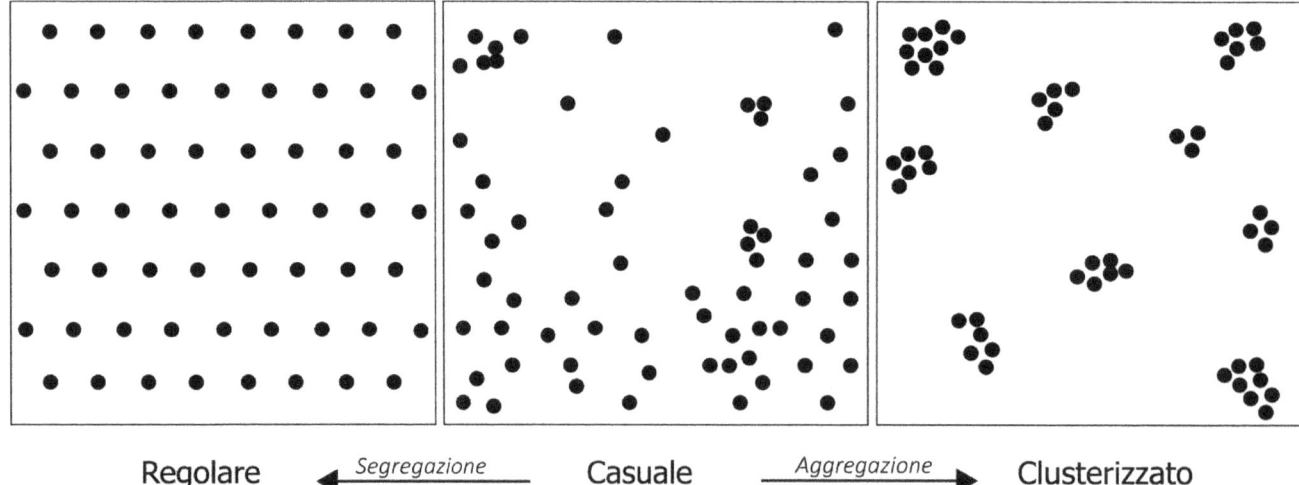

Fig. 1.14 Effetti di attrazione e segregazione sull'interazione spaziale tra punti. (© Filippo Brandolini).

L'AIC è un indice che consente di comparare due modelli e che consente di valutare variazioni nell'adattamento di un modello per modifiche dello stesso. BIC e AIC sono due strumenti statistici essenziali nella PPA in ambito archeologico per definire quali variabili geografiche abbiano maggiormente influito sulla localizzazione e distribuzione di siti archeologici [168].

Entrambi i metodi, BIC e AIC, sono stati impiegati in questo studio per valutare il modello più performante tra quelli teorizzati in base alle covariate spaziali selezionate.

Per indagare le proprietà di secondo ordine, ovvero il tipo di interazione tra eventi spaziali, vengono comunemente impiegati approcci basati sulla distanza tra punti [169]. In questo studio per la correlazione spaziale tra siti romani e siti medievali si è fatto ricorso alla funzione K di Ripley bivariata, per la cui spiegazione è necessaria di una breve digressione teorica.

La funzione K di Ripley univariata di un processo omogeneo (e stazionario) X definisce il numero di punti compresi entro una distanza $\leq r$ per ogni punto di X divisi per l'intensità λ [170]:

$$K(r) = \frac{1}{\lambda} E[t(u,r,X)|[u \in X]$$

In caso di processi in cui l'intensità è spazialmente variabile si utilizza una diretta generalizzazione della funzione K di Ripley, detta appunto "non omogenea" (o *inhomogeneous K-function*) [171]. Una ulteriore generalizzazione della funzione K di Ripley è la funzione K introdotta da Lotwick e Silverman [172] che caratterizza la struttura spaziale di un modello bivariato e precisamente la relazione spaziale tra due tipi di punti (X, Y) localizzati nella stessa area territoriale (*cross K-function*). In questo studio è stata utilizzata una trasformazione linearizzata della funzione K di Ripley introdotta da Besag [173] e nota come funzione L di Besag (o *L-function*):

$$L(r) = \sqrt{\frac{K(r)}{\pi}}$$

La *L-function* semplifica la visualizzazione del risultato della funzione K, rappresentando una linea retta in cui le deviazioni dal valore standard sono più facilmente individuabili.

In questo elaborato è stata utilizzata la funzione L bivariata (o *Inhomogeneous cross L-function*) per indagare le proprietà di secondo ordine tra siti romani e siti medievali. Questo metodo statistico, infatti, permette di verificare e quantificare l'interazione tra due diversi eventi spaziali nella medesima regione ed è già stato testato con successo in ambito archeologico in analisi spaziali intra-sito [174,175]. In questo studio, l'"*Inhomogeneous cross L-function*" è stata impiegata per verificare e quantificare la continuità storica tra siti romani e siti medievali.

Per la creazione e l'analisi dei modelli per la PPA e il calcolo della *L-function* è stato utilizzato il pacchetto *spatstat* [176] di R 3.6[20]. Inoltre, i dati vettoriali e raster creati con GRASS 7 sono stati importati in R con il pacchetto *rgrass* [177] mentre BIC e AIC sono stati calcolati con il pacchetto MASS [178]. Per concludere, la PPA rappresenta ormai un settore metodologico essenziale per qualsiasi disciplina sociale o storica connessa con lo studio degli insediamenti [137].

---
[20] http://www.r-project.org

2
Genesi delle paludi padane

The current landscape of the central Po Plain formed during the Holocene aggradation of Apennine tributaries of the Po River. Still, an analysis of the main Quaternary phases of landscape evolution is required to understand these processes. The Apennine fringe is still tectonically active since it coincides with a complex belt of folded thrust fronts trending north-northeast that developed during the Quaternary. As a result, the tectonic forces uplifted the mountain margin and lowered the plain in front of it. Most of the Apennine geological units consists of soft sedimentary lithologies easily erodible by water action. As a result, the Apennine watercourses have shaped the landscape since the Pleistocene, forming deep-cut valleys and developing alluvial megafans with their sediments. The distal portions of the alluvial fans are characterized by a telescopic shape, a result of cyclic aggradation—entrenchment phases caused by the alternation of glacial-interglacial periods. Each aggradation phase causes an incision on the top of the previous fan while a new fan prograde into a distal position. These processes are exemplified by the alluvial ridges of the Enza, Crostolo and Tresinaro rivers of the Po Plain. They emerge from the flat floodplain, flanking depressed areas known in fluvial geomorphology as backswamps, characterized by flood deposits of fine silts and clays.

In addition to the natural processes described above, the landscape evolution of this portion of the Central Po Plain has a long-standing connection with human activities. Human communities have settled in the Po Plain for its suitability to agriculture since the Bronze Age, altering the natural fluvial landscape and managing the flood hazard. Prehistoric occupations of the study area have been widely documented, but the number of sites significantly increased during the Bronze Age and the Iron Age.

Between the second and the first century BCE, the Roman colonisation of the Po Plain profoundly modified the landscape following the onset of the centuriation (i.e. a regular grid of roads and ditches). Roman land and water management practices in association with a warming climate period (i.e. the so-called Roman Warm Period) led to the high agricultural exploitation of the Po Plain.

The transition from Roman into the Early Medieval Period (6th – 10th centuries CE) represented a crucial moment for the reorganisation of human settlement strategies in the Po Plain. At the end of the fifth century CE, the crisis of the Western Roman Empire and the lack of maintenance of the irrigation systems, associated with a cooling climate phase – i.e. the so-called Dark Age Cold Period – led to the gradual waterlogging of the Po Plain. Consequently, the natural topographic depressions on the right side of the Po River turned into two vast swamp basins known as Valle di Gualtieri and Valle di Novellara. Many authors point out that this transition led to a reduction of the cultivable and settled area due to the collapse of the Po Plain's Roman hydrogeological systems. The Roman water management system was abandoned, and woods, swamps and uncultivated areas became the typical features of the Early Medieval landscape. Channelization and reclamation works started only in the 10th century CE and intensified between the 12th and 13th centuries CE due to a general increasing demand for cultivated lands throughout Europe. In the Central Po Plain, large-scale ground reclamation started during the Renaissance (15th century CE), was renovated and upgraded many times in the Modern Age (17th and 19th centuries CE). These new modifications were completed as late as the 20th century CE. The outcome of this long process is the modern, completely artificial landscape.

In un dipinto del 1570 conservato presso la Biblioteca Universitaria di Bologna (fig. 2.1) sono rappresentate le paludi padane che si estendevano grosso modo dalla città di Piacenza fino all'Adriatico e indicate con il termine di *"Gran Padusa"*. Questa immagine, seppur di nessuna utilità dal punto di vista della ricostruzione geomorfologica della Pianura Padana, restituisce quale doveva essere la percezione del paesaggio medievale da parte dei contemporanei: una enorme palude. In realtà questo ampio specchio d'acqua, parallelo al collettore padano principale, altro non era che

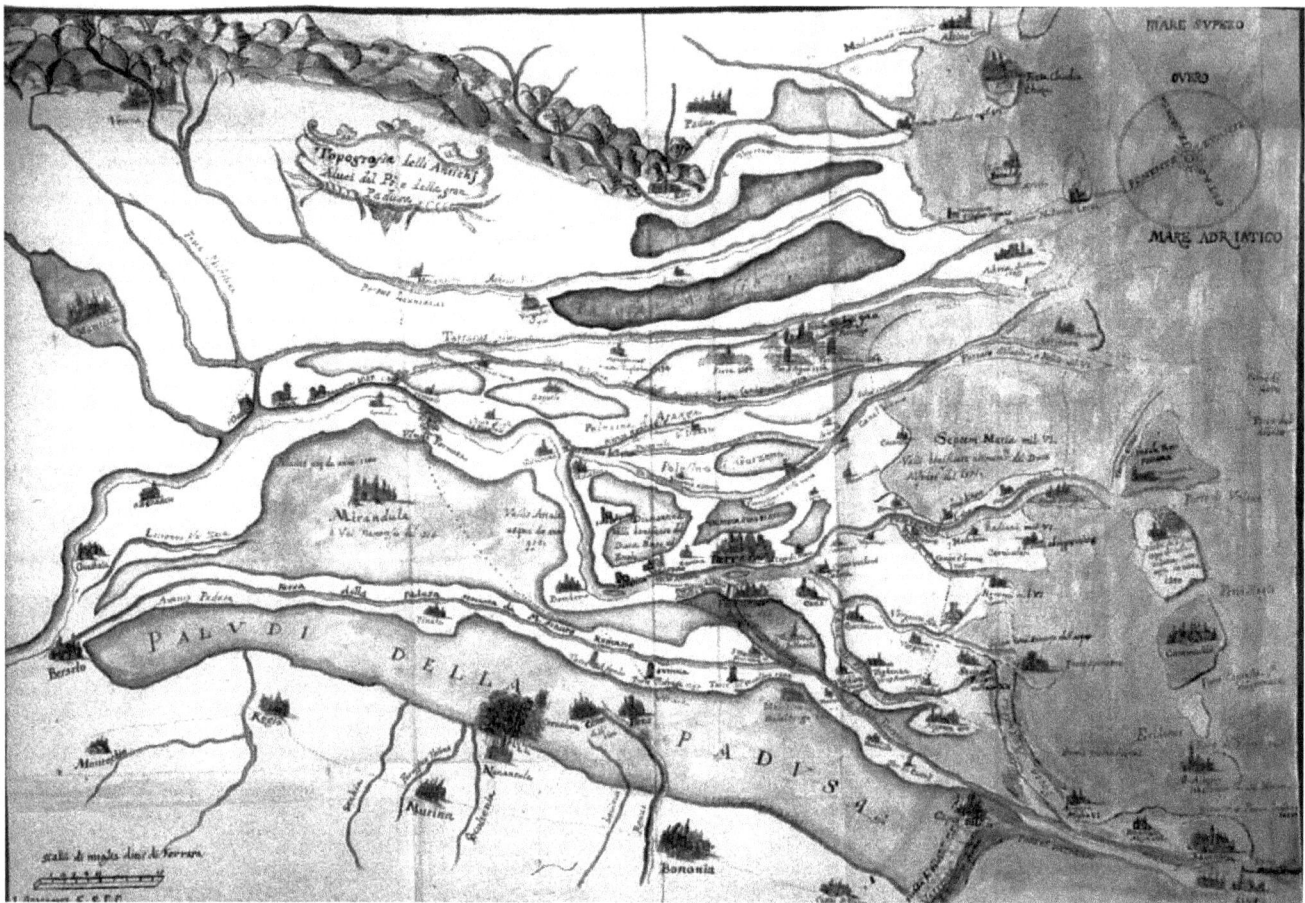

Fig. 2.1 *"Topografia delli antichi alvei del Po e della gran padusa"* J.P. Neri, 1570. Biblioteca universitaria di Bologna. Immagine disponibile Online sul portale Wikimedia Commons: *https://commons.wikimedia.org/wiki/*.

il risultato dell'allagamento di piane interfluviali avvenuto nel corso del Medioevo per cause soprattutto climatiche e, in parte, sociopolitiche (vedi Cap. 2.2).

2.1 Geomorfologia del territorio

L'origine geomorfologica di queste ampie depressioni, bonificate definitivamente solo nel XX secolo d.C., risale ai processi innescatisi tra la fine del Pleistocene e durante l'Olocene. Lungo tutto il margine dell'Appennino Tosco-Emiliano ai piedi delle colline e verso la pianura, allo sbocco delle principali valli si protende un sistema di conoidi alluvionali coalescenti sviluppatisi dal Pleistocene Superiore all'Olocene [179,180]. Un conoide alluvionale (o di deiezione) altro non è che un corpo sedimentario dalla caratteristica forma a 'ventaglio'. I conoidi sono depositi solitamente formati da un corso d'acqua a regime torrentizio allo sbocco di una valle montana in una pianura: il venir meno di costrizioni laterali al corso d'acqua fa sì che il sedimento trasportato si espanda seguendo il dislivello topografico [181] (fig. 2.3). Nell'area di studio, la forma, dimensione e grado di preservazione delle conoidi alluvionali dipende dalle interferenze tra le variazioni climatiche quaternarie e il recente sviluppo di strutture tettoniche [182,183]. Durante i periodi glaciali, infatti, in area appenninica i processi erosionali risultano molto più intensi, con un conseguente aumento del carico sedimentario dei corsi d'acqua che a sua volta innesca fasi di aggradazione e progradazione delle conoidi alluvionali verso valle. L'erosione e la portata dei corsi d'acqua, invece, calano drasticamente nei periodi interglaciali: in queste fasi l'aggradazione si interrompe mentre si innesca una fase di incisione della superficie del conoide da parte del corso d'acqua. Ne risulta un sistema di conoidi alluvionali in cui ogni successiva fase di aggradazione implica un'incisione nella parte apicale del precedente conoide alluvionale, mentre un nuovo conoide si forma e prograda in una posizione più distale rispetto al precedente. Il massimo sviluppo delle conoidi alluvionali appenniniche si è verificato durante le fasi fredde e secche dell'Ultimo Massimo Glaciale [48,180]. La porzione più distale delle odierne conoidi alluvionali appenniniche del Pleistocene superiore, invece, è coperta da sedimenti fluviali fini, accumulatisi durante la transizione tra periodo Atlantico (5500-3000 a.C.) e periodo Sub-Boreale (3000 a.C.-500 a.C.) e depositatisi durante una fase di instabilità climatica seguita all'*Optimum Climatico* dell'Olocene [184,185]. Le cause della sedimentazione olocenica sono da ricondurre prevalentemente alla natura argillosa dei rilievi appenninici: la predominanza di tali processi su quelli erosivi ha comportato una generale tendenza dei fiumi a innalzarsi e divenire pensili, condizioni che a loro volta hanno innescato frequenti diversioni dei corsi d'acqua. Il risultato di questi complessi fenomeni sono i numerosi paleodossi che si diramano dalla parte distale delle conoidi appenniniche perdendosi nella pianura alluvionale [180].

Nell'area di studio considerata in questo elaborato, dalle conoidi appenniniche dei torrenti Enza, Crostolo e Tresinaro, si dipartono i dossi che circoscrivono ampie depressioni note in geomorfologia come "piane alluvionali" o, meglio ancora, come "piane interfluviali" (in inglese *backswamps*) e delimitate da argini naturali e dossi fluviali [141,186]. I suoli delle ex-valli-paludi occupano un quarto circa dei suoli della pianura emiliano-romagnola [181] e sono caratterizzati da sedimenti limosi e argillosi depositatisi in seguito ai fenomeni alluvionali che si sono susseguiti dalla fine dell'Impero Romano e per tutto il Medioevo [29].

La Valle di Gualtieri e la Valle di Novellara corrispondono a due ampie piane interfluviali della Bassa Pianura Reggiana, occupate da paludi in età medievale ed entrambe limitate a Nord dal dosso del fiume Po e divise tra loro dai paleodossi e argini artificiali dei torrenti appenninici [180]. I cambiamenti climatici olocenici (fig. 2.2) e i mutamenti socioculturali intercorsi in epoca post-romana (vedi Cap. 2.2), contribuirono all'allagamento delle piane interfluviali della Pianura Padana creando il tipico ambiente medievale di palude e brughiera [16].

La tendenza alla sedimentazione tipica degli affluenti appenninici del fiume Po ha avuto picchi di maggiore intensità in corrispondenza di peggioramenti climatici responsabili dell'aumento di detriti disponibili per i corsi d'acqua, a esempio durante la fase fredda e umida della Piccola età glaciale (o *Little Ice Age*, e indicata con "LIA") (fig. 2.2). Nel 1780 nel manuale dell'ing. Lodovico Bolognini (tab.1.1)[1] è riportato: "[...] *Gli innalzamenti degli alvei de' Torrenti, che ogn'anno si aumentano visibilmente, tengono questo Territorio in continue apprensioni* [...]". Nell'ultimo secolo, invece, si assiste a un'inversione di tendenza a causa di una aumentata pressione delle attività antropiche sul paesaggio fluviale: ne risulta una sempre più frequente attività erosiva dei corsi d'acqua appenninici [43].

2.2 Contesto storico-archeologico

I dati archeologici confermano una frequentazione preistorica [75,184] e soprattutto protostorica [74,76,77,188,189] della Pianura Padana centrale. Specialmente in Età del Bronzo (XVII – XIV sec. a.C) le conoidi alluvionali appenniniche attraversarono una fase di relativa stabilità che permise l'insediamento di alcuni tra i più importanti siti terramaricoli conosciuti [32]. La crisi della Cultura Terramaricola, però, dovuta a concomitanti cause climatiche e antropiche [78,80], comportò l'improvviso abbandono dell'area che ritornò a essere densamente occupata intensamente solo tra II e I secolo a.C.

Secondo Strabone[2], prima della colonizzazione romana della Cisalpina, la Pianura Padana era essenzialmente una regione acquitrinosa, caratterizzata dalla presenza di ampie paludi che sarebbero state bonificate su iniziativa del console Marco Emilio Scauro alla fine del II sec. a.C. [191]. Ciò che è certo è che con la colonizzazione romana la Pianura Padana venne organizzata secondo una griglia regolare di cardi e decumani (centuriazione) e divisa in aree quadrate di ca 710 m per lato (centurie) [69]. Ogni centuria era poi divisa in sotto unità rettangolari o quadrate: *heredium* (1/100 di centuria), *iugerum* (1/200 di centuria) e *actus quadratus* (1/400 di centuria) [192] (fig. 2.4). La medesima organizzazione regolare degli assi viari si rifletteva anche nel complesso sistema di drenaggio. La centuriazione, infatti, rappresentava soprattutto un'opera di bonifica su larga scala la cui attuazione comportò interventi di regimazione dei fiumi e drenaggio delle acque superficiali, con importanti modificazioni di carattere ambientale [193]. Queste pratiche di gestione del territorio unitamente a una fase climatica favorevole e nota come "Periodo caldo romano" [194] (fig. 2.2), favorirono un intenso sfruttamento agricolo della Pianura Padana fino almeno al IV secolo d.C. quando numerose *villae rusticae* si diffusero nelle campagne tra i maggiori *municipii*: alcuni tratti del reticolo della parcellizzazione agraria romana sono ancora oggi riconoscibili nelle campagne della Bassa Pianura Reggiana [34,65].

Gli interventi di regimazione delle acque in età romana, però, ebbero l'effetto collaterale di accentuare il processo di aggradazione dei corsi d'acqua appenninici, fenomeno evidente già dal III sec. d.C. [24,48]. Gli affluenti di sinistra del fiume Po, infatti, tendono a innalzarsi e divenire pensili a causa di un fenomeno naturale olocenico dovuto alla predominanza di processi sedimentari su quelli erosivi e accentuato anche dalle arginature romane [43,180]. Il risultato più evidente di questi processi geomorfologici sono i paleodossi dei torrenti appenninici che caratterizzano la Bassa Pianura Reggiana, risultato di percorsi fluviali abbandonati.

Intorno al V secolo d.C., il venir meno dell'autorità pubblica che garantiva la manutenzione di argini e canali [7], unitamente a una condizione climatica più fredda e umida rispetto alla precedente, furono le cause principali del processo di impaludamento che interessò la Pianura Padana durante il Medioevo [43]. La fine dell'Impero Romano d'Occidente, infatti, coincise con una fase di globale peggioramento climatico noto come "Periodo freddo medievale" [187,195] (fig. 2.2) che ebbe importanti ripercussioni sull'assetto del paesaggio [196]. Una causa possibile del drastico calo delle temperature sarebbe riconducibile a una fitta coltre di polveri immessa nell'atmosfera in seguito a eruzioni vulcaniche avvenute tra V e VI secolo d.C. [197]. Un evento simile è riportato, per esempio, nel 536 d.C. da Procopio di Cesarea nella sua

---

[1] Vedi Tab. 1.1 relativa alle fonti storiche: Bolognini, L. 1780, p. XXXV.

[2] Precisamente nel Volume III, Libro V, Capitolo I del *Geographia* il geografo greco descrive il paesaggio della Pianura Padana come doveva apparire prima della colonizzazione romana.

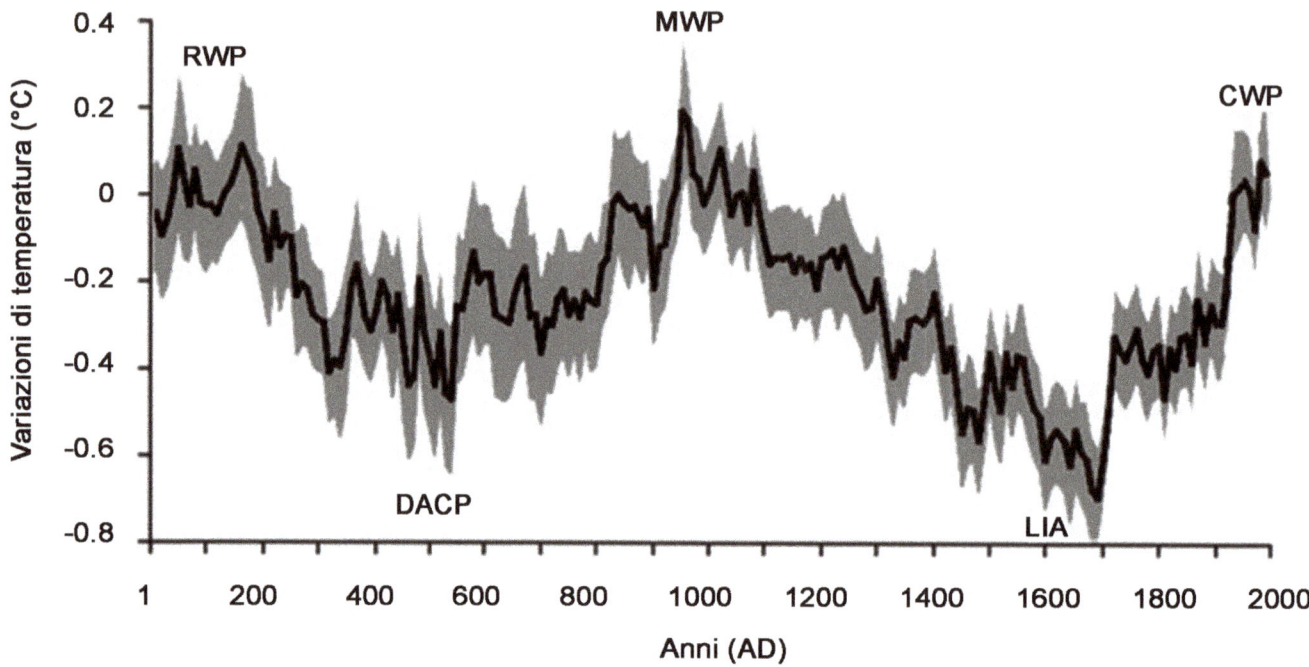

Fig. 2.2 Variazioni climatiche tardo-oloceniche: RWP: *Roman Warm Period* (Periodo caldo romano/*Optimum* climatico romano); DCAP: *Dark Age Cold Period* (Periodo freddo medievale); MWP: *Medieval Warm Period* (Periodo caldo medievale); LIA: *Little Ice Age* (Piccola età glaciale); CWP: *Current Warm Period* (Periodo caldo contemporaneo). (Immagine modificata da [187])

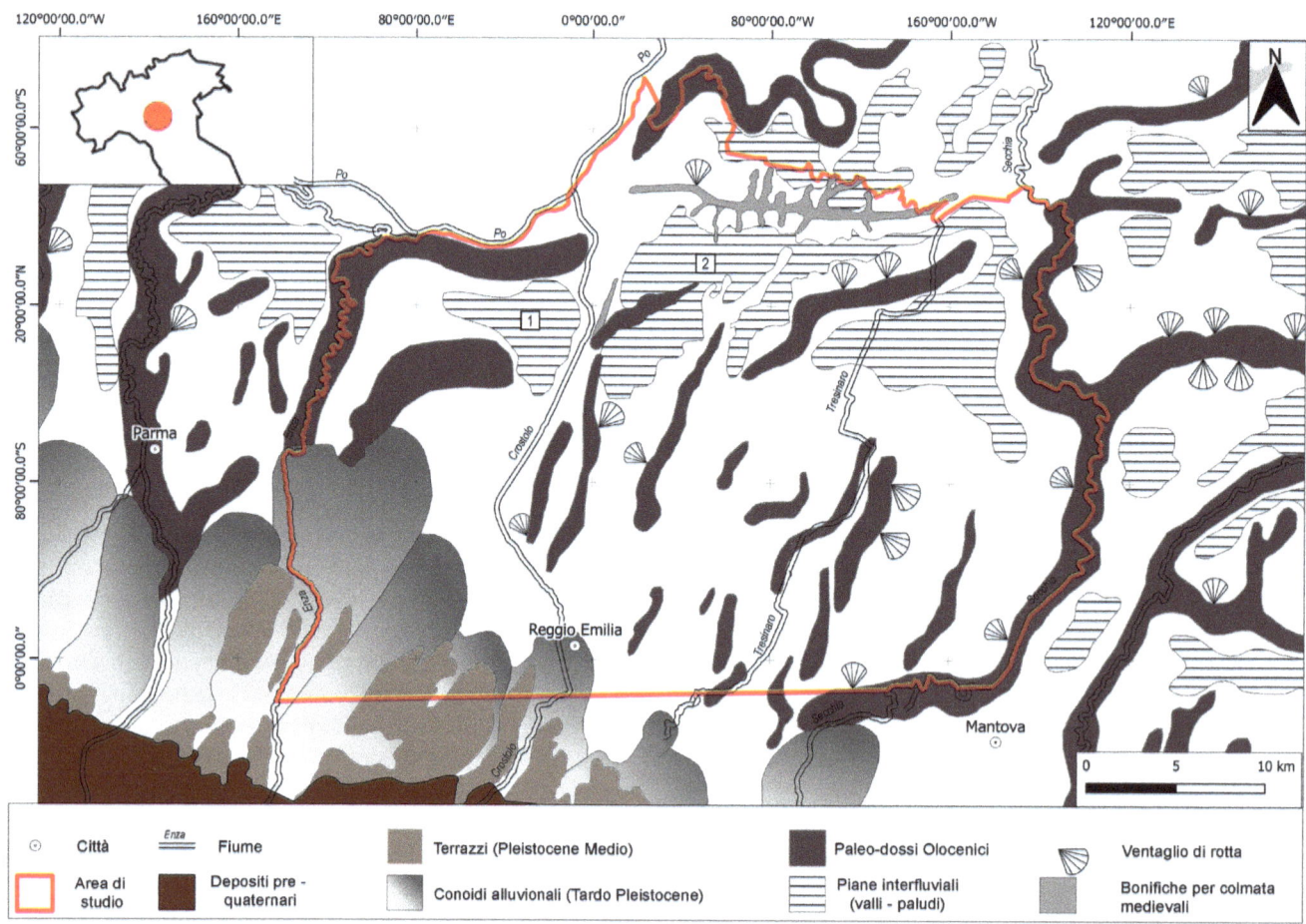

Fig. 2.3 Schematica ricostruzione delle principali unità geomofologiche dell'area di studio (© Filippo Brandolini).

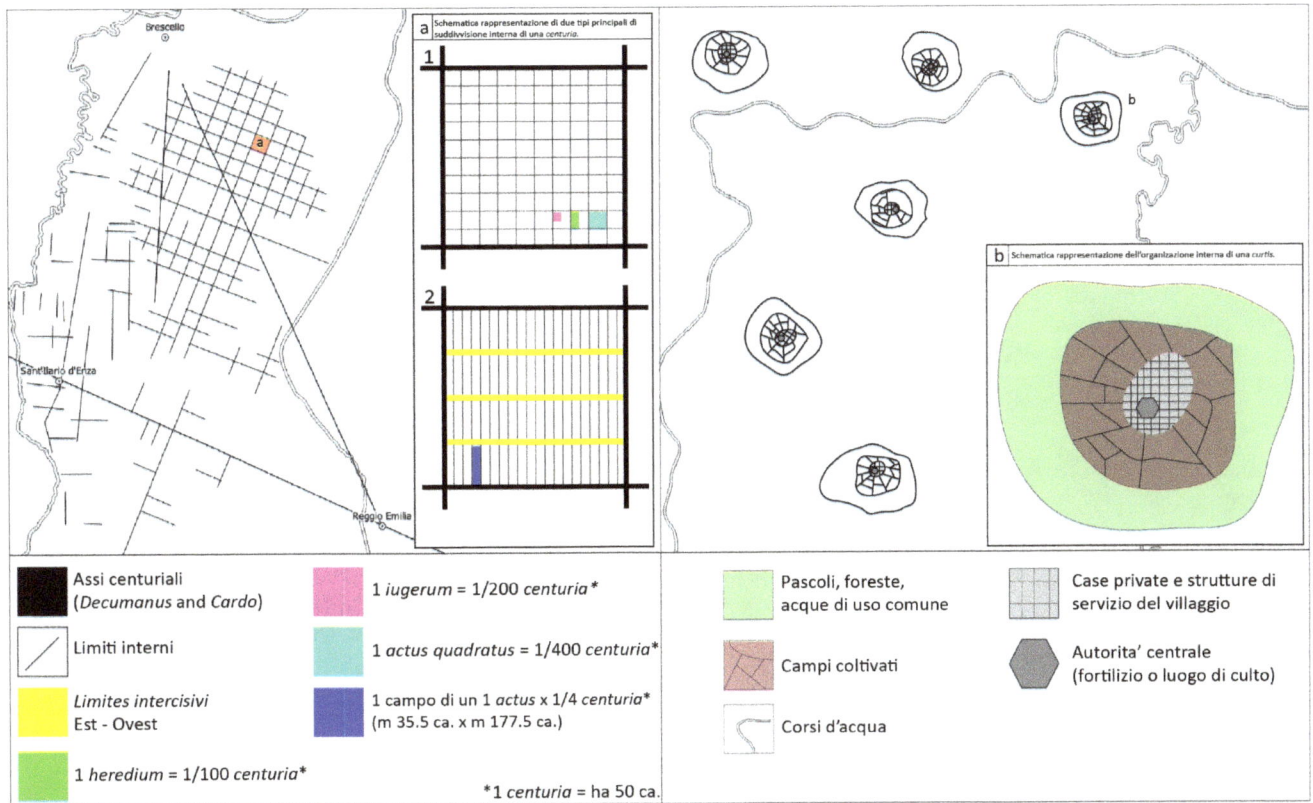

Fig. 2.4 Schematica rappresentazione del sistema della centuriazione romana (a sinistra) e quello delle *curtes* medievali (a destra) (immagine modificata da [190]).

cronaca[3] della guerra greco-gotica e recenti studi condotti su carote di ghiaccio hanno confermato il verificarsi di catastrofiche eruzioni vulcaniche in età tardo-antica [198,199].

Oltre al calo delle temperature si verificò un aumento delle precipitazioni e nelle fonti storiche non mancano riferimenti ad alluvioni eccezionali. Il 589 d.C., per esempio, è l'anno del *Diluvium* di Paolo Diacono[4], una disastrosa alluvione causata dallo straripamento dell'Adige (noto anche come *Rotta della Cucca*) e, sempre nello stesso anno, papa Gregorio Magno riporta un analogo straripamento del fiume Tevere a Roma [200].

Nell'area in esame, le condizioni climatiche del Periodo freddo medievale ebbero ripercussioni sull'idrografia locale: i corsi d'acqua, soprattutto il torrente Crostolo, non riuscendo più a scaricare direttamente nel Po, si riversavano nelle valli di Gualtieri e di Novellara, impaludandole. Nel corso dell'Alto Medioevo, ampi tratti della centuriazione romana vennero così sepolti da sedimenti fluviali e depositi palustri (fig. 2.5).

L'impaludamento del territorio continuò fino al X secolo d.C. condizionando inevitabilmente anche le dinamiche insediative antropiche [63]. Le fonti documentarie [72], unite a sporadici dati archeologici [35] e indicazioni toponomastiche, restituiscono un quadro insediativo caratterizzato da abitati concentrati su paleodossi fluviali circondati dalle acque ormai fuori controllo di torrenti, fiumi e zone paludose [10,19,29,65,201,202]. Nel *Dizionario Topografico degli Stati Estensi*[5], per esempio, l'autore riporta il toponimo *Gurgum*[6], una località nei pressi di Novellara (RE) e il cui nome suggerisce la vicinanza a un corso d'acqua che probabilmente confluiva nella vicina valle-palude.

La medesima località è ricordata anche in un diploma[7] di re Berengario I. in cui il sovrano del Regno italico concede a un signore locale, la costruzione di un castello in difesa degli Ungari «[...] *in villa Gurgo super fluvio Bondeno comitatu Regiense* [...]».

Oltre ai torrenti appenninici principali, infatti, nelle fonti d'archivio sono elencati nomi di corsi d'acqua oggi non più identificabili e dal percorso incerto. È il caso del *flumen Bondenum*[8] o semplicemente Bondeno, indicato come un corso d'acqua che attraversava il reggiano per immettersi

---

[3] Procopio di Cesarea, *Storia delle Guerre*, 6.4. 21-28
[4] Paolo Diacono, *Historia Langobardorum*, III, 23
[5] Vedi Tab. 1.1 relativa alle fonti storiche: Tiraboschi, G. 1824
[6] Vedi Tab. 1.1 relativa alle fonti storiche: Tiraboschi, G. 1824, Tomo I, voce GVRGUM, pp. 368-369
[7] Vedi Tab. 1.1 relativa alle fonti storiche: Schiaparelli, L. 1903, Diplomi di Berengario I, XCIV, 7, p. 249
[8] Vedi Tab. 1.1 relativa alle fonti storiche: Tiraboschi, G. 1824, Tomo I, voce BONDENVS Fl, pp. 61 -63

Fig. 2.5 Centuriazione sepolta nell'area delle Valli Nuove di Guastalla (RE). Si notano chiaramente anche paleocanali sepolti, relitti di una complessa idrografia passata (immagine satellitare ©Google Earth 2019).

nella Buriana[9] (altro nome di corso d'acqua oggi non identificabile). Secondo le fonti, il sistema Bondeno – Buriana costituiva un percorso navigabile alternativo e parallelo al Po ed era parte integrante di un complesso insieme di canali artificiali e corsi d'acqua naturali che collegava le principali città' della Pianura Padana centrale [203–205]. La complessa situazione idrografica venutasi a creare nell'Alto Medioevo comportò la fondazione di nuovi nuclei abitati su paleodossi fluviali, in posizioni quindi topograficamente più elevate e protette rispetto alla piana alluvionale. In questa nuova situazione ambientale, l'agricoltura era stata sostituita dalla pratica silvopastorale nella fase post-romana: i boschi costituivano una fonte di sostentamento (caccia e combustibile) mentre le zone umide venivano sfruttate per la pesca e come vie di comunicazione [206].

Per quanto riguarda l'organizzazione del paesaggio nell'Alto Medioevo, nelle campagne fece la sua comparsa la *curtis* [63,207,208] (fig. 2.4) espressione delle esigenze produttive e di consumo dell'epoca, nonché fulcro dell'organizzazione delle grandi proprietà [10].

La tipica conformazione di un villaggio altomedievale prevedeva un centro insediativo vero e proprio in cui

[9] Vedi Tab. 1.1 relativa alle fonti storiche: Tiraboschi, G. 1824, Tomo I, voce BVRIANA Fl. pp. 78 – 79

risiedeva la popolazione; intorno vi era una prima fascia a uso agricolo e infine un'area silvo-pastorale più esterna. Le terre della *curtis* altomedievale, inoltre, erano divise in due unità: il *dominicum*, ossia le terre poste sotto la diretta gestione del padrone attraverso manodopera servile e il *massaricium*, diviso in mansi, appezzamenti di terreni affidati a coloni liberi che, con i loro mezzi, provvedevano alla coltivazione. Questi ultimi, però, erano tenuti al pagamento di un affitto al padrone, che consisteva in quote in denaro, quote di prodotto e/o giornate di lavoro (*corvées*) sul *dominicum* [4]. L'autorità di cui godeva il padrone sui coloni del *massaricium* costituì il nucleo del potere di banno ossia il complesso dei diritti sugli abitanti di un luogo esercitati dal castellano e signore del luogo. Un signore poteva possedere terre dominicali in diversi villaggi anche lontani tra loro. Per questo motivo la *curtis* non va intesa come una realtà compatta, ma come un'unità teorica e gestionale in cui, soprattutto dall'VIII all'XI secolo, sono organizzate presenze fondiarie disperse, facenti capo di solito a più villaggi [209].

Nel IX-X secolo il fenomeno dell'incastellamento [10,201] comportò la formazione di autonomie circondariali militari e giurisdizionali: al signore del castello cominciarono a essere sottoposti tutti i residenti del circondario, sia coltivatori in affitto sia piccoli proprietari terrieri. L'elemento nuovo rispetto all'età romana è proprio un livello intermedio tra campagna e città, rappresentato da centri, spesso fortificati, che esercitavano prerogative amministrative e fiscali sul territorio circostante [210]. In seguito a frequenti incursioni magiare e saracene, unitamente a una fase di instabilità politica del Regno Italico, il territorio della Pianura Padana si popolò di numerosi centri fortificati [211]. Nei diplomi regi si trovano indifferentemente i termini *castrum* e *castellum* che indicavano prevalentemente strutture costruite in legno e terra. Questi fortilizi sorsero prevalentemente in luoghi in cui vi era popolazione stabile: nei pressi di piccoli villaggi, centri curtensi, porti e sedi di pievi. I *castra* potevano adottare molteplici soluzioni realizzative, ma nella maggioranza dei casi noti si trattava di un terrapieno o di un fossato che circondava un centro abitato. Per questo motivo, soprattutto nei secoli X e XI, il *castrum* assunse spesso l'aspetto di un villaggio fortificato. Le campagne altomedievali, dunque, furono caratterizzate da questa fitta rete di *castra* che non ebbero solo una funzione difensiva ma anche politico-amministrativa nella gestione del territorio di competenza [10].

Nell'area di studio considerata in questo elaborato, le fonti citano (tra gli altri) il *castrum* dei Conti *da Palude* o *da Palù*[10] sorto tra Fabbrico (RE) e Reggiolo (RE) in posizione strategica circondato da specchi palustri e il *castrum Popilii* (vedi Cap. 4.1.1).

Coevi al fenomeno dell'incastellamento furono i primi tentativi di regimentazione delle acque nell'area di studio, in particolare nella Valle di Gualtieri [36]. Le fonti documentarie, infatti, citano la costruzione di almeno tre canali prima dell'anno Mille: la Scalopia, il Cavo Bresciana e la Fossa Roncaglio[11]. La mancanza di dati precisi e la costruzione di opere idrauliche successive che obliterarono le precedenti, rendono molto difficile localizzare con certezza questi tre canali nel territorio attuale. Inoltre, non è chiaro dalle fonti se questi canali fossero stati costruiti con l'intento principale di drenare l'area o solo per scopi commerciali: secondo Ireneo Affò, per esempio, la Fossa di Roncaglio permetteva di collegare il sistema Bondeno-Buriana con il fiume Po e con la palude della Valle di Novellara. Tra il X e il XIII secolo d.C., in concomitanza con la fase climatica del "Periodo caldo medievale" [187,195,212] (fig. 2.2), la popolazione europea crebbe sostanzialmente e con essa aumentò la domanda di terre coltivabili [213–215]. I cereali acquisirono un ruolo predominante nella dieta e nel regime agricolo rispetto ai secoli precedenti: ciò comportò la necessità di riconfigurare il paesaggio naturale medievale per ottenere nuove terre da coltivare attraverso opere di disboscamento delle foreste e drenaggio delle zone umide.

Nella Pianura Padana centrale le prime attestazioni di opere di bonifica e disboscamento risalgono alla fine dell'VIII secolo d.C. [4,7] ma è solo a partire dal X secolo d.C. che nuove terre vennero sistematicamente ricavate dalla conversione di paludi e foreste [4,62]. I principali promotori di queste opere volte ad aumentare la superficie di terra coltivabile furono soprattutto enti monastici [14,16,216] quali Nonantola (MO), Santa Giulia (BS), Mirandola (MO) e San Benedetto in Polirone (MN) [21]. Anche l'autorità laica ebbe un ruolo di primo piano nelle mutate dinamiche di popolamento rurale: lungo le vie di traffico principali e in prossimità di zone suscettibili di un ampio sviluppo agricolo sorsero centri abitati di nuova fondazione [217,218] spesso per iniziativa di signorie locali [10]. Molto spesso queste prime imprese di bonifica si realizzarono per lo più a livello locale e non alterarono radicalmente il paesaggio fluviale padano. Ancora oggi attivo e ben riconoscibile è il Cavo Tagliata (vedi Cap. 4.2.2), aperto nel 1218 per scopi commerciali e al centro di controversie tra Reggiani, Cremonesi e Mantovani per tutto il XIII secolo d.C. Questo canale, infatti, fungeva da via d'acqua alternativa e parallela al tratto di Po controllato dai Mantovani, collegando Guastalla (sotto il controllo dei Cremonesi) a Reggiolo e da lì, sfruttando canali, paludi e specchi d'acqua, si ricongiungeva al Po permettendo la navigazione fino all'Adriatico. Tra la fine del XIII e l'inizio del XIV secolo d.C., inoltre, l'innescarsi della fase climatica nota come "Piccola età glaciale" (fig. 2.2) comportò una generale diminuzione delle temperature e un aumento delle precipitazioni medie annue. Nell'area di studio, la resilienza umana durante questa nuova fase climatica fredda e umida si tradusse in nuove opere di bonifica su larga scala che cambiarono radicalmente volto al paesaggio alluvionale medievale. In tutta la Pianura Padana questo processo di bonifica fu graduale e avvenne con tempi e modalità differenti da zona a zona. Nell'area di studio i primi lavori di bonifica delle valli-paludi iniziarono in epoca rinascimentale. Nel 1560, infatti, il signore di Guastalla (RE) Corneglio Bentivoglio (1520-1585) fu promotore di un programma di lavori su larga scala noto con il nome di *"Bonifica Bentivoglio"* [219] (vedi Cap. 5). Le opere principali di questo nuovo sistema di drenaggio furono: 1 – la costruzione di un cavo noto come "Parmigiana" (successivamente chiamato "Parmigiana-Moglia") per il deflusso delle acque delle due valli-paludi da ovest verso est; 2 – la deviazione del torrente Crostolo nella Fossa di Roncaglio così da immettersi direttamente nel Po evitando di scaricare nelle Valli; 3 – la costruzione della Botte Bentivoglio, opera che permise di far passare il Cavo Parmigiana sotto il torrente Crostolo (vedi Cap. 5).

Tale sistema di bonifica per scolo delle acque fu ristrutturato e potenziato nei secoli successivi (vedi Cap. 5) e costituisce l'atto iniziale delle bonifiche della Bassa Pianura Reggiana, completate solamente negli anni '50 del secolo scorso [220]. Gli elementi principali della Bonifica Bentivoglio sono tuttora attivi e integrati nel contemporaneo sistema di drenaggio (fig. 2.6).

---

[10] Vedi Tab. 1.1 relativa alle fonti storiche: Tiraboschi, G. 1824, Tomo II, PALVDIS, p. 160
[11] Vedi Tab. 1.1 relativa alle fonti storiche: Affò, I .1786 e 1792; Tiraboschi, G. 1824; Cantarelli, C. 1882.

Tecniche digitali e geoarcheologia per lo studio del paesaggio medievale

Fig. 2.6 I tre elementi fondamentali della *Bonifica Bentivoglio* ancora attivi e integrati nel moderno sistema di drenaggio della Bassa Pianura Reggiana: 1- le arginature del torrente Crostolo, 2- il canale *Parmigiana-Moglia*, 3- la *Botte Bentivoglio*. (© Filippo Brandolini).

3

Estensione, limiti e caratteristiche delle *"valli-paludi"*

High flood hazard has always affected Late-Holocene backswamps due to their lower altitude (compared to the surrounding floodplain) and proximity to the Po River and the Apennine watercourses. Ponds and marshy meadows often formed where the Apennine watercourses drained directly into the floodplain. The interdisciplinary approach allowed this research to shed new light on the physiographic limits of the medieval swamps and the traces of anthropogenic activities related to land and water management in the post-Roman landscape. In the post-Roman period, channel avulsions affected the southern tributaries of the Po River, especially the Crostolo River and the Enza River, which flowed in the floodplain depressions turning vast areas into marshland. In medieval times, humans exploited the palustrine environment as a resource until the demand for more arable land led to land reclamation. The first part of this chapter focuses on detecting a buried medieval river mentioned in historical accounts, whose remains are not visible on today's landscape's topographic surface. To accomplish this goal, the concept of Geomorphon has been used. As described by the authors that developed the method, Geomorphon is a concept of presentation and analysis of terrain forms. It utilises an 8-tuple pattern of the visibility neighbourhood, overcoming the limitation of the standard calculus approach where all-terrain forms cannot be detected in single window size. The pattern arises from a comparison of a focus pixel with its eight neighbours, starting from the one located to the east and continuing counterclockwise, producing a ternary operator. It is important to stress that the visibility neighbours are not necessarily immediate neighbours of the focus pixel in the grid. Still, the pixels are determined from the line-of-sight principle along with the eight principal directions. This principle relates surface relief and horizontal distance by means of so-called zenith and nadir angles along the eight principal compass directions. The ternary operator converts the information contained in all the pairs of zenith and nadir angles into the ternary pattern. The application of Geomorphon's concepts through the GRASS module r.geomorphon resulted in the identification of the possible medieval watercourse known in a historical account as the Carolingian Enza river.

The limits of the medieval waterlogged areas have been determined by combining geosciences and spatial statistics. In particular, the geomorphological definition of "backswamps" was deconstructed into three different morphometric variables: digital elevation model (DEM), soil texture and flood hazard. The DEM was built by interpolation of the regional elevation checkpoints. The regional vector soil map was rasterized to create a soil texture map of the study area. Finally, the module r.hazard.flood was used to compute the flood-prone areas using a Modified Topographic Index (MTI). Because backswamps are the lowest portion of a floodplain where fine sediments (silt and clay) are deposited after flood events, MTI, DEM and soil texture have been combined in a fuzzy map. The fuzzy logic is a form of many-valued logic in which the truth value of variables may be any real number between 0 and 1, both inclusive. It is employed to handle the concept of partial truth, where the truth value may range between completely true and completely false. In this case, fuzzy logic was employed to represent the possible maximum extension of the waterlogged portion of the study area. The combination of the three spatial variables was handled with the R package FuzzyLandscape in Rstudio. The results presented in this chapter are a clear example of the potential of the Digital Geoarchaeological interdisciplinary approach, which led to the discovery of relevant details of the past landscape setting in the area.

3.1 L' Enza *"Carolingia"*

Come accennato nel capitolo precedente, le piane interfluviali di Gualtieri e Novellara si allagarono in epoca post – romana per una serie di concause ambientali (peggioramento climatico e diversione dei torrenti appenninici) e sociali (mancanza di manutenzione di argini e drenaggi romani). In particolare, dalle fonti sappiamo che il torrente Crostolo, non riuscendo più a scaricare direttamente nel fiume Po, deviò verso Est scaricando direttamente nella Valle di Novellara. Dalla lettura delle fonti d'archivio emergono incerte notizie sulla complessa idrografia locale all'indomani della fine dell'Impero Romano d'Occidente. Oltre al già citato Bondeno – Buriana, infatti, in un diploma regio emanato a Pavia nel 781 da Carlo Magno è precisamente indicato il percorso di un ramo del torrente Enza, di cui, non si ha però traccia nella cartografia storica dei secoli successivi.

In particolare, nel documento trascritto da Pietro Torelli[1], Carlo Magno concede una serie di possedimenti e diritti alla chiesa di Reggio Emilia e nel definire i limiti territoriali di queste concessioni, viene descritto il corso dell'Enza detta "Carolingia"[2]:

«[...] *A meridie itaque per montana versus occidentem coniacent fines terminique venientes de Prato Mauri in montem de Mensa inde in Gentrocrucis ac deinde in alpem Marinam inde in montem de Posci descendentes in rivum Niteram quŝ defluit in fluvium Inciam, per fluvium Inciam sicut ipsa Ineia descendit a summa villa Montículo decurrens ex transverso in Barcàm et defluit deorsum per Agidam ad aquilonarem partem in rivum Campige et inde in Tegolariam [in fluvium Padum et Zaram] sicut Padüs defluit in Burrianam,* [...]»

Questo documento è stato considerato anche recentemente dagli studiosi [221] come un falso redatto intorno all'anno Mille dalla diocesi di Reggio per legittimare diritti e possedimenti terrieri nell'area. In ogni caso, vista la precisione con cui è riportato il percorso di questo ramo dell'Enza è da considerarsi autentico in quanto, nel redigere un falso per diritti terrieri, i confini geografici citati dovevano essere quanto meno verosimili per i contemporanei onde evitare ovvie controversie. Pertanto, malgrado il documento con ogni probabilità non risalga a epoca carolingia, il percorso dell'Enza da *Monticulo* (Montecchio Emilia – RE) via *Barcam* (Barco – RE) e *Agidam* (Gaida – RE) fino a *Campige* (Campegine – RE) doveva essere ancora noto intorno al X sec. d.C. per essere descritto così dettagliatamente e con lo scopo di legittimare i possessi della diocesi di Reggio. In questa analisi, il dato si rivela molto interessante perché permette di identificare un elemento finora poco noto della caotica idrografia altomedievale dell'area in esame. L'Enza "Carolingia", secondo le fonti documentarie, confluiva nella Buriana e di conseguenza alimentava le acque delle valli – paludi di Gualtieri e di Novellara.

Il *Digital Terrain Model* (DTM) realizzato partendo dai punti quotati del Geoportale della Regione Emilia-Romagna ha permesso di identificare un' incisione nella pianura che ricalca in parte il percorso *Monticulo – Barcam – Agidam – Campige* descritto nel falso diploma del 781 d.C. Una ulteriore analisi per verificare la presenza di una forma del paesaggio riconducibile al corso dell'Enza "Carolingia" è stata condotta utilizzando il modulo *r.geomorphon* [222,223] implementato in GRASS (fig. 3.1).

Nel DTM si nota molto bene il paleocanale del Praticello, attivo in età protostorica [47]. In particolare, si vede molto bene come il paleocanale sia caratterizzato da un dosso (una forma rilevata rispetto alla pianura circostante) e,

---
[1] Vedi Tab. 1.1 relativa alle fonti storiche: Torelli, .P. 1921.
[2] Si tratta del passaggio di un diploma di Carlo Magno datato 8 giugno 781 pubblicato da Torelli 1921, p. 20 e recentemente ripreso da [221].

dal paese di Praticello in poi, si vede l'incisione lasciata dall'antico percorso dell'Enza. Il paleocanale del Praticello funge da confronto molto utile per identificare il possibile percorso medievale del fiume Enza ricordato nelle fonti.

Nel DTM si percepisce una incisione nella pianura che da Monticelli si dirige verso Campegine passando per Gaida. Il raster elaborato con GRASS mostra meglio che effettivamente una leggera depressione da *Monticulo* prosegue verso *Campige* perdendosi nelle piane interfluviali delle valli-paludi medievali. Sia il DTM e, meglio ancora, *r.geomorphon* sembrano in parte confermare quanto descritto nelle fonti documentarie circa questo corso medievale del fiume Enza: il tratto *Monticulo – Barcam*, infatti, non trova riscontro nei modelli GIS. E' probabile che esistessero altri canali artificiali o naturali tra *Monticulo – Barcam* che non hanno lasciato evidenze nel paesaggio contemporaneo, oppure l'Enza Carolingia, descritta nel falso redatto nel X sec. d.C., indicava una via d'acqua ben nota all'epoca, ma risultato di un reticolo idrografico complesso, invece che un singolo torrente appenninico. In prospettiva futura, carotaggi sistematici lungo il percorso identificato permetterebbero di confermare ulteriormente quanto emerso da dati preliminari in GIS e di ricostruire nel dettaglio le caratteristiche e il percorso dell'Enza Carolingia.

3.2 Le valli – paludi

Come illustrato nel capitolo 2.1, la genesi delle paludi medievali della Pianura Padana centrale è da ricondurre soprattutto a dinamiche geomorfologiche oloceniche. Nello specifico, aree di canale e aree di intercanale (o piane interfluviali) costituiscono gli ambienti deposizionali principali e di più recente formazione nella pianura alluvionale. All'ambiente di canale corrispondono dal punto di vista geomorfologico rilievi deposizionali, i cosiddetti dossi e paleodossi, formati dai torrenti appenninici in seguito a ripetuti episodi di esondazione. Le aree di intercanale (o piane interfluviali), invece, sono costituite da ampie zone depresse di forma vagamente circolare o allungata nella direzione dei fiumi e dei torrenti appenninici, all'interno delle quali il deflusso idraulico era impedito principalmente dal rilievo dei dossi e paleodossi che le delimitano [181]. Queste ampie depressioni della pianura alluvionale emiliana-romagnola, in conseguenza dei cambiamenti climatici e sociali intercorsi nel passaggio tra Tarda Antichità e Alto Medioevo (vedi. Cap. 2.2), si allagarono dando origine ad ampi specchi d'acqua palustri. I principali collettori responsabili dell'allagamento delle due valli in esame furono i torrenti appenninici, tra cui il torrente Crostolo (ved. Cap. 2.2 e Cap. 4.3.3), il torrente Tresinaro e, probabilmente, canali secondari del torrente Enza, come l'"Enza Carolingia" (vedi Cap. 3.1).

Al fine di desumere limiti e caratteristiche delle paludi medievali della Valle di Gualtieri e della Valle di Novellara è stata necessaria l'integrazione di analisi in *remote sensing* con dati pedologici e archeologici. Per definizione, infatti, le piane interfluviali sono aree altimetricamente più basse

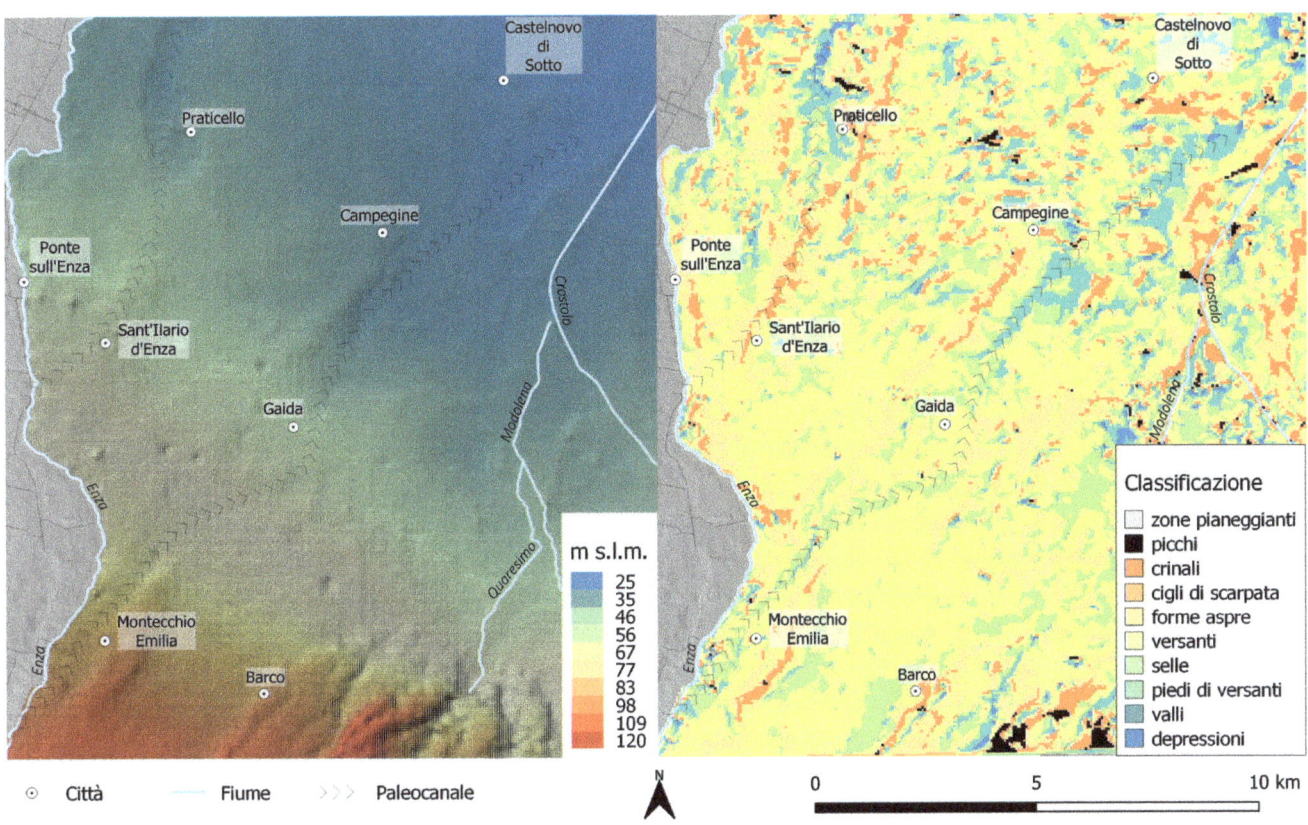

Fig. 3.1 DTM (a sinistra) e raster ricavato con *r.geomorphon* (a destra). (© Filippo Brandolini).

della pianura alluvionale in cui si depositano sedimenti fini (limi e argille) in seguito a eventi alluvionali [186,224], pertanto, l'individuazione di aree a tessitura fine nell'area di ricerca ha costituito un fondamentale punto di partenza per l'individuazione delle aree paludose medievali.

In primo luogo, si è proceduto all'elaborazione di un modello tridimensionale dell'area in esame aumentando l'attributo di elevazione del DTM attraverso il visualizzatore 3D del software QGIS. In questo modo è stato possibile evidenziare con maggiore facilità la differenza altimetrica delle forme del terreno dell'area di ricerca, altrimenti difficilmente percepibili. La carta pedologica dell'Emilia-Romagna (vedi Cap. 1.2.3), disponibile in formato digitale sul geoportale regionale[3], è stata importata in QGIS come *shapefile* di poligoni categorizzati secondo la granulometria della tessitura del sedimento, dal più fine al più grossolano (fig. 3.2).

Questo semplice procedimento ha permesso di sovrapporre il dato altimetrico (DEM) con il dato pedologico (carta suoli) restituendo un quadro abbastanza chiaro in cui le aree altimetricamente inferiori alla quota di 20 m s.l.m. presentano alte concentrazioni di suoli argillosi (fig. 3.2).

Malgrado il risultato ottenuto restituisca almeno idealmente la possibile massima estensione raggiunta dalle due paludi in epoca medievale (circa ≈250 Km^2), non è stato possibile definire limiti precisi delle aree impaludate per motivi intrinseci alla natura stessa delle due paludi in esame. La Valle di Gualtieri e la Valle di Novellara (così come l'intera *Padusa*) furono con ogni probabilità specchi d'acqua le cui estensioni erano legate alla stagionalità delle precipitazioni, alla portata dei torrenti appenninici e alla frequenza delle alluvioni rendendo pertanto di difficile individuazione un limite netto e chiaro delle zone palustri. Inoltre, le opere di bonifica nell'area avvennero con modalità e tempi differenti obliterando le tracce originali delle due paludi: i primi lavori su larga scala risalgono al Rinascimento (ca. 1560 d.C. Bonifica Bentivoglio, vedi Cap. 2.2) a cui seguirono altre opere di drenaggio in età Moderna fino alla bonifica delle Valli Nuove di Guastalla (RE), avvenuta all'inizio del XX sec. d.C. [220] (vedi Cap. 5).

L'integrazione di dati archeologici con analisi spaziali e carta pedologica, inoltre, ha portato a formulare ulteriori considerazioni circa l'estensione delle paludi post-romane. I siti archeologici romani e medievali, infatti, importati come *shapefiles* puntuali in QGIS, presentano due differenti pattern di distribuzione nel territorio in esame. I siti romani sono distribuiti abbastanza uniformemente nell'area, mentre i siti medievali si concentrano sui dossi e paleodossi, intorno ai 'bacini' delle due paludi medievali: il dato archeologico, dunque, fornisce ulteriori indizi sulla possibile massima estensione delle zone paludose in epoca post-romana (fig. 3.2). Anche le fonti storiche (tab. 1.1) riportano che, in seguito al costante pericolo di allagamento, i siti medievali tendevano a concentrarsi

---
[3] https://geo.regione.emilia-romagna.it/cartpedo/

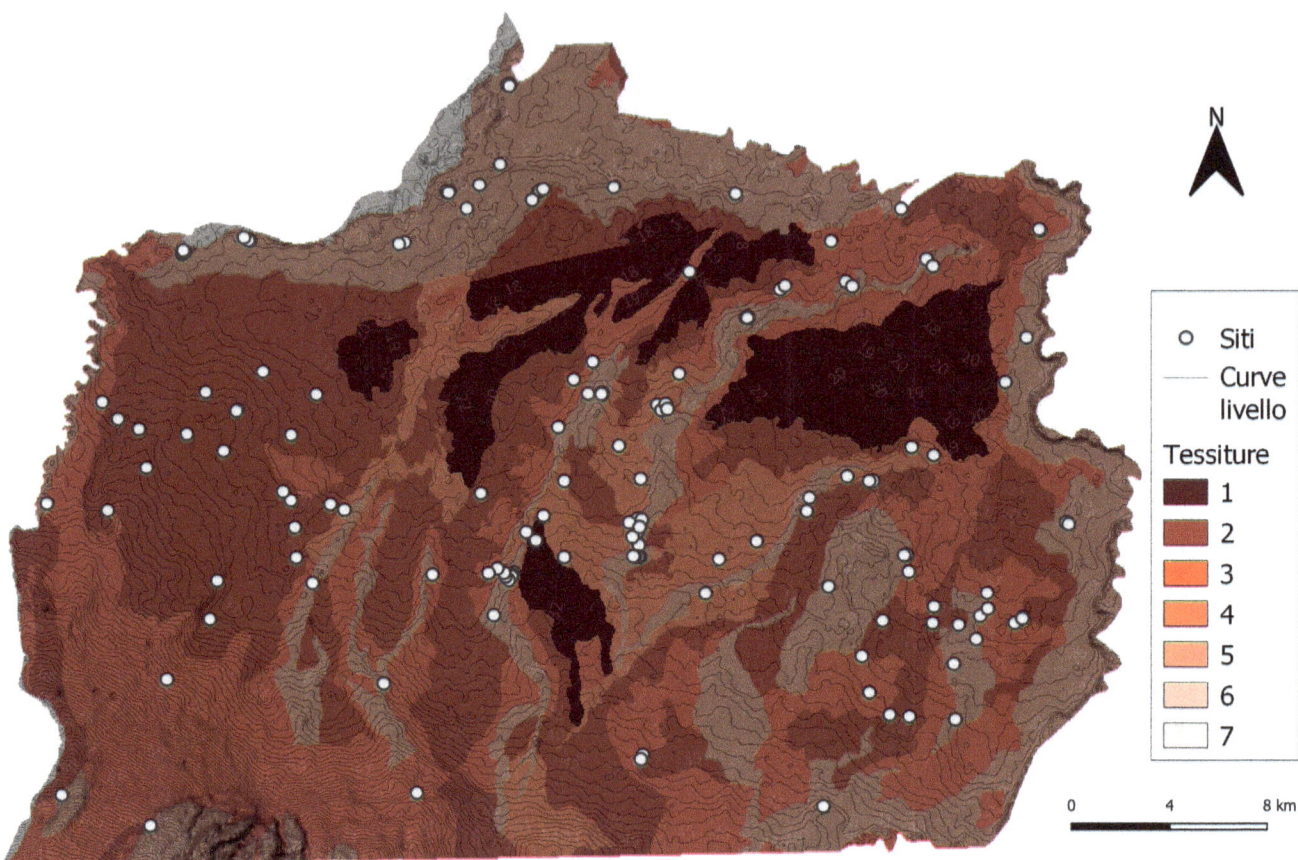

Fig. 3.2 Sovrapposizione della carta pedologica con il DTM dell'area di studio. Poligoni categorizzati secondo la granulometria della tessitura del sedimento, dal più fine (valore 1) al più grossolano (valore 7). Le aree altimetricamente inferiori presentano alte concentrazioni di suoli argillosi. I siti medievali sono spazialmente distribuiti attorno a tali aree. (© Filippo Brandolini).

nelle zone topograficamente più elevate intorno alle paludi [225] che venivano sfruttate sia come risorsa in un'economia prettamente silvo-pastorale, sia come via di navigazione complementare al fiume Po (le variazioni delle dinamiche insediative nell'area in rapporto al contesto geomorfologico tra le due epoche sono state indagate approfonditamente nel Cap. 4.2).

Ulteriori indagini per identificare le aree occupate da paludi in epoca medievale sono state condotte utilizzando strumenti di analisi spaziale con il software GRASS GIS. Come accennato in precedenza, le paludi medievali corrispondevano a piane interfluviali (o aree di intercanale) caratterizzate da sedimento fine depositatisi in concomitanza di eventi alluvionali. Attraverso il software GRASS è stato possibile generare una mappa del rischio di alluvionamento dell'area partendo dai dati altimetrici del DEM. Le aree a rischio di alluvione sono state determinate con il processo *r.hazard.flood*[4] attraverso il calcolo del *Modified Topographic Index* (o MTI), espresso in formula:

$$MTI = log \frac{((A + 1) * c)^n}{tan(\beta + 0.001)}$$

dove A corrisponde alla mappa dei percorsi di accumulo calcolata attraverso il processo *r.watershed*[5], c è la dimensione della cella della mappa del gradiente locale elaborato con *r.aspect.slope*[6] e n=0.016. Il valore di soglia del MTI si traduce in una rappresentazione cartografica binaria di aree a rischio (valore 1) e aree non a rischio (valore 0) di alluvionamento. L'uso del MTI non può essere considerato un'alternativa sufficiente a simulazioni idrologiche e idrauliche standard, ma costituisce ugualmente un rapido strumento per delineare una mappa del rischio di alluvionamento in un'area definita. Nell'indagare i limiti delle paludi medievali nell'area in esame, MTI si è rivelato un utile strumento per mappare le aree topograficamente più soggette a rischio di alluvionamento (fig. 3.3) ed è stato utilizzato come covariata spaziale nel processo di *Point Pattern Analysis* (PPA).

MTI, carta pedologica e DTM, inoltre, sono stati elaborati attraverso il processo di *fuzzyfication* [226] per definire l'estensione raggiunta dalle valli-paludi in epoca medievale. Come spiegato nei paragrafi precedenti (vedi Cap. 1.2.4), la logica sfumata (o *Fuzzy Logic*) [157] consiste in un'alternativa adattata alle probabilità per quantificare

---

[4] https://grass.osgeo.org/grass74/manuals/addons/r.hazard.flood.html; Di Leo et al. 2011.

[5] https://grass.osgeo.org/grass70/manuals/r.watershed.html

[6] https://grass.osgeo.org/grass70/manuals/r.slope.aspect.html

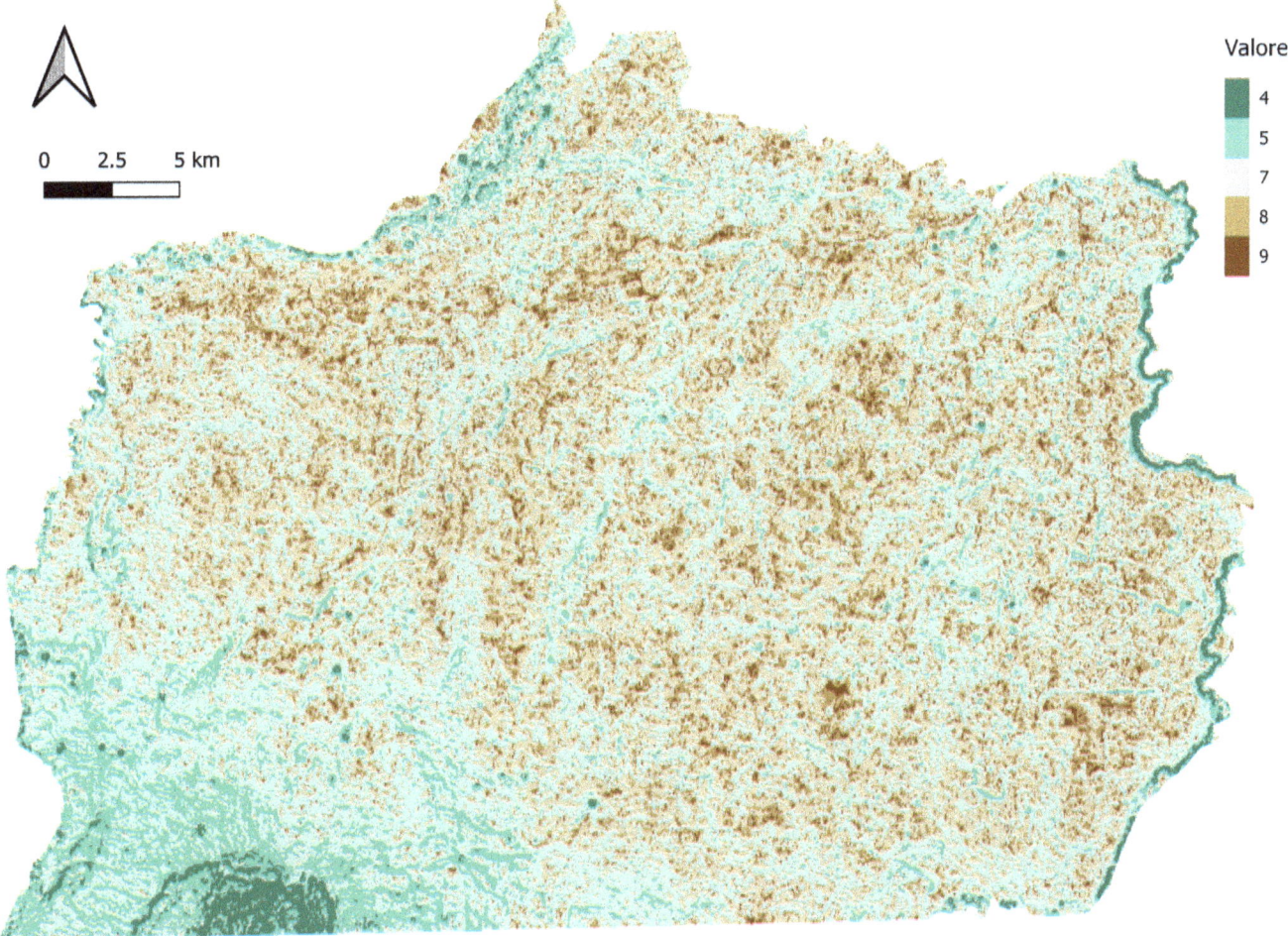

Fig. 3.3 Raster del rischio di alluvionamento generata con il modulo r.hazard.flood in GRASS GIS. (© Filippo Brandolini).

e stimare quanto un valore di un insieme caratterizza il concetto a esso associato con un valore di appartenenza. In questo studio la *fuzzyfication* è stata utilizzata seguendo un approccio di *Digital Geoarchaeology* (vedi Cap. 1.2.4) per realizzare una mappa fuzzy (o *fuzzymap*) delle valli-paludi medievali traducendo i valori numerici dei tre raster (DTM, MTI e tessitura dei suoli) in variabili linguistiche. Come già accennato, infatti, le valli-paludi padane in geomorfologia sono piane interfluviali ovvero aree altimetricamente più basse della pianura alluvionale in cui si depositano sedimenti fini (limi e argille) in seguito a eventi alluvionali. Pertanto, tramite la *fuzzyfication* sono state create tre mappe fuzzy che corrispondono ai concetti di: "*aree basse*", "*alto pericolo di alluvionabilità*", "*sedimenti fini*". Con il pacchetto *FuzzyLandscape* [160] di R il raster del DTM è stato sottoposto al procedimento di *fuzzyfication* per creare una mappa fuzzy "aree basse". Il valore di appartenenza 1 coincide con la quota di 15 m s.l.m., la quota più bassa rilevata nelle due valli-paludi in esame (fig. 3.4 A). Lo stesso procedimento è stato applicato anche al raster del *Modified Topographic Index* per creare una mappa fuzzy per "alto pericolo di alluvionamento". In questo caso il valore di appartenenza 1 coincide con il valore di MTI compreso tra 9 e 12, ovvero le aree con più elevato rischio di alluvionamento (fig. 3.4 B). Infine, per la mappa fuzzy della carta pedologica il valore di appartenenza 1 coincide con la classe tessiturale dei sedimenti argillosi: il risultato è una mappa fuzzy dei "sedimenti fini" (fig. 3.4 C).

Attraverso l'operatore fuzzy 'AND' [158] le tre *fuzzymaps* sono state combinate in una mappa generale secondo la definizione geomorfologica di piana-interfluviale (o *backswamp*) (fig. 2.3). Questa mappa non ha come scopo quello di restituire i limiti delle valli-paludi in epoca medievale che, come abbiamo detto dovevano essere variabili a seconda della stagionalità e delle precipitazioni. Al contrario, questa *fuzzymap* della valli-paludi indica in una scala di valori da 0 a 1 dove, nell'area di ricerca considerata, si possono rilevare le condizioni proprie delle valli-paludi. In questo caso, per concludere, la logica fuzzy è servita per rappresentare il grado di veridicità della realizzazione della definizione geomorfologica di piane-interfluviali nell'area di studio. In base ai valori di appartenenza, la maggior parte dei siti medievali tendono a posizionarsi in zone in cui la possibilità che si realizzino le condizioni ambientali delle valli-paludi sono molto inferiori a 1 (fig. 3.5). Ovviamente, trattandosi di un ambiente fluviale, il rischio di alluvionamento condiziona tutta l'area in gradi diversi riducendosi gradualmente con valori prossimi allo 0 solo verso le aree di alta pianura o in corrispondenza di paleodossi fluviali (fig. 3.5).

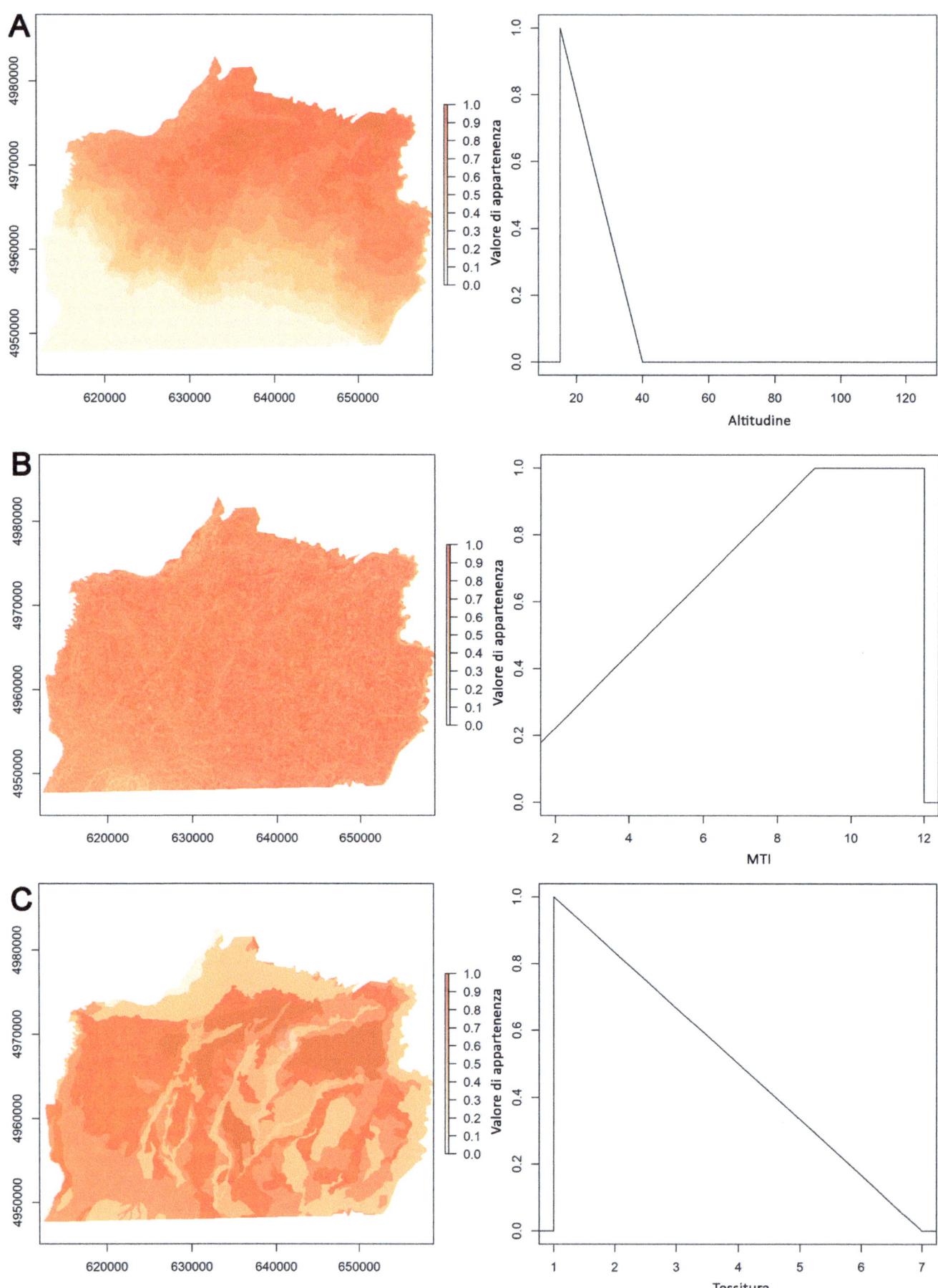

Fig. 3.4 Risultato della *fuzzyfication* del raster del DTM (A); MTI (B) e carta pedologica. (C) (© Filippo Brandolini).

Estensione, limiti e caratteristiche delle "valli-paludi"

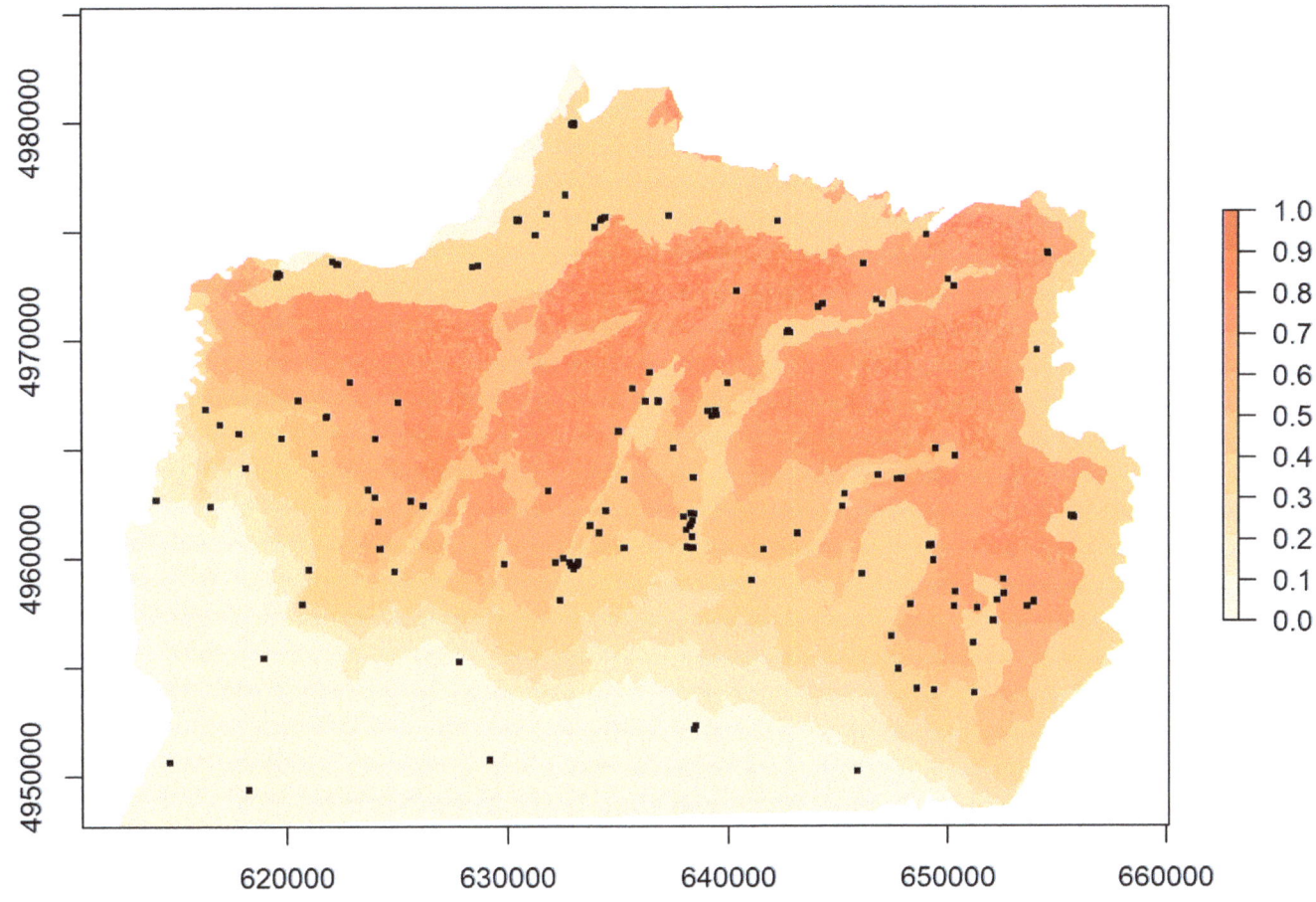

Fig. 3.5 Fuzzymap delle valli-palude. I punti neri indicano i siti medievali (© Filippo Brandolini).

La *fuzzyfication* conferma ulteriormente l'interpretazione derivata dalle fonti circa il rapporto uomo – paludi nel medioevo: gli insediamenti, infatti, sono localizzati in posizioni sicure ma limitrofe alle aree soggette a impaludamento sfruttate, con ogni probabilità, in una economia silvopastorale e/o come vie di comunicazione.

Le analisi spaziali in GIS hanno permesso dunque di esplorare in maniera significativa la possibile estensione delle due valli-paludi. Discorso ben diverso è quello che concerne la loro 'profondità'. Nei profili pedologici, l'esistenza di antiche paludi è indicata solitamente dalla presenza di orizzonti argillosi plastici, spesso nerastri, ricchi di materia organica oppure da torbe che si sviluppano in presenza di abbondante sedimentazione. Le argille di piana interfluviali, infatti, si caratterizzano per l'elevata consistenza e per la presenza di orizzonti pedogenizzati, riconoscibili per la presenza di orizzonti scuri, arricchiti in materiale organico e di abbondanti concrezioni carbonatiche. L'accumulo di materiali organici in strati di notevole spessore, processo legato alla presenza di paludi e detto paludizzazione, è diagnostico per identificare aree che sono state soggette a ristagno d'acqua per lunghi periodi [181]. Dall'epoca rinascimentale in poi, però, molte aree umide della *Padusa* sono state bonificate dall'uomo attraverso tecniche per colmata, scolo delle acque o prosciugamento per ottenere nuove terre coltivabili (vedi Capitoli successivi). Le pratiche agricole succedutesi per secoli hanno spesso cancellato le tracce pedologiche delle antiche paludi, specialmente in aree di bonifica tardo medievale (XV sec. d.C.).

Nell'opera manualistica dell'ing. Lodovico Bolognini (1780), però, nel glossario è ancora riportata la *"Terra Bituminosa, cuerosa, fossile o sia di Paludi o Valli"* le cui caratteristiche sono descritte in dettaglio: "[...] *questa qualità di Terreno e' spongoso, leggiero, e facile a sciogliersi tanto con l'Acqua, che con il secco: nel primo caso s'imbibisce tanto delle Acque, e si gonfia in modo, che si scioglie, stacca, e scorre come l'Acqua. La sua qualità essendo un composto di un aggregato di Canne, Virgulti, Sterpi, Foglie d'Alberi, Radici, Erbe, Polve, e simili materie fracide, che unite hanno del bituminoso, di modo che facilmente il fuoco se le appicca, ed è un Terreno simile a quello che nella Fiandra si servono da abbrucciare per Legna denominato Turva. In tempo poi di siccità si apre per ogni lato, e con direzioni diverse orizzontali e verticali, in fenditure larghe, e profonde, che nei Piani sono pericolose agli Uomini, ed al passaggio delle Bestie. Per la formazione degli Argini è pessimo* [...]"[7]. Secondo la descrizione alla fine del XVIII sec. d.C. persistevano zone in cui era ancora possibile imbattersi in terreni derivati dal processo di paludizzazione. Malgrado

---

[7] Vedi Tab. 1.1 relativa alle fonti storiche: Bolognini, L. 1780, p. XVIII.

lo scopo dell'autore fosse quello di classificare i sedimenti in base al loro grado di utilità per la costruzione di argini, i dettagli forniti ci permettono di avere almeno un'idea delle caratteristiche dei depositi delle valli-paludi nell'area di studio. Solo nelle aree di bonifica recente (fine XIX – XX sec. d.C.), infatti, sono ancora evidenti suoli organici dai colori scuri e con presenze di fibre vegetali in decomposizione più o meno spinta [181].

Recentemente, nell'area della Valle di Gualtieri sono state eseguite tre perforazioni a carotaggio continuo con l'obiettivo di raccogliere dati circa l'evoluzione ambientale Olocenica in relazione al vicino sito terramaricolo di Santa Rosa di Fodico (Poviglio, RE) [32]. Dai dati preliminari derivati dallo studio delle carote campionate[8] è stato rilevato un debole spessore dei depositi alluvionali post-romani e una totale mancanza di paludizzazione degli orizzonti pedologici. L'assenza di tracce pedologiche macroscopiche riconducibili a ristagno d'acqua prolungato potrebbe essere dovuta a:

1. bonifiche rinascimentali che convertirono l'area in terre coltivabili e successive lavorazioni del terreno per scopi agricoli;
2. allagamento della piana interfluviale limitato ad alcuni mesi e non costante durante l'anno.

Future indagini di terreno potranno dare maggiori dettagli circa le caratteristiche pedologiche delle paludi medievali nell'area di ricerca, soprattutto per quanto riguarda le zone di più recente bonifica come nel caso delle Valli Nuove di Guastalla (RE).

---

[8] Relazione preliminare della campagna di scavo 2018, disponibile online: http://users.unimi.it/Terramara_SRosa/report/_report.html

4
Insediamenti e gestione del territorio

In this chapter, human land and water management strategies are explored both at micro and macro scales. Starting from the geomorphological analysis of a medieval village settled in the proximity of the post-roman swamps, this chapter thoroughly explores the medieval landscape setting of the area through geospatial statistics and geomorphological tools.

The geoarchaeological analyses produced a better understanding of the processes involved in the genesis and development of the *Castrum Popilii* site. It has been determined that the accretion of the stratigraphic sequence, which consists of superimposed trampled domestic occupation deposits and constructed floors, derived from repeated episodes of human occupation. The identification of three subsequent phases revealed a transformation of the construction techniques and choice of materials for the wooden structure as well as the domestic floors. Soil micromorphology revealed that the house floors were repeatedly refurbished between the 10th and the 11th centuries. The clay floors were replaced by pavements that were enhanced with impure lime-based plaster. Medieval Archaeological studies report that high-quality lime-based plaster from Northern Italy is almost exclusively found in urban contexts and not in domestic contexts until the 12th century CE. *Castrum Popilii* seems to be an exception, with lime plaster employed in a rural village – although in a limited quantity.

On a landscape scale, geospatial statistics enabled the investigation of Roman and Medieval settlement strategies in the area. The case-specific spatial analysis shows that Roman and Medieval settlement patterns mirror two different human responses to the fluvial geomorphism of the area. Social and cultural dynamics played a crucial role in overcoming environmental challenges at different times. In the Roman period, landscape reorganisation, prompted by well-structured political and economic institutions, led to lower resilience on environmental conditions and a higher dependence on human interventions. Different land-use techniques enabled the Romans to exploit large portions of flood-prone areas successfully. On the other hand, alluvial dynamics highly influenced settlement strategies during the Early Medieval period because large landscape infrastructures could not be developed and maintained. Beyond these evident differences in the two settlement patterns, a clear spatial correlation has been highlighted at the local scale, suggesting a plausible degree of historical continuity in the occupation strategies between the two epochs.

Finally, anthropogenic geomorphological features were detected in the area and interpreted as results of flood management strategies. The most evident of these anthropogenic geomorphological features is the Tagliata Canal ridge. This canal represents a relevant landscape-modifying agent for natural (flood events) and anthropogenic (land-fill ridges) causes. The exploitation of fluvial sediment to reclaim wetland areas affected the Crostolo River watercourse as well. Flood management practices resulted in the development of new cultivable land that replaced alluvial wetlands. This transition to the anthropic landscape likely happened gradually, over a time period that was long enough to allow the natural environment to adapt to the human-induced alterations of the local hydrography and topography.

4.1 Il sito di *Castrum Popilii*

4.1.1 Una motta medievale nei pressi della palude

Il sito di *Castrum Popilii* è stato individuato in seguito a lavori edili nel 1989 sul fianco settentrionale della chiesa di Santo Stefano nella piazza centrale di Poviglio (RE) (fig. 4.1).

Il centro storico di Poviglio è il risultato della successiva sovrapposizione di depositi antropici dal periodo post-romano in poi. Due fasi principali condizionarono la topografia urbana del sito: la costruzione di una roccaforte rinascimentale e il suo successivo smantellamento a partire dal XIX secolo d.C. Durante il XX secolo d.C., l'espansione urbana ha cambiato completamente la forma storica della città. Un modello digitale di elevazione

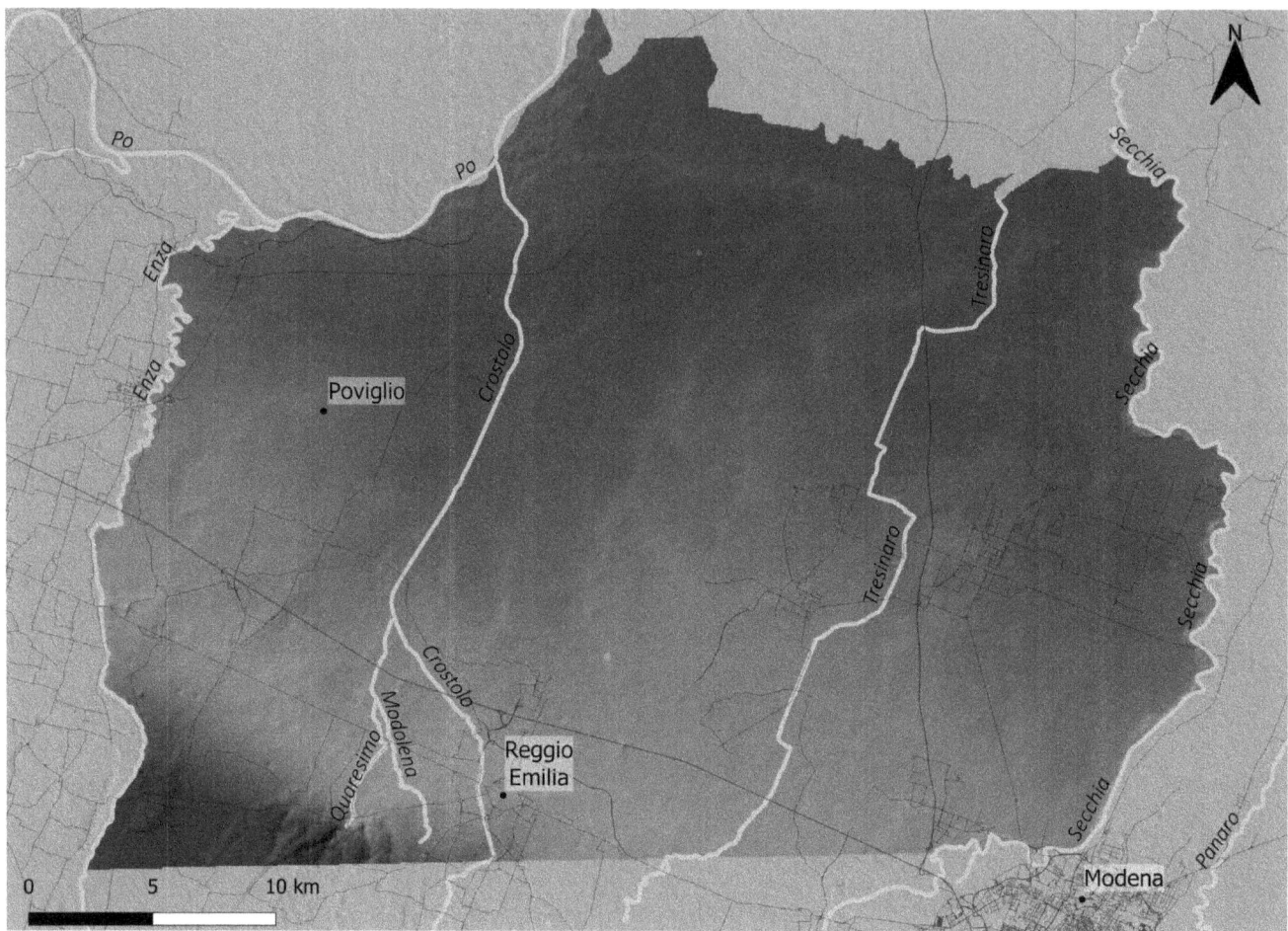

Fig. 4.1 Localizzazione del sito di Poviglio nell'area di studio. (© Filippo Brandolini).

(o DEM) del centro storico è stato elaborato attraverso l'interpolazione spaziale di 320 punti di elevazione per evidenziare le forme del paesaggio urbano di Poviglio. Dal DEM sono ben riconoscibili i limiti della roccaforte rinascimentale e, nel mezzo, un tumulo ellissoidale più alto che corrisponderebbe alla motta [227] del *Castrum Popilii* altomedievale. Il sito di Santo Stefano di Poviglio si trova al limite NE della motta rilevata dal DEM, sul lato destro dell'omonima chiesa (fig. 4.2).

Al di sotto di resti della fortificazione rinascimentale fu esposta una stratigrafia di una motta medievale ben conservata in cui furono rinvenuti, oltre a materiale ceramico, anche assiti e palificazioni riconducibili ad abitazioni altomedievali [127]. Comparazioni tipologiche dei resti lignei [229–231] e materiali ceramici [232] con analoghi contesti archeologici altomedievali padani, hanno permesso di datare il sito tra il IX – inizio XI secolo d.C. Questa datazione preliminare è stata successivamente calibrata con analisi di termoluminescenza su piastre di focolare che hanno permesso di circoscrivere il sito di *Castrum Popilii* al X-XI secolo d.C. [228].

Il metodo della dosimetria termoluminescente ha, infatti, permesso di datare con certezza alcuni livelli della stratigrafia del sito di Santo Stefano di Poviglio (tab. 4). Per ogni campione è stato misurato il contenuto d'acqua alla saturazione che è risultato compreso tra il 18% e il 25% del peso del materiale secco. Per l'elaborazione dei dati sono stati scelti valori di umidità pari all'80 % ± 15% della saturazione stessa. La dose annua interna è stata ottenuta mediante conteggi di attività α totale (contributo di U_{238} e Th_{232}) e determinazione chimica del potassio (contributo K_{40}). Le concentrazioni di U_{238} e Th_{232} sono piuttosto contenute per tutti i campioni (1,8 – 5,8 ppm di U_{238}; 3,1- 9,8 ppm di Th_{232}). La concentrazione di K_{40}, invece, varia da un minimo di 2% a un massimo di 4%. La valutazione della dose γ ambientale è stata effettuata mediante due tecniche indipendenti: per via diretta con contatore Geiger – Muller[1] per dosimetria ambientale e per via indiretta da misure di radioattività dei terreni. Entrambe queste metodologie hanno dato ottimi risultati e concordanti tra loro. Le tecniche utilizzate consentono la determinazione del tempo trascorso dal consolidamento a caldo dei campioni oppure dall'ultimo riscaldamento subito a temperature elevate e per tempi lunghi, come può avvenire appunto nel caso di un focolare. Dalle datazioni ottenute risulta che l'attività di tutti i focolari si sarebbe svolta tra il X e l'XI sec. d.C.

---

[1] strumento che misura radiazioni di tipo ionizzante, in particolare le radiazioni provenienti da decadimenti di
tipo α,β e γ.

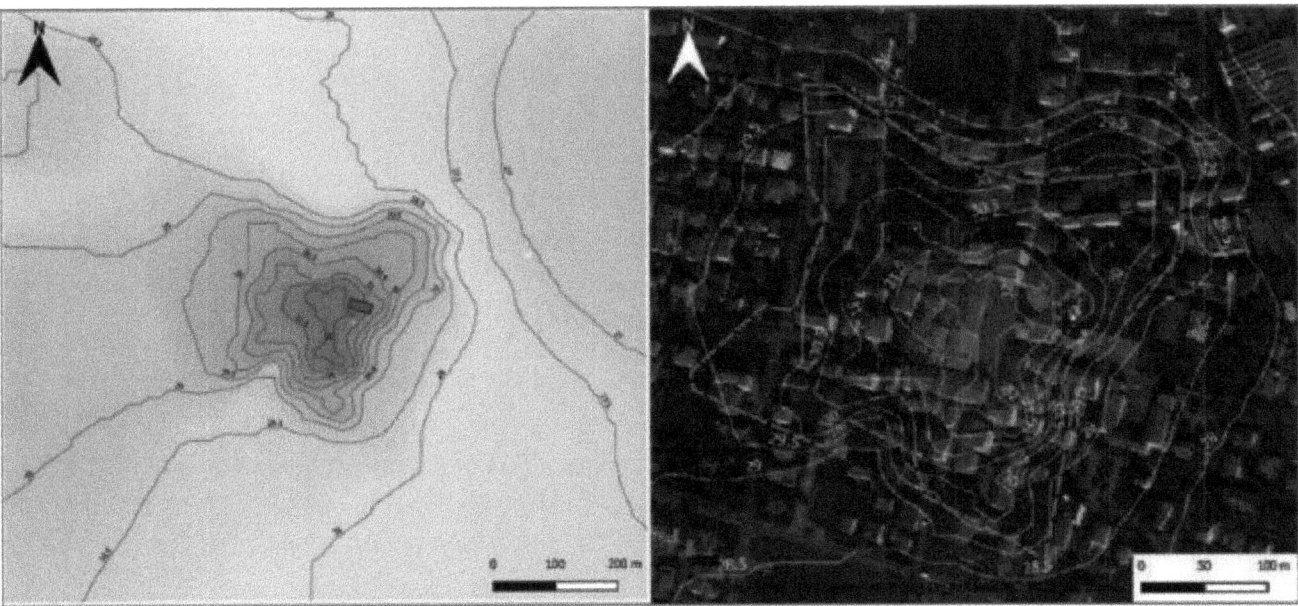

Fig. 4.2 DTM dell'area di studio. A sinistra: l'elevazione del terreno del centro storico del Poviglio. Il rettangolo indica l'area dello scavo archeologico. A destra: l'area motta medievale e la roccaforte rinascimentale (in tratteggio) (immagine modificata da [228]).

Tab. 4.1 Risultati delle analisi con dosimetria termoluminescente

Unità	Campione	Dose totale (Gy)	Dose annuale (mGy/yr)	Anni BP	Anni (d.C.)
β	Mi91-Po2	5,75 ± 0,15	5,34 ± 0,25	1075 ± 70	915 ± 70
β	Mi91-Po3	5,68 ± 0,28	5,51 ± 0,24	1030 ± 70	960 ± 70
γ	Mi91-Po4	3,17 ± 0,16	3,25 ± 0,17	975 ± 70	1015 ± 70
γ	Mi91-Po5	4,02 ± 0,21	4,12 ± 0,11	945 ± 70	1045 ± 70

Inquadramento storico

Il sito medievale di S.Stefano si sarebbe impostato su una precedente villa rustica romana fondata tra la centuriazione di *Brixellum* (Brescello) e quella di *Tannetum* (Sant'Ilario d'Enza) [33,34], a pochi chilometri dalla *Via Aemilia* e da importanti centri quali *Augusta Parmensis* (Parma) e *Regium Lepidi* (Reggio Emilia).

Il territorio del comune di Poviglio costituisce il settore meglio conservato della centuriazione di *Brixellum*. Nel territorio di Fodico, frazione del comune di Poviglio, sono emerse tracce consistenti di alcuni insediamenti rurali di età romana [69]. Gli scavi archeologici, per esempio, hanno intercettato una villa rustica poco lontano dal sito di S. Stefano, nel podere Santa Rosa. Questo insediamento romano sorgeva nei pressi del sito terramaricolo dell'età del Bronzo. I materiali ceramici confermano una frequentazione del sito dall'età repubblicana fino al IV sec. d.C. Altri reperti riferibili a ville rustiche sono emersi in centro paese, per esempio in via Marconi e in via Cornetole, come pure in località San Sisto. In totale, nell'area comunale povigliese, sono state identificati più di sessanta insediamenti rustici romani di diversa estensione e cronologia. L'area fu frequentata con continuità dall'età repubblicana all'epoca tardoantica [65]. Tracce di presenze insediative altomedievali sono state rinvenute sui precedenti siti romani soprattutto nel settore centrale del territorio povigliese, altimetricamente più elevato.

Il settore settentrionale e soprattutto la parte nordorientale del territorio povigliese, invece, si impaludò in epoca post-romana e le condizioni idrauliche della zona dovettero peggiorare ulteriormente dopo il X secolo. La vicina Brescello passò sotto il controllo longobardo già nel VII secolo d.C. In questi territori, tra VI e VII secolo, era attivo un duca di origine sveva, Droctulfo che, avendo sostenuto la causa bizantina, venne assediato dai Longobardi proprio a *Brixellum* nel 589 d.C. La città venne quindi occupata da re Autari che ne fece demolire le mura. Nel 603 d.C. il centro venne nuovamente occupato dai Bizantini ma solo per breve tempo: le truppe imperiali incendiarono *Brixellum* e si ritirarono di fronte a una nuova avanzata dei Longobardi. Molte ville e fattorie di età romana furono abbandonate progressivamente in seguito al calo demografico e alle devastazioni incorse durante la guerra greco-gotica. I pochi siti documentati per l'epoca altomedievale nel territorio povigliese si impostarono tutti su precedenti ville romane. L'area venne interessata da un popolamento sparso probabilmente legato al sistema economico curtense [117,207–209]. I territori attraversati dal fiume Po, comunque, hanno sempre avuto un'importanza strategica, dai tempi di Teodorico fino alla dinastia ottoniana. Il sistema fluviale Ticino – Po, infatti, rappresentava la via privilegiata per connettere la capitale del *Regnum Italiae*, Pavia (*Ticinum Papia*), con Ravenna e, da lì, con l'Adriatico e con l'Impero d'Oriente. Un flusso inverso di commercianti dall'Adriatico alla Pianura Padana percorreva il Po per raggiungere importanti mercati, come quelli di Cremona e della capitale Pavia.

Il sito di *Castrum Popilii*, dunque, si trovava in un territorio strategicamente molto importante almeno per tutto l'Alto Medioevo. Nei documenti d'archivio il nome del sito pogliese inizia a comparire solo tra X e XI secolo. L'appellativo di *Pupilium* compare per la prima volta nel 1005, anno in cui la sua chiesa è nominata nell'elenco delle pievi della divisione episcopale di Parma. Nel 1018 il medesimo nome compare ancora in un contratto d'affitto. Il 20 settembre 1020 si legge in una donazione: "[...] *pecia una de terra aratoria cum aquaducto ibidem pertinentibus iure predicte canonice sancte Parmensis ecclesie que est posita in loco Pupilie* [...]"[2]. Ancora, nel 1022 in una citazione in giudizio gli imputati si dice che abbiano arrecato danno alla villa di San Sisto nel territorio di Poviglio. Il 1° aprile 1060: "[...] *pecia una de terra, que est sedimen et vinea et ortiva uno tenente, que est posita in suprascripto loco Pupilie prope castro ipsius locis et est per mensura iusta iuge una, coerit ei finis: a mane a medio die suprascripte sancte Parmensis ecclesie, da sera incresso, de subtus strada que pergit iusta fosato ipsius castri sibique alie sunt afines in integrum* [...]"[3]. Secondo questa nota Poviglio all'epoca era dotata di strutture difensive tipiche di un *castrum*: fossato, terrapieno e palizzata lignea che cingevano il centro abitato. *Pupilium* ritorna in altri due atti, uno del 1071[4] e uno del 1076[5] sebbene non sia più espressamente definito come *castrum*. E' plausibile, stando a quanto riportato dai documenti superstiti che l'abitato di Poviglio sia stato interessato dal fenomeno dell'incastellamento di IX – X secolo. Il pericolo di attacchi e saccheggi da parte di Ungari nella zona, infatti, è ricordato anche in un diploma regio della chiesa di Reggio Emilia, datato 4 gennaio 904: "*incendia quae ferocissima gente Hungrorum passa est*"[6]. Berengario I e i suoi successori, concessero il diritto costruire fortilizi a signori locali soprattutto dopo la pesante sconfitta del Brenta (899). Il fenomeno interessò tutta l'Italia Settentrionale.

Nell'area compresa tra Reggio e Parma, sorsero un gran numero di castelli, villaggi fortificati per proteggere la popolazione locale residente. Nel caso povigliese è probabile che un *castrum* sorse nei pressi di un edificio religioso che, come rilevato dai pochi dati archeologici a disposizione, nell'Alto Medioevo doveva insistere grosso modo nell'area dell'attuale parrocchia di S. Stefano. Si sarebbe pertanto trattato di un centro fortificato sorto intorno a un luogo di culto [10]. Non abbiamo, però, alcun documento che riporti espressamente una concessione per l'incastellamento di *Pupilium*. Per molti altri siti della zona compresa tra Parma e Reggio Emilia, però, vi sono alcune notizie certe di licenze regie come quella concessa a tal conte Rodolfo nel 917 per Guastalla e Luzzara, oppure come quella per un certo conte Manfredo[7], datata 11 giugno 948, in cui venivano concesse genericamente nuove fondazioni nel territorio parmense. Potrebbe essere che un documento analogo per Poviglio sia esistito e la sua assenza è dovuta soltanto a una lacuna nelle fonti a nostra disposizione. Tutti questi centri curtensi fortificati, intorno alla metà del X secolo, entrarono progressivamente nella sfera di potere di Adalberto Attone, capostipite della dinastia canossiana che non si limitò a restaurare e potenziare i centri fortificati acquisiti, ma ne costruì anche di nuovi come a *Brixellum*

Il sito di Poviglio comincia dunque a comparire nei documenti solo dopo aver acquisito lo status di *castrum*. Malgrado possa trattarsi semplicemente di una lacuna nella documentazione superstite, sembrerebbe che il nucleo abitato sorto intorno a un edificio sacro, quasi certamente sede di una *curtes*, assunse importanza strategica in seguito al suo incastellamento. Da questo momento, infatti, il centro fortificato di Poviglio avrà una continuità storica praticamente ininterrotta. Nel XII secolo il comune di Reggio Emilia, in un vasto programma di controllo delle vie commerciali principali, ordinò che i residenti presso la fortezza di Poviglio costruissero case lungo la strada principale: si trattò di una ricostruzione del centro abitato in funzione stradale. Nel 1321[8], però, in seguito a un contenzioso tra signori locali, Parma rase al suolo il villaggio di "*Popilii*", lasciando intatta solamente la chiesa di S. Stefano. Il fossato del *castrum*, citato già nei secoli precedenti, fu un elemento chiave anche della roccaforte bassomedievale che venne impostata sul villaggio altomedievale di Poviglio e ulteriormente potenziata nel XVI sec. d.C. La nuova roccaforte, a pianta stellata, divenne un punto strategico per il controllo del territorio tra Parma e Reggio Emilia fino al XIX secolo d.C. quando venne progressivamente depotenziata e smantellata.

Sequenza stratigrafica

La sezione stratigrafica esposta si sviluppava per una lunghezza di 12 metri, orientata EO. Il livello inferiore è costituito da sabbie limose laminate e intercalate con

---

[2] Vedi Tab. 1.1 relativa alle fonti storiche: Drei, G. 1924, *Pietro preposito della cononica Parmense da a livello a Liuzone prete una pezza di terra posta in Poviglio*, pp. 57-59
[3] Vedi Tab. 1.1 relativa alle fonti storiche: Drei, G. 1924, *Il vescovo Cadalo dà a precaria a Guido giudice del sacro palazzo, avvocato della sua chiesa e a Grimaldo e Maginfredo alcuni terreni posti in Poviglio*, pp. 239–242
[4] Vedi Tab. 1.1 relativa alle fonti storiche: Drei, G. 1924, *Guido cappellano della chiesa di S. Anastasia in Parma, vivente l'antipapa Cadalo, dona al capitolo della cattedrale una masserizia posta in Poviglio*, pp. 276–278
[5] Vedi Tab. 1.1 relativa alle fonti storiche: Drei, G. 1924, *Giulia vedova di Auctonio dona al Capitolo di Parma, di cui è arcidiacono Giovanni figlio del medesimo Auctonio, due masserizie, la prima posta a Prato Arneri vicino a Corviaco, la seconda a Casale Revani presso Poviglio*, pp. 289–291
[6] Vedi Tab. 1.1 relativa alle fonti storiche: Schiapparelli, L. 1903

[7] Vedi Tab. 1.1 relativa alle fonti storiche: Schiapparelli, L. 1924
[8] Vedi Tab. 1.1 relativa alle fonti storiche: Affò, I. pp. 225-226

livelli di torba discontinui. Al di sopra di questa unità sono stati individuati depositi antropici, costituiti da due unità di argilla limosa che si differenziano principalmente nella frequenza di materiali archeologici. La sequenza stratigrafica è sigillata da un livello di argilloso, che corrisponde alla fase di abbandono del villaggio altomedievale (fig.4.3).

La situazione stratigrafica del sito è pertanto articolata in tre macrounità: substrato, livello antropico e livello di abbandono.

Il livello più basso, il substrato, è costituito da sabbie limose a laminazione piana, talora inclinata a basso angolo. Questo di colore rossastro con screziature brune, al tetto presenta un suolo debolmente evoluto di spessore decimetrico e di colore bruno. Qui, tra i metri 35 e 36 del perimetro dello scavo, è stato rinvenuto un frammento di laterizio romano. Questa unità, inoltre, ha un andamento ondulato che si manifesta con una marcata depressione tra i metri 12 e 18 e un dosso al margine est della sezione indagata. Nella depressione è contenuto un livello denominato α, costituito da sabbie limose a laminazione piana e concava che colmano a drappeggio la depressione. Queste sono intercalate a livelli talora discontinui di torba e contenti scorie di fusione di metalli ferrosi. Questi sedimenti sono a loro volta coperti da un suolo di spessore decimetrico. Al substrato seguono i livelli antropici β e γ. Queste unità si adagiano sul substrato seguendone la forma, aumentando di spessore in corrispondenza della depressione e adagiandosi al margine interno del dosso orientale che costituisce un limite del deposito antropico. Il livello β è costituito macroscopicamente da strati planari lentiformi di limo franco di colore bruno oliva in cui si alternano livelli fortemente organici e piani di focolare. Il livello γ, differisce da β per la ampia prevalenza di livelli franco limosi di colore bruno scuro, ricchi di sostanza organica. Sia in β, sia in γ sono state rinvenute buche di palo e strutture lignee. Al livello γ segue il livello δ che ricopre l'intero deposito archeologico. Quest'ultimo, infatti, tende a saturare la depressione e si trova anche sul dosso orientale. Ancora più a est è delimitata da una incisione colmata da argille limose di colore bruno chiaro che potrebbero essere riferite a una più recente fossa. Il livello δ è caratterizzato da una tessitura franca di colore bruno e da aggregazione poliedrica debolmente sviluppata. Contiene ciottoli di medie dimensioni e frammenti di cotto disposti planarmente a colmare la depressione. Infine, il livello di abbandono sutura la depressione e al tetto è limitato dal piano di splateamento del cantiere. Il livello è stato interessato nel Basso Medioevo dallo scavo delle fosse di fondazione dei pilastri e dei contrafforti della fortezza demolita alla fine del XIX secolo. Questo livello è caratterizzato da una tessitura franco argillosa, aggregazione poliedrica media e minuta e di colore bruno giallastro.

4.1.2 Micropedologia

Nella sezione stratigrafica esposta sono state campionate dieci sezioni sottili di suolo (SS/Tot, SS/3, SS/4, SS/5, SS/6, SS/7, SS/8, SS/10, SS/12, SS/13), il cui studio al microscopio ha permesso di ricavare dati utili circa i processi deposizionali e post-deposizionali incorsi al deposito archeologico del sito di Santo Stefano di Poviglio.

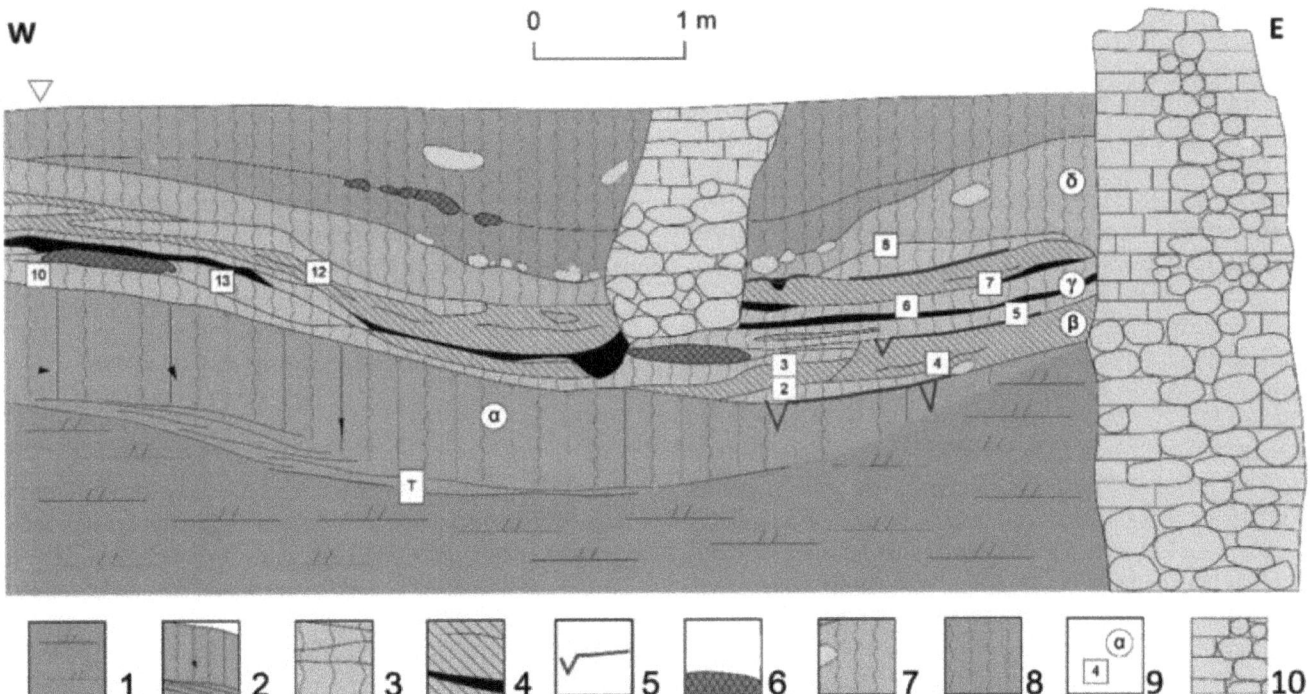

Fig. 4.3 Sezione stratigrafica del sito di Santo Stefano di Poviglio: 1 - substrato; 2 - unità α con lenti di torba; 3 - unità β; 4 - unità γ livelli ricchi di materiale antropico; 5 - resti lignei ; 6 - focolari; 7 - unità δ, livello fortemente disturbato; 8 - livello superiore; 9 - Campioni per sezioni sottili di suolo (rettangoli) e unità stratigrafiche (cerchi) 10 - resti delle fondazioni della fortezza rinascimentale (immagine modificato da [228]).

Analogie micromorfologiche confermano una situazione omogenea di sfruttamento dello spazio nell'Alto Medioevo per tutta l'estensione dell'area scavata. Le sezioni sottili analizzate presentano tutte un'analoga composizione mineralogica. Dal punto di vista dei componenti minerali, infatti, l'associazione rilevata (quarzo, feldspati, mica, marna argillosa, calcite) [233] è del tutto compatibile con i sedimenti fluviali di area padana. A luce polarizzata incrociata (*Crossed polarized light*, indicata con "XPL") le sezioni sottili presentano tutte una birifrangenza cristallitica. Sono molto frequenti nella massa di fondo gastropodi della dimensione del limo medio e grossolano [234]. Inoltre, sono state riconosciute tracce di attività di bioturbazione dovuta a microfauna (insetti e anellidi): frammenti di carapace e biosferoidi. Sono frequenti residui di attività antropica [235]: aggregati di cenere, carboni, ossa combuste a diverse temperature [236], frammenti di uovo e conchiglia e frammenti di mattone / ceramica. In tutte le sezioni sottili, a eccezione del campione prelevato nelle lenti di torba, sono presenti figure pedologiche fosfatiche [237] dovute a deposizione secondaria di fosfato percolato da livelli superiori: si tratta, infatti, per lo più di iporivestimenti o rivestimenti lungo canali. In alcuni casi è stata rilevata anche la presenza di cristalli di vivianite (fig. 4.4, n.5).

Al microscopio la torba (SS/Tot) è risultata ricca di materiale organico amorfo fine misto a residui di attività antropica: semi (fig. 4.4, n. 10), carbone, sabbia, alcuni noduli di calcite (fig. 4.4, n. 9), rari litorelitti di arenaria e rari aggregati di cenere (fig. 4.4, n. 9). Nella materia organica della torba, in sezione, sono ben visibili frammenti di tessuti vegetali, materiale organico amorfo fine, sferuliti (fig. 4.4, n. 11 e n. 12) e fitoliti. Un altro dato interessante ricavato dall'analisi della sezione sottile "SS/Tot" riguarda la microstruttura. Malgrado l'elevata porosità dovuta anche a bioturbazione, la torba presenta una microlaminazione orizzontale, qua e là più facilmente visibile. Specialmente dove sono stati individuati fitoliti, si nota una laminazione orizzontale che potrebbe essere derivata naturalmente dalle modalità di sedimentazione della torba o accentuata dalle attività antropiche negli strati immediatamente soprastanti.

La sezione numero 3, divisa in due parti (AB e BC), proviene da uno spesso strato di battuto. Micromorfologicamente SS/3 si presenta molto compatta. La microstruttura è determinata da blocchi subangolari molto grossi e visibili a occhio nudo ma al loro interno la porosità è molto limitata. Inoltre, sono presenti scarsi materiali antropogenici, limitati a pochi carboni e rari frammenti di osso o laterizio. Nella parte BC è stata rilevata anche la presenza di fitoliti orientati secondo la laminazione orizzontale della fabric. Le figure pedologiche di ossidoriduzione (in inglese *redoximorphic pedofeatures*) [238] di Fe/Mn, invece, sono il risultato di una situazione riducente dovuta a ristagno d'acqua. In questa sezione sottile, inoltre, sono anche facilmente visibili le tracce lasciate dall'attività di bioturbazione, come rivestimenti di calcite giustapposti a iporivestimenti di Fe: si tratta con ogni probabilità del residuo di radici decomposte. Altri elementi intrusivi sono i grossi noduli di calcite riprecipitata, addirittura visibili a occhio nudo e derivati anch'essi dalla percolazione di materiale dall'alto verso il basso. Sia le figure pedologiche di ossidoriduzione, sia i noduli di calcite precipitata e ricalcificata sono comuni pressoché a tutte le sezioni sottili di suolo poiché la situazione di ambiente riducente dovuto a passaggio o ristagno d'acqua era una condizione comune del sito, almeno fino alla fondazione della rocca bassomedievale.

Le sezioni sottili n. 5 e n. 10 presentano strettissime analogie micromorfologiche con la SS/3. L'unica differenza è la frequenza di figure fosfatiche che in SS/5 sono moderatamente più comuni che non in SS/3. La sezione n. 10 ha un colore rossastro poiché venne campionata nei pressi di una piastra di focolare. Nella sequenza stratigrafica, da cui è stata prelevata la sezione sottile n. 3, giaceva un sottile livello antropizzato formato da una serie di sottili strati scuri e ricchi di carbone intervallati da altri più chiari: in questo punto è stata campionata SS/4. Questa alternanza di tonalità del suolo è visibile a occhio nudo anche nella sezione sottile.

La sezione n.4 micromorfologicamente presenta molte analogie con le sezioni n. 6 (campionata tra β e γ), n. 7 (in γ) e le due sezioni della sequenza SS/12 e SS/13 (in β). La microstruttura di queste sezioni è complessa. Alternatamente si succedono zone più chiare, molto compatte e a pedalità pressoché nulla, zone più scure in cui la microstruttura è a blocchi subangolari e zone intermedie. Gli aggregati hanno una dimensione che varia dalla sabbia media alla ghiaia fine. Queste sezioni sono molto ricche di materiale antropico, in particolare carbone, disposto secondo un'orientazione suborizzontale. Sono comuni figure fosfatiche (tra cui impregnazioni e rivestimenti di frammenti di carbone) e figure di ossido riduzione di Fe/Mn.

La sezione sottile SS/8, campionata nella fase di transizione tra l'unità γ e l'unità δ (strato di abbandono), è moderatamente eterogenea e presenta una microstruttura poliedrica subangolare moderatamente sviluppata. I vuoti sono per lo più canali e piani, con qualche vacuo e pochissime camere. Gli elementi antropogenici sono disposti nella fabric senza particolare orientazione.

Macro Facies Types

L'analisi micromorfologica del suolo delle sezioni sottili ha portato al rilevamento di tre fasi pedosedimentarie nella stratigrafia che corrispondono a tre diversi tipi di *Macro Facies Type* (MFT) (fig. 4.5): A – lenti di torba (unità α); B – pavimenti di strutture abitative e depositi derivanti da occupazione antropica (unità β e γ); C – abbandono (unità δ).

MFT A – Lenti di torba

La **MFT A** è risultata ricca di materiale organico amorfo fine misto a residui di attività antropica: come carbone,

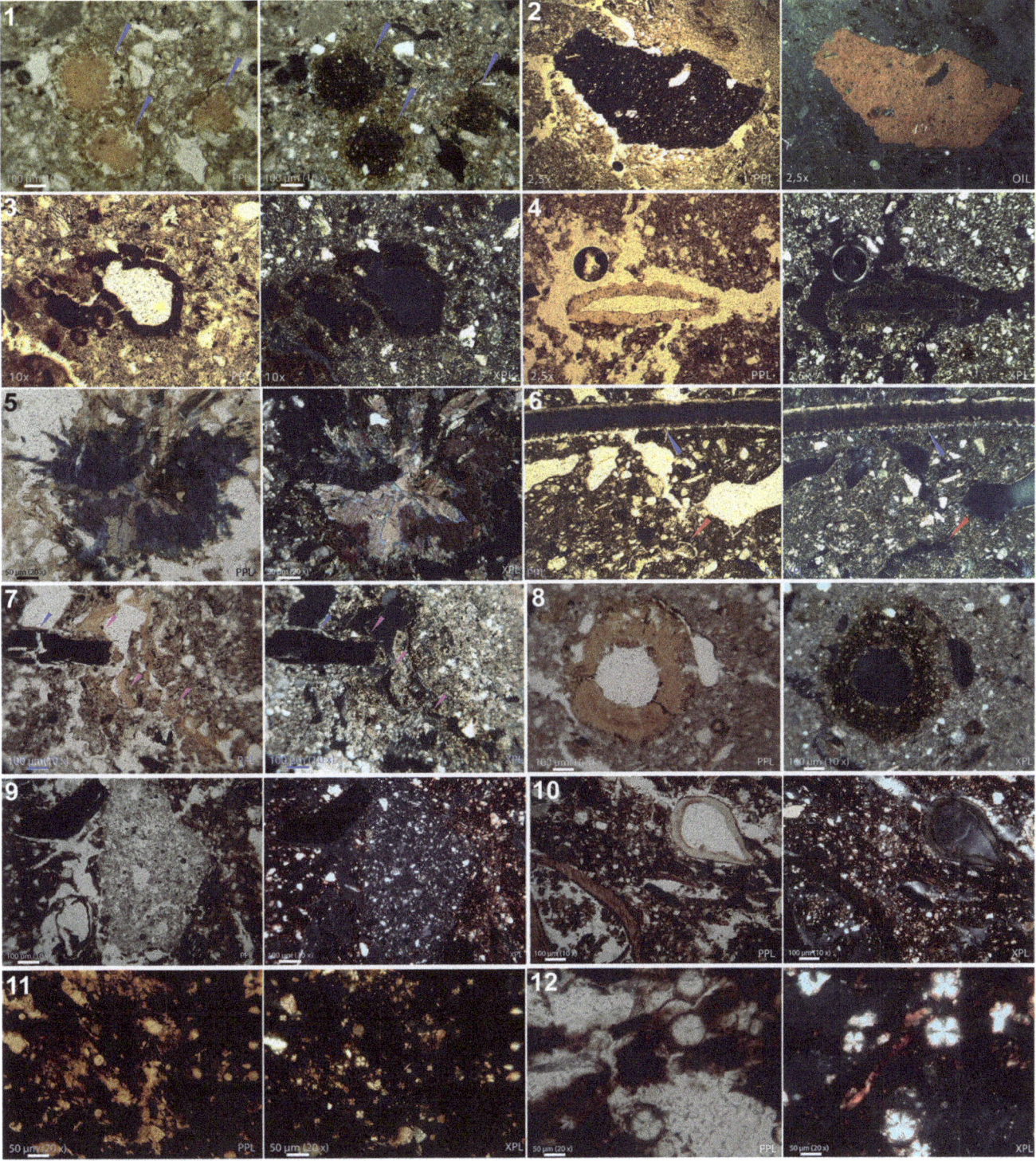

Fig. 4.4. 1 - Noduli fosfatici impregnati di Fe / Ca (MFT B; SS 3); 2 - Frammento di mattone (MFT B; SS 3); 3 - Rivestimenti impregnati di Fe / Mn (MFT B; SS 3); 4 - Frammento di coleotteri (MFT B; SS 4); 5 - Noduli fosfatici impregnati di Fe / Ca con cristalli di vivianite (MFT B; SS 4); 6 - Frammento di guscio d'uovo (freccia blu) e frammento di coleottero (freccia rossa) (MFT B; SS 6); 7 - Frammenti di carbone incorporati nel rivestimento fosfatico Fe / Ca (MFT B; SS 7); 8 - Rivestimenti fosfatici Fe / Ca (MFT C; SS 8); 9 - Aggregato di ceneri (MFT A; SS T); 10 - Tessuto laminato di torba ricco di componenti organici (MFT A; SS T); 11 - Sferuliti (MFT A; SS T); 12 - Druse di ossalato di calcio (MFT A; SS T). (© Filippo Brandolini).

noduli di calcite, rari litorelitti di arenaria, rari aggregati di cenere e semi.

Nella materia organica della torba, in sezione, sono ben visibili frammenti di tessuti vegetali, materiale organico amorfo fine, sferuliti e fitoliti. Un ulteriore dato interessante riguarda la microstruttura. Malgrado l'elevata porosità dovuta anche a bioturbazione, la torba presenta una microlaminazione orizzontale, qua e là più facilmente visibile. Specialmente dove sono stati individuati fitoliti, si nota una laminazione orizzontale (Fig. 4.4, n. 10) che potrebbe essere derivata naturalmente dalla sedimentazione della torba o accentuata dalle attività antropiche negli strati immediatamente soprastanti. È probabile che le lenti

Tecniche digitali e geoarcheologia per lo studio del paesaggio medievale

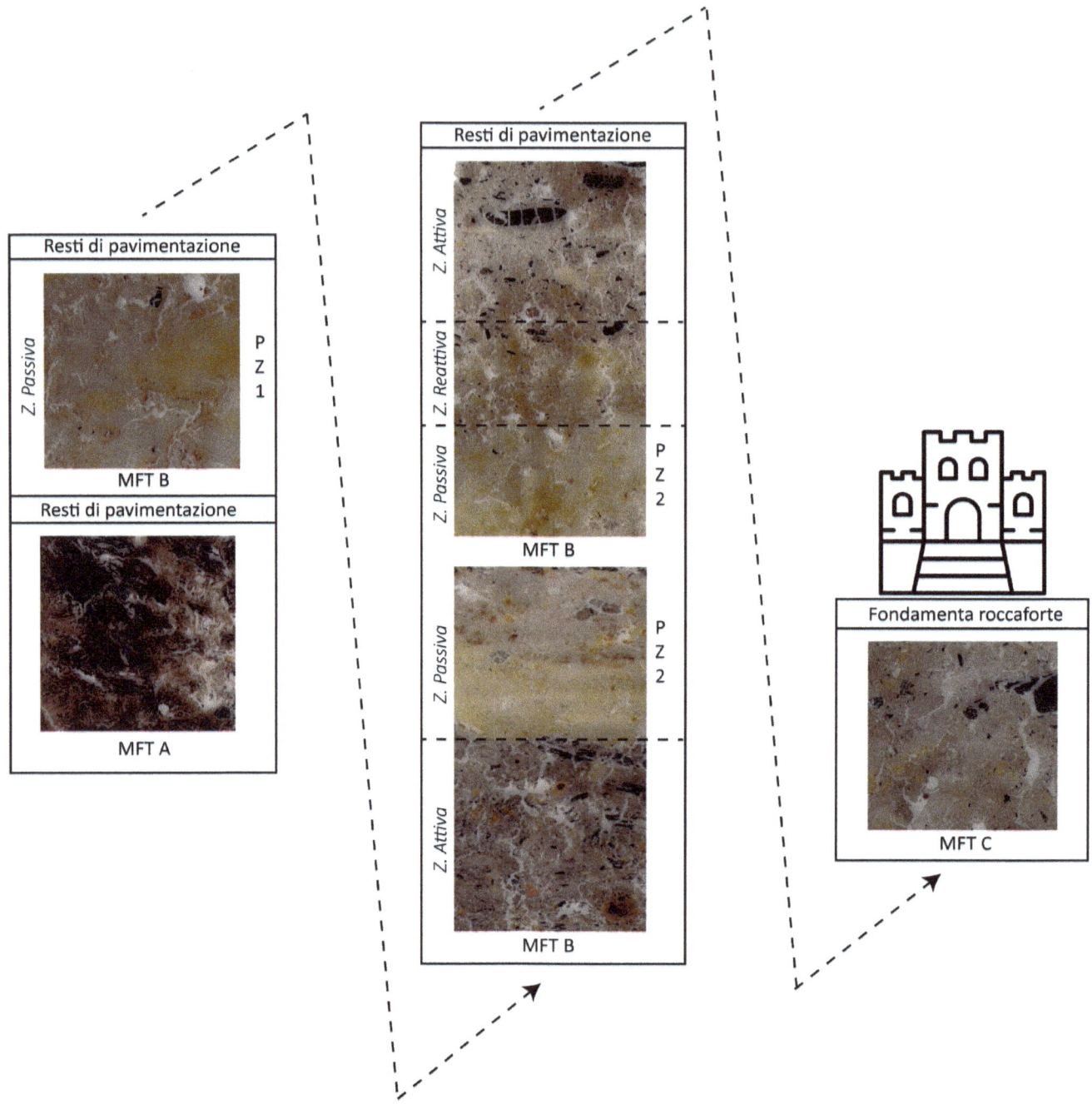

Fig. 4.5. Ricostruzione schematica della sequenza stratigrafica del sito. Dal basso verso l'alto, la successione delle MFT e delle zone attive, reattive, passive. (© Filippo Brandolini).

di torba si siano depositate nell'area in cui era presente un piccolo drenaggio a flusso lento. L'analisi microscopica suggerisce che le attività umane hanno influenzato il sito prima della fondazione del primo villaggio medievale. La ricorrenza delle sferuliti fecali (Fig. 4.4, n. 11), per esempio, può essere correlata all'allevamento e i semi potrebbero essere residui di pratiche agricole. Le inclusioni di carbone e cenere sono il risultato di attività umane.

MFT B – Pavimenti di strutture abitative e depositi derivanti da occupazione antropica

La **MFT B** è costituita dall'alternanza di pavimenti veri e propri e depositi di materiale antropico. Livelli di materiale "pulito" e compatto (i pavimenti) sono alternati ad accumuli di materiale derivato da attività domestica, soprattutto carbone: questo tipo di sequenza di livelli di occupazione è stata rilevata sia in siti preistorici [239] sia in siti medievali [240,241]. MFT B è costituito da una superficie di occupazione microstrutturata polifase in cui è possibile distinguere zone attive, reattive e passive [123,242]:

- la zona attiva (fig. 4.6) è molto eterogenea, caratterizzata da un'abbondanza di elementi antropici (carbone, cenere, ossa combuste, frammenti di uovo e conchiglia, scaglie di mattoni e ceramica) e comuni figure pedologiche fosfatiche (Fe-Ca). Tuttavia, solo

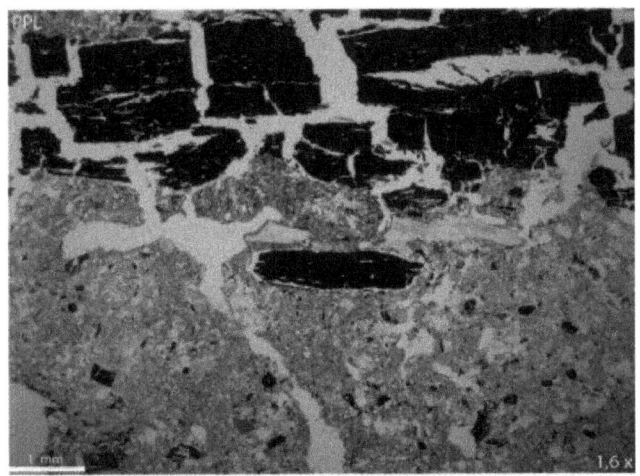

Fig. 4.6. MFT B, zona attiva. (© Filippo Brandolini).

il fosfato che impregna e riveste frammenti porosi di carbone potrebbe essere primario. A occhio nudo si notano blocchi subangolari molto grossi, ma a un ingrandimento maggiore gli aggregati risultano molto porosi per cui la microstruttura è definibile a vacui. Tra aggregati di cenere e frammenti grossolani di carbone si notano anche vuoti intergranulari complessi. Gli elementi grossolani, soprattutto i carboni, presentano un'orientazione planare orizzontale moderatamente espressa dovuta con ogni probabilità a calpestio e schiacciamento negli strati occupazionali soprastanti [123,124].

- La zona reattiva si trova tra la zona passiva e attiva. La zona reattiva presenta pochi materiali derivati dalle attività umane ed è caratterizzata da una microstruttura poliedrica subangolare (da debolmente a moderatamente sviluppata) con *peds* massivi e limitata porosità. La maggior parte dei vuoti sono canali e piani, pochissimi vacui e rare camere. Scarsi elementi antropogenici tra cui carbone, ossa combuste, frammenti di uova e scaglie di mattone/ceramica. La zona reattiva è sempre la più difficile da riconoscere con certezza. Essendo una fase di transizione i suoi limiti raramente sono netti e il suo spessore è variabile. Il calpestio induce una deformazione meccanica della zona passiva (vedi di seguito) e l'inclusione di residui umani da zone attive. Questo processo spiega lo spessore variabile (circa 0,5–2 cm) e i limiti incerti delle zone reattive (Fig. 4.5).
- La zona passiva è quella che archeologicamente ha restituito le novità più interessanti. La microstruttura a occhio nudo è poliedrica subangolare debolmente sviluppata con aggregati molto compatti. A un ingrandimento maggiore, però, si nota che la pedalità e la porosità sono molto limitate. Le fratture che determinano i blocchi subangolari potrebbero essere incorse durante la preparazione del campione oppure dovute a pedoturbazione. Il sedimento è molto "pulito", sono rarissimi gli elementi antropogenici. Abbastanza frequenti sono le impregnazioni di fosfato. Si tratta, però, di un accumulo secondario. Non vi sono fonti di fosfato primario proprio per la mancanza di resti antropici

consistenti. Il fosfato è qui più concentrato che nelle zone attive e reattive perché probabilmente facilmente trattenuto dalla microstruttura massiva della zona passiva (fig. 4.7). Le zone passive sono interpretabili come pavimenti costruiti la cui microstruttura massiva e compatta, fungendo da barriera idraulica, consente la deposizione secondaria di fosfati percolati dagli strati superiori [123]. Anche nella zona passiva si nota una laminazione parallela orizzontale del sedimento.

Nella MFT B sono stati identificati due tipi di zone passive (PZ), basandosi su diverse caratteristiche micromorfologiche. Pertanto, la zona passiva MFT B può essere divisa in due sottotipi: *Tipo 1* e *Tipo 2*.

La zona passiva di tipo 1 (o **PZ 1**) è costituita da livelli di argilla compatti. Al microscopio, è caratterizzata da una microstruttura subangolare moderatamente sviluppata con aggregati grossolani molto compatti e una birifrangenza cristallitica (PPL: grigio chiaro marrone-chiaro XPL: marrone chiaro giallastro). PZ1 è quasi interamente priva di materiali archeologici (rari frammenti di carbone, ossa e mattoni / ceramica) prodotti da attività domestiche (focolari). PZ1 è il risultato di un pavimento in terra battuta[9] costruito con depositi di argilla locale. L'identificazione di brevi sequenze di fitoliti e di "macchie" mineralizzate di Fe/Mn sarebbero interpretabili come il residuo di materiale organico mescolato al sedimento argilloso come tempera per costruire il pavimento battuto [123,243] (fig. 4.8).

La zona passiva di tipo 2 (o **PZ 2**) corrisponde a pavimenti in intonaco a base di calce (o *lime-based plaster*). PZ 2 presenta una microstruttura massiva con pochi vughi e vescicole ed è caratterizzata da un colore beige (PPL: marrone chiaro biancastro), alta birifrangenza (XPL: birifrangenza cristallitica, grigio chiaro brunastro) e rari componenti antropici grossolani. In studi sperimentali [244] è stato notato che il colore beige chiaro (PPL) della massa di fondo è il risultato di un parziale processo di reazione di spegnimento subito dalla calce viva. Per produrre la calce, infatti, serve una fonte di carbonato di calcio ($CaCO_3$). Solitamente si usa calcare o calcare magnesiaco che, portato a una temperatura di 850° – 1200° C, rilascia biossido di carbonio: il risultato finale è l'idrossido di calcio (CaO), ossia calce viva. Per ottenere la calce idrata, o calce spenta, il materiale deve subire la reazione di spegnimento. CaO_2 viene spenta con acqua per ottenere l'idrossido di calcio $Ca(OH)_2$. In base alla dose d'acqua utilizzata dal processo di spegnimento si può ottenere polvere secca di idrato di calce o grassello di calce. La calce prodotta con calcare puro si stabilizza per essiccazione e poi indurisce tutto per assorbimento e reazione con l'anidride carbonica: lentamente diventa di nuovo il carbonato di calcio $CaCO_3$ [245].

Inoltre, frequenti frammenti di carbone molto fine incorporati nella micro fabric calcitica sono il risultato della

---
[9] per esempi simili vedi: [123,240,241]

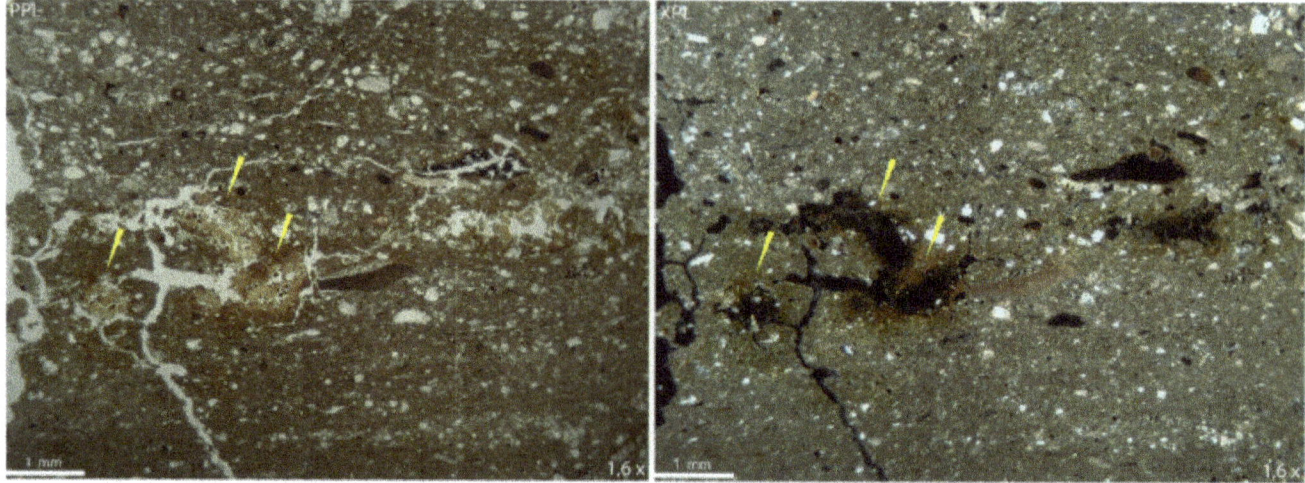

Fig. 4.7. Microstruttura massiccia e pedofeature amorfe di Fe-Ca-P (frecce gialle). (© Filippo Brandolini).

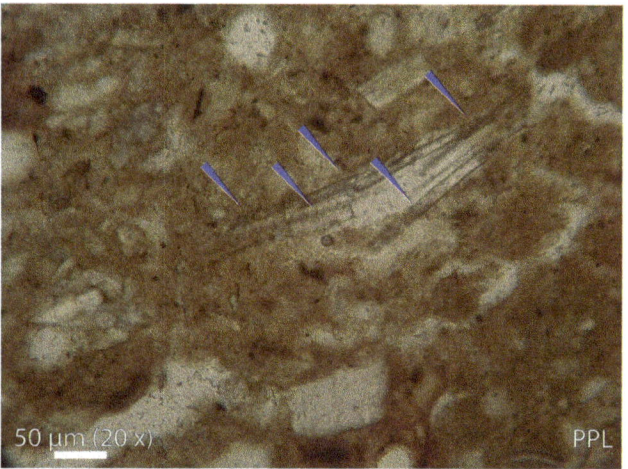

Fig. 4.8. Zona passiva di tipo 1 (o PZ 1). Una breve sequenza di fitoliti (frecce blu). (© Filippo Brandolini).

combustione del legno utilizzato probabilmente nel processo di cottura del calcare. Altri componenti minerali rilevati in PZ 2 (ad esempio grani di quarzo) rappresentano impurità nell'intonaco a base di calce. È probabile che l'intonaco di calce in questo sito sia stato altamente miscelato con altri sedimenti locali per costruire un pavimento domestico. A causa delle elevate quantità di argilla, calcite clastica e altro materiale a grana fine, la matrice di calce in intonaci a calce altamente impura è complicata da distinguere da sedimenti calcarei, ma l'identificazione di grumi di calce nei campioni supporta questa interpretazione (fig. 4.9). I grumi di calcare, infatti, rappresentano gli elementi più comuni degli intonaci a base di calce e hanno origini diverse: calce viva semi-reagita, calce viva bruciata o calce mista poco compatta [244,246,247]. Ulteriori interessanti elementi a supporto dell'interpretazione di PZ2 come pavimenti a base di calce, sono stati rilevati dall'analisi a luce obliqua incidente (*oblique incident light* o OIL): un aggregato grossolano di calcite in una sezione sottile presenta un tipico bordo biancastro [248] con punti rossastri all'interno (fig. 4.9, A): questi sono stati interpretati come diopside (MgSiO3) derivata dalla combustione del calcare ad alta temperatura ($\geq$1000 ° C) [249]. è probabile che questo frammento di calcare ben bruciato faccia parte dei detriti antropici aggiunti alla miscela impura di intonaco a base di calce e che non si tratti un frammento dei pavimenti qui studiati. La presenza di grumi (fig. 4.9, B e C) e impurità di calce scarsamente compattati, infatti, suggerisce che PZ 2 sia il risultato di una "*procedura di miscelazione a caldo*", una tecnica che non richiede calce ben bruciata e impiega solo una bassa quantità di acqua nel processo di spegnimento [244].

MFT C – Abbandono

La terza e ultima fase pedosedimentaria (**MFT C**) corrisponde con l'abbandono del sito altomedievale. La massa di fondo non presenta alcuna microlaminazione dei sedimenti e i materiali antropici sono pochi e disposti in modo caotico. È probabile che questo strato sia stato pesantemente disturbato dalla fondazione della roccaforte rinascimentale. Il materiale di scarico (come frammenti di carbone) mescolato con pochi grumi di calce suggerisce che la costruzione dei pilastri rinascimentali abbiano rielaborato la parte superiore della sequenza di superfici di occupazione polifase osservata nella MFT B. Tracce di radici rilevate anche nella MFT C suggeriscono che una fase di abbandono dell'area avvenne tra l'abbandono del villaggio medievale e la fondazione della roccaforte rinascimentale. La costruzione della fortezza del XVI secolo, inoltre, ha sigillato la sequenza stratigrafica altomedievale impedendo la tipica omogeneizzazione che porta alla formazione di *Anthropogenic Dark Earth* [123,124]. Le figure pedologiche fosfatiche rilevate in MFT C sono probabilmente il risultato di processi post-deposizionale quali la percolazione di liquidi dalle latrine della roccaforte.

L'analisi di micromorfologia archeologica del suolo ha permesso dunque di delineare una microstruttura polifase di superfici occupazionali. Si tratta di una complessa sequenza microstratificata in cui sono riconoscibili i cambiamenti d'uso dello spazio da parte dell'uomo.

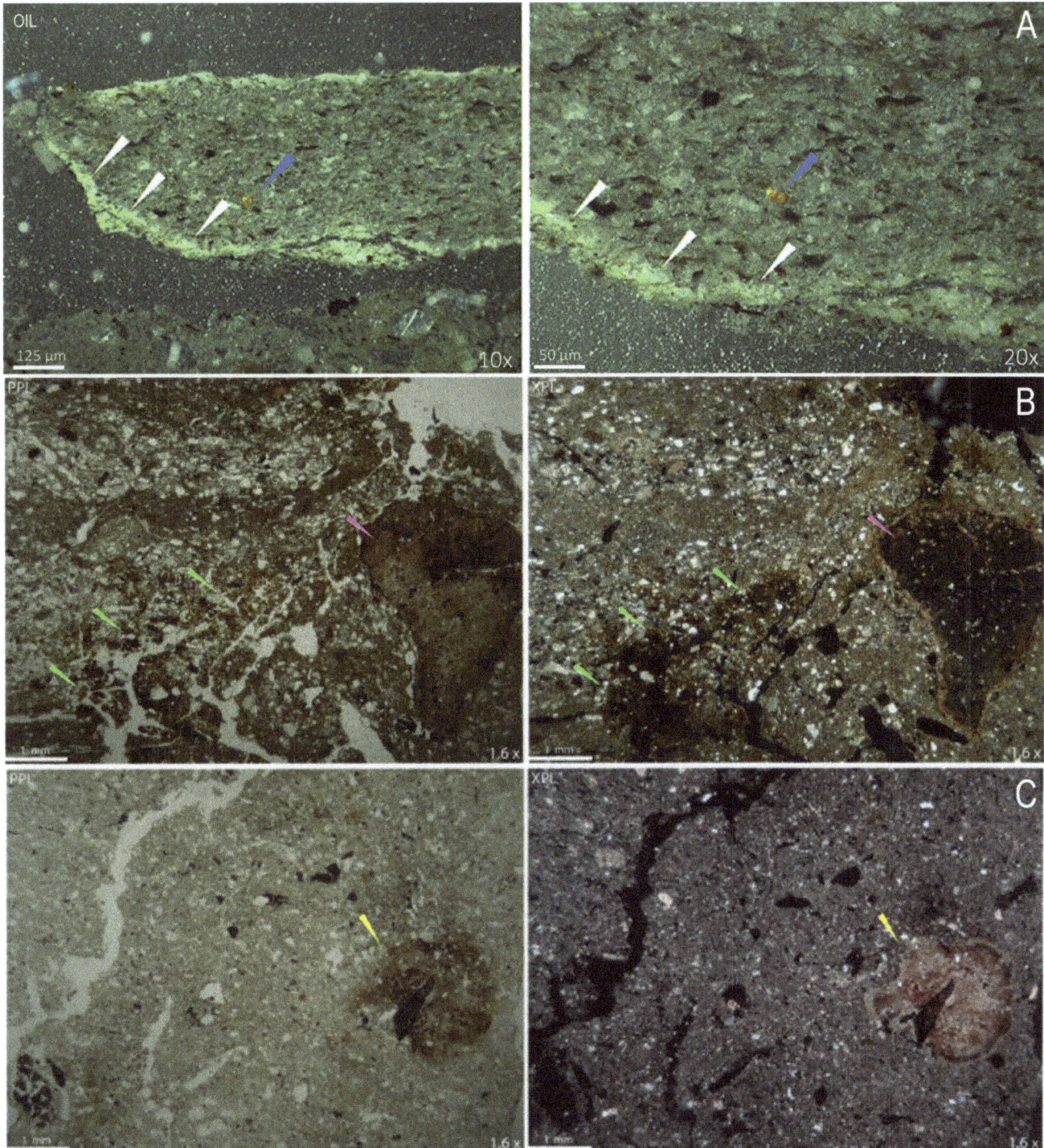

Fig. 4.9. A- Frammento di intonaco a base di calce con bordo biancastro (frecce bianche) e punto di diopsite (freccia blu); B - Grumo di calcare (freccia rosa) e colorazioni fosfatiche (frecce verdi); C - Grumo di calcare con bordo di reazione marrone chiaro. In questo caso, il grumo di calce si è formato attorno a un frammento di carbone. (© Filippo Brandolini).

4.1.3 Tecniche edilizie rurali alla luce del dato geoarcheologico

Le analisi geoarcheologiche eseguite in questo studio hanno consentito una migliore comprensione dei processi riguardanti la genesi e lo sviluppo del sito di *Castrum Popilii*. La definizione di MFT è stata estremamente utile per interpretare i processi sedimentari coinvolti nella formazione del sito di *Castrum Popilii*. Il villaggio si è impostato in una zona acquitrinosa già frequentata in epoche precedenti. Nell'unità α sono stati recuperati frammenti di laterizi romani e, a livello micromorfologico, nella torba sono visibili molte tracce antropiche. La prima occupazione altomedievale si sarebbe impostata in un'area in cui era presente probabilmente una villa rustica di età romana. Gli strati inferiori della stratigrafia esposta corrispondono alla parte superiore della sequenza alluvionale. Le lenti di torba rilevate nell'unità α sono il risultato della deposizione di sedimenti organici in un ambiente con acqua stagnante.

Nell'Alto Medioevo, fu edificata una struttura in legno per uso domestico, in una posizione più elevata rispetto alla campagna circostante impaludata. L'identificazione di tre fasi successive ha rivelato una trasformazione nelle tecniche di costruzione, non solo nella struttura in legno, ma anche nella scelta dei materiali utilizzati per i pavimenti domestici.

Le condizioni anaerobiche del suolo hanno consentito la conservazione dei resti strutturali in legno delle prime due fasi di costruzione. Per confronti tipologici, i resti lignei rinvenuti sono riferibili a tre strutture abitative consecutive: due strutture fondate su pali verticali e una terza struttura impostata su dormienti orizzontali[10].

L'analisi micromorfologica, invece, ha permesso di determinare che l'accrescimento della sequenza stratigrafica è derivata da una sovrapposizione di depositi domestici e pavimenti costruiti (fig. 4.5). La microstruttura polifase delle superfici occupazionali, definita come MFT B, è il risultato della deposizione di ripetute zone passive, reattive e attive. Inoltre, la micromorfologia del suolo ha rivelato che i piani pavimentali sono stati ripetutamente rinnovati tra il X e l'XI secolo: i pavimenti in argilla (PZ 1), più antichi, sono stati sostituiti da pavimenti arricchiti con intonaco a base di calce impura (PZ 2) (fig. 4.10). Negli studi di archeologia medievale italiana, intonaco a base di calce è documentato nel Nord Italia quasi esclusivamente in contesti urbani o in cantieri di fortezze e di cattedrali e, fino al XII secolo d.C., non in contesti domestici. I pavimenti a base calce del sito di *Castrum Popilii* aprono nuovi scenari sulle tecniche di costruzione dell'età medievale, in un periodo in cui terra e legno erano i materiali da costruzione più utilizzati. A *Castrum Popilii* sembra che l'intonaco di calce fosse frequentemente usato anche se in quantità limitata e con tecniche di messa in posa rudimentali già tra X e XI sec. d.C. Lo studio delle sezioni sottili di suolo ha restituito elementi utili a supporto di questa ipotesi.

L'analisi micromorfologica, infatti, suggerisce che intonaco a base di calce sia stato prodotto da una miscela di calcare con materiali diversi come argilla, detriti antropici e carbone fine. Inoltre, la procedura per preparare il pavimento a base di calce probabilmente ha seguito il metodo della "miscelazione a caldo" (*hot mixing*) o "spegnimento a secco" (*dry slaking*) [244] come suggerito da grumi di calce identificati nelle sezioni sottili di suolo. Queste caratteristiche sono proprie della procedura di *hot mixing* perché necessita di una bassa quantità di acqua e una miscelazione grezza con l'aggregato. Questa tecnica rudimentale si adatta perfettamente al contesto archeologico di un villaggio rurale altomedievale come la *curtis* di Santo Stefano di Poviglio. Il processo di *hot mixing* non richiede calce pura e l'aggiunta di inclusi misti e detriti antropici migliora il processo di carbonatazione [123]. La presenza di diopside non è inoltre sufficiente per postulare

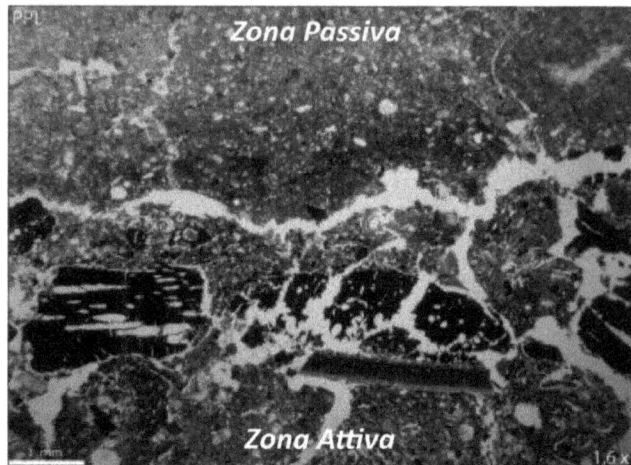

Fig. 4.10. Passaggio da zona attiva a zona passiva di tipo 2 nella sequenza stratigrafica *Castrum Popilii*. Nei materiali antropogenici sono presenti frammenti di carbone e frammenti di gusci d'uovo. Nel pavimento a base di calce impura (zona passiva) la freccia indica un grumo di calce. (© Filippo Brandolini).

che la calce viva qui usata sia stata prodotta bruciando calcare a elevate temperature (1000° C). La scelta della materia prima utilizzata, infatti, influisce sulla durata del processo di combustione e sulla qualità stessa della calce ottenuta [244,247]. Ad esempio, studi sperimentali hanno dimostrato che la frantumazione del materiale calcareo in piccoli frammenti può ridurre la temperatura necessaria per la produzione di calce viva abbassando la temperatura di combustione a 800° C [252]. Questi dati permettono di concludere che l'uso della calce in contesti domestici rurali non fosse del tutto assente nell'Alto Medioevo padano, ma riadattato alle risorse a disposizione. Una miscela di calcare con altri detriti permetteva di ottenere calce viva senza bisogno di raggiungere temperature troppo elevate. Il prodotto risultante non sufficiente per creare piani pavimentali resistenti e facilmente rinnovabili.

Alla luce dei dati geoarcheologici qui esposti, è lecito pensare che l'introduzione di piani pavimentali arricchiti in calce sia stata una risposta a condizioni ambientali locali dovute al generale impaludamento dell'area. Questa ipotesi è indirettamente suggerita dalle particolari condizioni di conservazione della stratigrafia studiata. La costruzione di una roccaforte in pietra nel XV secolo ebbe l'effetto di ridurre considerevolmente l'impatto delle attività di bioturbazione e in seguito i processi legati all'uomo, consentendo l'eccezionale conservazione di questa sequenza, evitando così una pesante omogeneizzazione dei depositi archeologici che avrebbe portato alla formazione delle tipiche "terre scure" altomedievali (o *Anthropogenic Dark Earth*). Inoltre, la condizione di ristagno idrico, probabilmente dovuta a una falda acquifera sospesa, ha preservato i resti lignei. Nei contesti archeologici della pianura padana centrale, il legno difficilmente si conserva, ma qui le condizioni anaerobiche hanno contribuito a preservare parte degli elementi strutturali dell'edificio domestico studiato (un caso di studio simile è rappresentato dagli scavi della motta di Werken, in Belgio [253]). Una

---

[10] per bibliografia sull'edilizia domestica in legno altomedievale si vedano: [210,229–231,250,251]

prolungata condizione anossica, dovuta a saturazione d'acqua, ha portato alla formazione di tipiche figure pedologiche di ferro-manganese [238] nella stratigrafia motte di *Castrum Popilii*. Inoltre, le condizioni anaerobiche nel contesto abitativo contribuiscono allo sviluppo di figure pedologiche amorfe di Fe-Ca-P [123]. Il fosfato migrò attraverso gli strati delle superfici occupazionali e si accumulò principalmente in corrispondenza di piani costruiti, che fungevano da barriera idraulica. La presenza di vivianite cristallina (fosfato di ferro) attesta la presenza mobilitata di fosfato, ulteriore conseguenza della condizione di ristagno idrico che ha conservato la stratigrafia del primo medioevo di Santo Stefano di Poviglio.

Questa digressione sui processi post deposizionali subiti dalla stratigrafia archeologica supporta l'ipotesi che i pavimenti in calce siano stati introdotti nei contesti domestici di *Castrum Popilii* per le loro proprietà isolanti dall'umidità, specialmente in un ambiente acquitrinoso come quello delle valli-paludi limitrofe al sito.

4.2 Evoluzione delle dinamiche antropiche e ambientali

4.2.1 Point Pattern Analysis (PPA)[11]

Il passaggio da età romana ad Alto Medioevo rappresentò una fase cruciale per la riorganizzazione delle strategie di insediamento nella Pianura Padana [19]. Come accennato in precedenza (vedi Cap. 2.2.), concause climatiche e sociali contribuirono a innescare il processo di impaludamento di ampie aree della campagna romana. Le nuove condizioni ambientali influirono sulle strategie di organizzazione spaziale degli insediamenti tra le due epoche. In questo paragrafo verranno presentati i risultati di analisi quantitative geospaziali volte a verificare il grado di impatto che la geomorfologia alluvionale ebbe sulle tecniche di insediamento romane e altomedievali.

Attraverso l'applicazione della *Point Pattern Analysis* (PPA) (vedi Cap. 1.2.4) i siti archeologici delle due epoche sono stati considerati come due eventi spaziali distinti (o *point patterns*) generati da processi differenti (o *point processes*) all'interno di una regione definita che corrisponde all'area di studio indagata (fig. 4.11).

Proprietà di primo ordine

In questo studio, la PPA è stata utilizzata per quantificare come la geomorfologia del territorio abbia influenzato le dinamiche di insediamento in età romana e in epoca medievale (proprietà di primo ordine) e per quantificare se e in che grado la posizione dei siti romani abbia influenzato la posizione dei siti medievali (proprietà di secondo ordine).

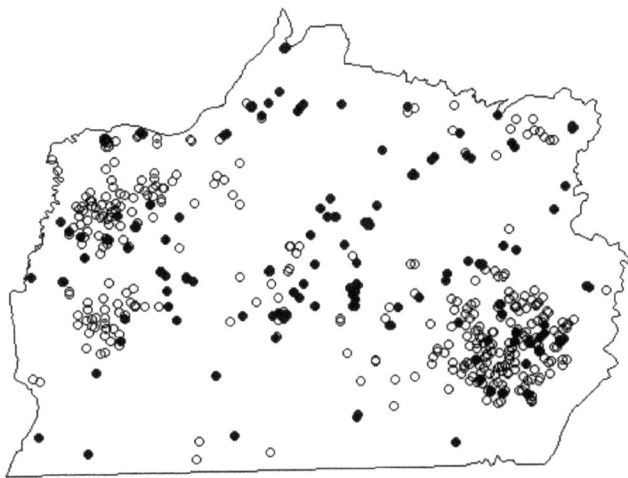

Fig. 4.11 Localizzazione siti romani (pallini bianchi) e siti medievali (pallini neri) all'interno della regione di studio indagata (linea nera). (© Filippo Brandolini).

Si è proceduto dunque con la formulazione di due ipotesi nulle:

- *Ha*: a grande scala, la densità dei siti romani e medievali è uniforme (l'intensità degli eventi spaziali è stazionaria e isotropica).
- *Hb*: a scala locale la distribuzione dei siti medievali e quella dei siti romani sono spazialmente indipendenti (gli eventi spaziali sono realizzazioni di processi di punti univariati e indipendenti).

Il modo più semplice per confutare *Ha* è valutare se un modello disomogeneo descrive la variabilità spaziale di un processo puntuale in modo più accurato rispetto al modello omogeneo (detto anche stazionario o di *Poisson*). Questo viene spesso fatto in modo parametrico, usando un'equazione per stimare l'intensità del processo in punti, o semi-parametricamente, adattando covariate esterne che dovrebbero influenzare il processo in punti. Poiché l'obiettivo principale è valutare l'influenza dei parametri ambientali sulla distribuzione dei siti, è stato utilizzato un approccio semi-parametrico e sono state prodotte due covariate spaziali a tal fine: rischio di alluvione (covariata *MTI*, vedi Cap. 1.2.4) e tessitura del suolo (covariata *Soil*, vedi Cap. 1.2.4). Per produrre la mappa del rischio di alluvione, è stato utilizzato lo strumento *r.hazard.flood* con il software GRASS 7 [254]. La funzione calcola le aree a rischio di alluvione utilizzando un indice topografico modificato. La mappa dei sedimenti è stata rasterizzata dal file vettoriale fornito dal geodatabase della Regione Emilia-Romagna. Sono stati considerati i tipi e le caratteristiche della tessitura del suolo secondo le classi tessiturali codificate dal Dipartimento dell'Agricoltura degli Stati Uniti d'America (USDA) [255]. Un valore numerico è stato assegnato a ciascun tipo di suolo, per classificare la tessitura del suolo dalla classe più fine alla il più grossolana (tab. 5). È noto dalle fonti storiche e archeologiche che in età romana i suoli argillosi (o "pesanti" nel gergo agricolo) non potevano essere lavorati con l'aratro leggero dell'epoca ("*ard*"): venivano pertanto

---
[11] il codice scritto in R è allegato in fondo al manoscritto. Vedi Appendice A.

preferiti suoli "leggeri" (sabbiosi – limosi), più facili da lavorare.

L'introduzione dell'aratro pesante in Pianura Padana nel Medioevo ha, invece, permesso la messa a coltura anche di questi terreni "pesanti" [256]. La diversa tessitura del suolo rasterizzata nella covariata *Soil* ha permesso di valutare, se e come, i diversi sedimenti alluvionali nell'area di studio hanno influito sulle scelte insediamentali nelle due epoche e sull'organizzazione dell'uso del suolo (fig. 4.12).

La terza covariata considerata è un raster della distanza dalla *Via Aemilia* (covariata VAE[12]). Questa covariata non geomorfologica è stata introdotta nella creazione dei modelli per fungere da covariata di "controllo": la *Via Aemilia* rappresenta l'asse di comunicazione principale della regione caratterizzata da una continuità d'uso dall'età romana a oggi [257]. Questa covariata interamente socioculturale è stata considerata per valutare una possibile influenza antropica e non ambientale sull'organizzazione del paesaggio e sulla distribuzione dei siti (fig. 4.12).

Si è dunque proceduto alla creazione di tre modelli per siti romani e tre per siti medievali attraverso il software statistico R e in particolare attraverso il pacchetto di funzioni *spatstat* [171]. In primo luogo, è stata creata una stima semi-parametrica dell'intensità adattando le due covariate (rischio di alluvione e tipo di sedimento) ai modelli di punti dei siti. Le prestazioni del modello non omogeneo (o IPP) risultante (definito come Modello 1) sono state valutate attraverso il confronto con modelli alternativi: Modello 0 e Modello 2. Il modello 0 è un modello omogeneo (o HPP) creato adattando un valore costante ai modelli di punti. Se i siti investigati fossero distribuiti uniformemente nell'area di studio e la geomorfologia alluvionale non influenzasse la loro localizzazione (ipotesi *Ha*), il Modello 0 dovrebbe performare meglio del Modello 1. Il *Criterio Informativo Bayesiano* (BIC) è stato impiegato per valutare le prestazioni delle due covariate nel Modello 1 e per confrontare i due modelli [258]. Il BIC viene calcolato come la differenza tra la probabilità massimizzata del modello e il prodotto delle covariate e il numero di osservazioni (punti), quindi più basso è il BIC, migliore è il modello. Seguendo il principio della parsimonia, la selezione graduale delle covariate consente l'identificazione della combinazione di covariate che minimizza i valori BIC. I pesi BIC, invece, vengono utilizzati per fornire una stima normalizzata delle prestazioni relative di due modelli [166]. Un Modello 0 e un Modello 1 separati sono stati creati rispettivamente per i siti di età romana (R) e per i siti di epoca medievale (M). La selezione del modello BIC è stata eseguita sui modelli R1 e M1 (tab. 4.3). Entrambe le covariate (MTI e Soil) vengono mantenute nel Modello M1, mentre l'MTI viene eliminato nel Modello R1. Il significato delle covariate selezionate dal BIC è stato validato rispetto ai modelli stazionari (Modello R0, Modello M0), utilizzando i pesi BIC (tab. 4.3).

I risultati mostrano che l'intensità del processo puntuale è chiaramente disomogenea e che l'ipotesi nulla (*Ha*) può essere respinta. I coefficienti del Modello M1 (tab. 4.4) mostrano una correlazione diretta tra la localizzazione dei siti medievali con la tessitura del suolo e una correlazione inversa con il rischio di alluvione. Di contro, i coefficienti del Modello R1 selezionato dalla BIC (tab. 4.4) mostrano una debole correlazione negativa tra il modello di siti romani e la tessitura del suolo. Al fine di valutare la dipendenza della distribuzione dei siti dalle caratteristiche geomorfologiche dell'area di studio, è stato testato uno stimatore disomogeneo alternativo, adottando la distanza dalla *Via Aemilia* (covariata VAE) come covariata (Modello 2). La scelta di questo modello comparativo è motivata dalla ben nota importanza regionale di questa strada consolare sia in età romana che medievale [257]. Il modello R1 e il modello M1 selezionati da BIC sono stati confrontati con il modello 2 (tab. 4.4).

I pesi BIC suggeriscono che la geomorfologia alluvionale spiega meglio la distribuzione dei siti piuttosto che la distanza degli stessi dalla *Via Aemilia*. Questo risultato suggerisce che le covariate ambientali selezionate hanno avuto un'influenza significativa sulla distribuzione spaziale dei siti romani e medievali nell'area di studio.

Proprietà di secondo ordine

Le indagini archeologiche hanno dimostrato che numerosi siti medievali insistono direttamente o in prossimità di insediamenti o centri urbani romani precedenti [65]. Ciò sembra suggerire che, al di là della disomogeneità dei rispettivi processi puntiformi, il modello di insediamento medievale, a scala locale, tende a essere influenzato dalla presenza di siti romani. Per testare questa osservazione e valutare l'indipendenza dei processi a due punti (ipotesi *Hb*), devono essere studiate le proprietà del secondo ordine dei due eventi spaziali.

In questo studio, la funzione L bivariata (vedi cap. 1.2.4) è stata utilizzata per valutare l'interazione spaziale tra siti medievali e romani. Se la vicinanza a siti romani preesistenti non influenzasse le strategie di insediamento medievali (confermando ipotesi *Hb*), la funzione L non mostrerebbe alcuna aggregazione. Il risultato, invece, mostra una deviazione significativa dei valori osservati tra 0 e 1,2 km. Questo risultato suggerisce che l'ipotesi di *Hb* può essere respinta. Le distinte strategie di insediamento romano e medievale non spiegano la vicinanza di siti medievali e romani quando i siti sono più vicini di 1,2 km (fig. 4.13).

Resilienza e uso del suolo tra età romana e Altomedioevo

La PPA suggerisce che la distribuzione dei siti romani nell'area non ha alcuna correlazione con il rischio di alluvione (covariata, MTI), ma mostra una debole correlazione inversa con la tessitura del suolo (covariata, Soil). Invece, una correlazione inversa con il rischio di alluvione e una correlazione diretta con la tessitura del

---

[12] http://wgbis.ces.iisc.ernet.in/grass/grass70/manuals/r.cost.html

Insediamenti e gestione del territorio

Tab. 4.2 Classificazione tessiturale dei suoli codificata dal Dipartimento dell'agricoltura degli Stati Uniti d'America (USDA). L'ultima colonna indica il valore raster corrispondente

Nome comune in base alla tessitura	Sabbia (%)	Limo (%)	Argilla (%)	Classe Tessiturale	Valore Raster
Sedimenti sabbiosi (Tessitura grossolana)	86-100	0-14	0-10	Sabbioso	7
	70-86	0-30	0-15	Sabbioso Franco	6.5
Sedimenti limosi (Tessitura moderatamente grossolana)	50-70	0-50	0-20	Franco Sabbioso	6
Sedimenti limosi (Tessitura media)	23-52	28-50	7-27	Franco	5
	20-50	74-88	0-27	Franco Limoso	4.5
	0-20	88-100	0-12	Limoso	4
Sedimenti limosi (Tessitura moderatamente fine)	20-45	15-52	27-40	Franco Argilloso	3.5
	45-80	0-28	20-35	Franco Sabbioso Argilloso	3
	0-20	40-73	27-40	Franco Limoso Argilloso	2.5
Sedimenti argillosi (Tessitura fine)	45-65	0-20	35-55	Argilloso Sabbioso	2
	0-20	40-60	40-60	Argilloso Limoso	1.5
	0-45	0-40	40-100	Argilloso	1

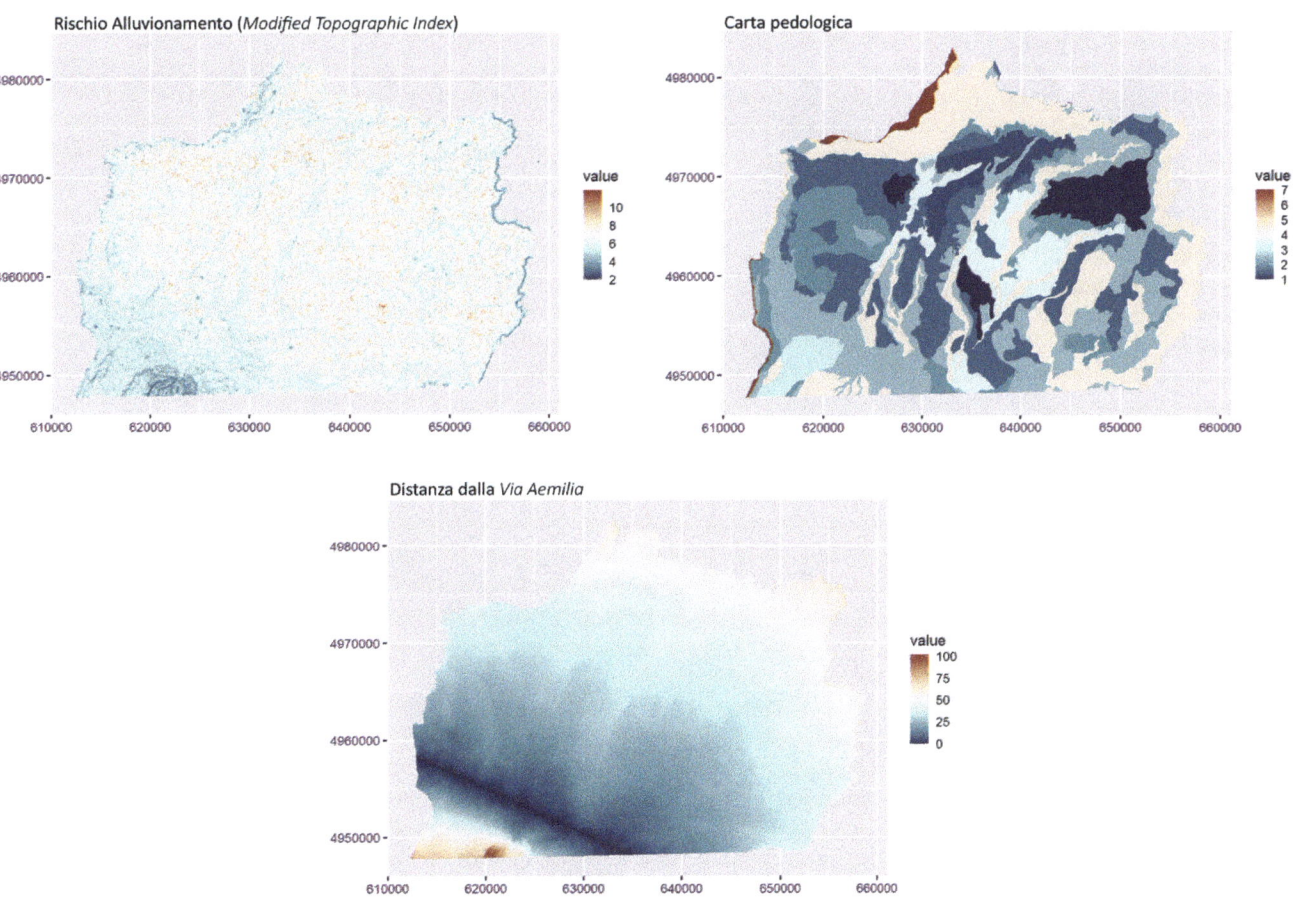

Fig. 4.12 Le tre covariate utilizzate per la PPA. (© Filippo Brandolini).

Tab. 4.3 Risultato del processo BIC stepwise per la selezione delle covariate e selezione del modello secondo i pesi BIC. In alto, risultati per i siti Romani, in basso risultati per i siti Medievali

Model R	Covariate Selezionate	Covariate Scartate	BIC	df	Pesi Modello 0-1	Pesi Modello 0-2
0	-	-	12105.6924097207	0	0.2120797	0.2019007
1	Soil	MTI	12103.0675395649	1	0.7879203	0.7501032
2	VAE	-	12108.5657215732	1	-	0.0479961
Model M	Covariate Selezionate	Covariate Scartate	BIC	df	Pesi Modello 0-1	Pesi Modello 0-2
0	-	-	5389.1070746156	0	0	0
1	MTI, Soil	-	5328.23728184886	2	1	1
2	VAE	-	5384.96043368587	1	-	0

Tab. 4.4 Coefficienti BIC dei modelli per i siti Romani (sopra) e i siti Medievali (sotto)

Covariata	Stima	S.E.	CI 95% lo	CI 95% hi	Z test
Intercetto	-14.6722443	0.11880191	-14.9050918	-14.43939686	<0.001
Soil	-0.1091445	0.04187692	-0.1912218	-0.02706728	<0.001
Covariata	Stima	S.E.	CI 95% lo	CI 95% hi	Z test
Intercetto	15.6301581	0.58337830	-16.7735585	-14.48675762	<0.001
MTI	-0.2500458	0.08401723	-0.4147165	-0.08537507	<0.001
Soil	0.4513779	0.05929057	0.3351705	0.56758524	<0.001

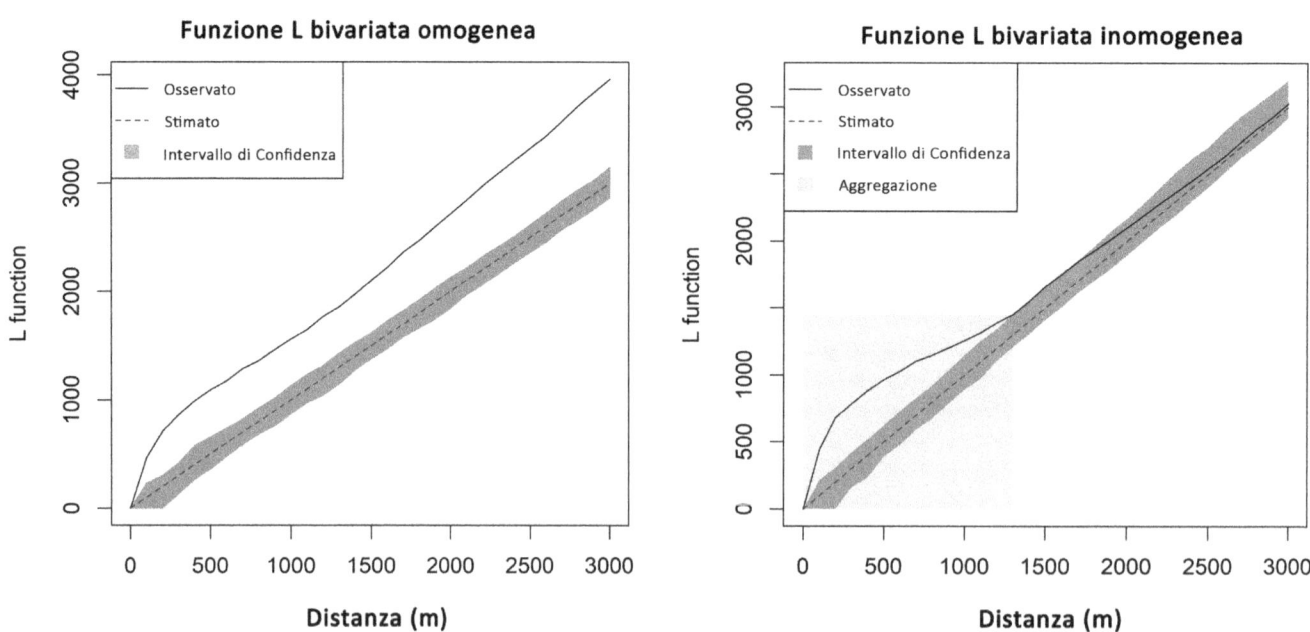

Fig. 4.13 Misura della funzione L bivariata omogenea (a sinistra) e inomogenea (a destra). (© Filippo Brandolini).

suolo sono state identificate per i siti medievali. Alla luce di questi risultati è possibile formulare interpretazioni circa le tecniche di organizzazione dello spazio nelle due epoche e come la geomorfologia alluvionale abbia influito sulle stesse.

In età romana, il sistema della centuriazione ha consentito il drenaggio di aree a rischio di alluvione (soprattutto le piane interfluviali, vedi Cap. 2.1). Ciò spiega l'assenza di una correlazione significativa tra la distribuzione dei siti romani e la covariata MTI nel modello R1. Tuttavia, l'occupazione romana in aree di piane interfluviali, seppur ben drenate, pone quesiti circa l'uso del suolo, poiché i sedimenti argillosi di queste porzioni del paesaggio indagato non erano adatti alla lavorazione con aratro leggero ("*ard*") tipico delle pratiche agricole romane. Si può supporre che lo sfruttamento di terreni argillosi ben drenati fosse collegato ad attività di pascolo. È un dato di fatto, questa zona della Pianura Padana è nota per essere stata sfruttata per l'allevamento (in particolare l'allevamento di suini) in età romana [259]. La correlazione inversa tra insediamenti romani e tessitura dei sedimenti potrebbe essere spiegata con strategie di uso del suolo diversificate: terreni "leggeri" (sedimenti grossolani, sabbiosi e limosi) per agricoltura e terreni "pesanti" (sedimenti argillosi) per attività' di pascolo. L'analisi palinologica condotta nell'area modenese (pochi Km a nord dell'area indagata in questo elaborato) supporta questa ipotesi: i *taxa* alle erbe, indicatori di pascolo, sono prevalenti nelle fasi romane (quando grandi aree piane alluvionali erano dedicate al pascolo) e diminuirono gradualmente nell'Alto Medioevo [260]. Questo cambiamento nella composizione vegetativa con ogni probabilità fu innescato dal progressivo impaludamento di ampie aree della Pianura Padana tra V e X secolo d.C. L'abbandono del sistema di drenaggio romano ha contribuito all' impaludamento delle piane interfluviali (vedi Cap. 2.2), riducendo così le aree di pascolo.

Per quanto riguarda i siti medievali, invece, la PPA suggerisce che la geomorfologia alluvionale della zona abbia fortemente condizionato le strategie di insediamento in epoca post-romana. Le paludi entrarono a far parte dell'economia di sussistenza silvo pastorale altomedievale e il loro sfruttamento aveva una complessa correlazione con i modelli di insediamento adottati. Le aree paludose hanno influenzato la distribuzione dei siti medievali e soprattutto il rischio di inondazioni ha favorito l'occupazione delle aree protette e topograficamente più elevate, limitrofe alle paludi [225]. Il rapporto tra siti medievali e sedimenti più grossolani, suggerito dal modello, potrebbe non essere dovuto esclusivamente a strategie di uso del suolo, ma piuttosto essere una conseguenza indiretta della necessità di proteggersi dalle inondazioni. È un dato di fatto che la frazione grossolana di sedimenti fluviali è concentrata in prossimità del corso d'acqua e nell'area di ricerca la loro deposizione ha sviluppato i dossi che definiscono i limiti delle valli-paludi (vedi Cap. 2.1).

Ulteriori interessanti considerazioni emerse dalla PPA sono legate al ruolo statisticamente non significativo avuto dalla *Via Aemilia* sulla distribuzione dei siti nelle due epoche. Ciò suggerisce che questa importante via di comunicazione non ha influenzato in modo significativo il modello di insediamento locale. Questa mancanza di correlazione potrebbe dipendere dalla prevalente vocazione rurale dei siti nell'area, il che li rende più dipendenti dall'uso locale del territorio che dalla vicinanza alle principali vie di comunicazione.

Per quanto concerne le proprietà di secondo ordine, la funzione L bivariata (*cross-L-function*) ha permesso di valutare l'interazione spaziale tra siti medievali e romani. Una notevole vicinanza di siti medievali a siti romani è stata osservata per brevi distanze, in particolare entro un raggio di 1,2 km. Ciò implica che, anche considerando le diverse risposte alle condizioni geomorfologiche alluvionali in età romana e medievale, in un raggio di 1,2 km, i siti medievali sono più vicini ai siti romani di come dovrebbero essere se le due distribuzioni di eventi spaziali fossero completamente indipendenti le une dalle altre. La continuità tra il periodo romano e il primo medioevo era già stata osservata in alcuni siti archeologici della zona e può essere attribuita allo sfruttamento delle risorse edilizie o a una riconversione di strutture esistenti [65]. Tuttavia, una significativa aggregazione spaziale su scala intermedia (da 0,5 a 1,2 km) suggerisce possibili correlazioni funzionali o di localizzazione che devono essere ulteriormente esplorate. Queste correlazioni sono ancora più significative se si considera la dissomiglianza delle dinamiche insediative nei periodi romano e medievale e potrebbero indicare una maggiore continuità nella gestione del paesaggio in alcuni settori delle aree di studio rispetto a quanto precedentemente dedotto dalle fonti archeologiche disponibili.

Una critica che viene spesso posta da archeologi non esperti in statistica spaziale e che i siti considerati per la PPA corrispondono ai soli siti noti e potrebbero non coincidere con l'effettivo numero di siti esistenti contemporaneamente in una determinata epoca influenzando i risultati dell'analisi. Tale criticità, peraltro, è stata evidenziata anche per altri metodi spaziali più "tradizionali" applicati in archeologia del paesaggio, come, per esempio, i poligoni di Thiessen [112]. Premesso che conoscere l'esatto numero di siti attivi in un preciso periodo è arduo (se non impossibile) per quasi qualsiasi contesto archeologico, il risultato della PPA non varierebbe in maniera significativa aggiungendo o levando alcuni siti dal totale di quelli considerati. Quello che conta nello studio di un pattern di punti, infatti, non è tanto il numero in sé dei punti, ma la loro intensità nell'area di studio considerata. Quello che davvero influisce nell'applicazione della PPA è considerare un campione di siti statisticamente significativo che rappresenti il più possibile l'effettiva intensità dei siti per il periodo considerato. Inoltre, nel caso della PPA è possibile eseguire alcuni test per verificare l'accuratezza dei modelli e dei risultati da essi derivanti. Uno dei test diagnostici consiste nel validare un modello calcolandone i valori residui. La misura dei valori residui è un procedimento diagnostico che permette di verificare l'accuratezza di un modello. I valori residui vengono ottenuti sottraendo i valori dell'intensità stimata parametricamente dai valori effettivamente osservati [171]. Come rappresentato in Fig. 4.14, la variabilità spaziale nella previsione del modello è facilmente valutabile: valori residui positivi si verificano aree in cui il modello ha sottostimato la reale intensità, di contro valori residui negativi si osservano in zone in cui il modello ha sovrastimato la reale densità dei siti. Per quanto riguardo il modello R1, l'interpretazione dei valori residuali mostra che il modello ha sottostimato la reale intensità dei siti

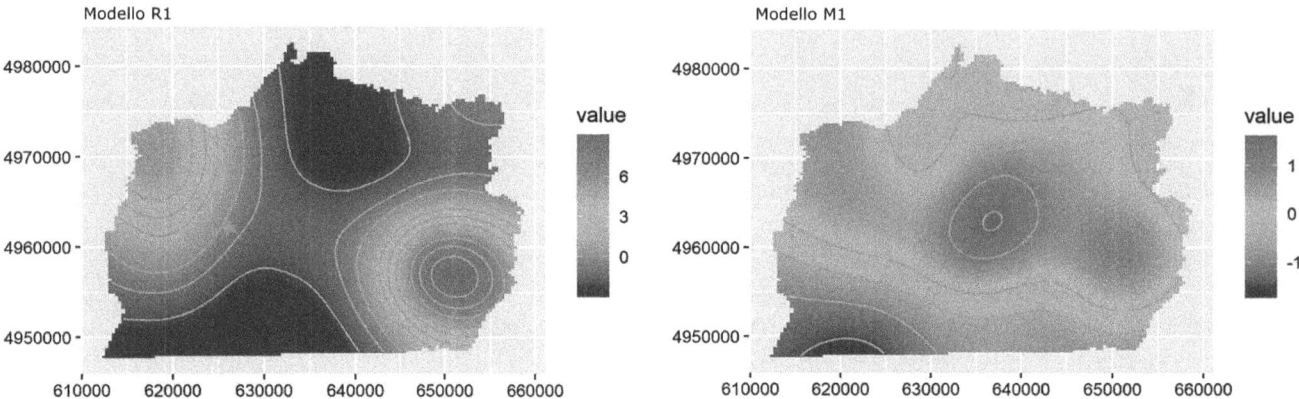

Fig. 4.14 Valori residuali dei due modelli R1 (a sinistra) e M1 (a destra). (© Filippo Brandolini).

rivelando una significativa autocorrelazione dei siti romani in corrispondenza di aree in cui sono ancora rintracciabili gli elementi della centuriazione. Ciò non influisce negativamente sulla validità del modello, ma anzi fornisce una ulteriore conferma che il pericolo di alluvionamento (MTI) in epoca romana sia stato minimizzato in maniera tale da permettere una fitta occupazione dell'area, anche in porzioni della pianura alluvionale altrimenti soggette a rischio di inondazioni senza previo intervento antropico. Per quanto concerne il periodo medievale, invece, i valori residui del modello M1 mostrano una generale uniformità con valori prossimi allo zero, tranne per un limitato cluster di valori positivi al centro dell'area di studio dovuto probabilmente a una sovrarappresentazione di ricognizioni di superficie [35] nel dataset considerato. Alla luce dei valori residui, il Modello M1 mostra un'accuratezza molto elevata del grado di predittività dell'intensità dei siti in relazione alle variabili ambientali considerate.

L'analisi dei valori residui ha permesso dunque di valutare l'accuratezza dei due modelli R1 e M1 e, inoltre, mostra come, più che l'assenza di siti sconosciuti, sia la sovrarappresentazione di alcune aree a creare anomalie nella predittività del modello. Nell'applicazione di PPA per lo studio di paesaggi del passato occorre sempre considerare l'effettiva visibilità archeologica per interpretare correttamente i valori residui dei modelli [168,190].

Per concludere, l'organizzazione e gestione dello spazio in età romana è stata in grado di ridurre al minimo il rischio di alluvione, drenare la pianura alluvionale e organizzare un uso del suolo complesso in base ai diversi tipi di granulometria dei sedimenti. Nel periodo medievale, la geomorfologia alluvionale della zona, caratterizzata da ampi specchi paludosi e frequenti eventi alluvionali, ha influenzato l'organizzazione spaziale degli insediamenti, privilegiando posizioni topograficamente più elevate [225]. Le dinamiche sociali e culturali hanno svolto un ruolo cruciale nel rispondere alle condizioni ambientali alluvionali in epoche diverse. Nel periodo romano, la riorganizzazione del paesaggio, sostenuta da istituzioni politiche ed economiche ben strutturate, ha portato a una

minore dipendenza dalle condizioni ambientali e a favore di interventi antropici su larga scala. Diverse tecniche di uso del suolo hanno permesso in epoca romana di sfruttare con successo grandi aree soggette ad allagamento mitigandone il rischio di inondazione. D'altra parte, la geomorfologia alluvionale ha fortemente influenzato le strategie di insediamento soprattutto durante l'Alto Medioevo: la mancanza di un forte apparato centrale non ha permesso di contrastare le mutate condizioni ambientali con opere di bonifica ben strutturate e su larga scala, come era stato nel periodo precedente. Al di là di queste evidenti differenze nei modelli di insediamento nei due periodi, una chiara correlazione spaziale è stata evidenziata su scala locale, il che potrebbe suggerire un grado di persistenza nell'uso del suolo che merita ulteriori indagini in futuro.

4.2.2 Le forme del paesaggio tardo-medievale: ventagli di rotta e bonifiche "per colmata"

Come visto nel paragrafo precedente, le analisi geospaziali hanno evidenziato risposte antropiche differenti alle condizioni ambientali nelle due epoche. In particolare, nell'Alto Medioevo i siti tendono a organizzarsi a quote più elevate intorno alle piane alluvionali per proteggersi dal rischio di alluvioni ma al contempo per poter sfruttare le paludi all'interno di un'economia silvopastorale.

Malgrado per tutto l'Alto Medioevo non siano attestate strategie di gestione del territorio su larga scala come era stato per la centuriazione in età romana, sono state rilevate geomorfologie dovute ad azione resiliente antropica. In particolare, l'analisi geomorfologica dell'area di ricerca ha permesso di discernere le forme del paesaggio derivate da eventi alluvionali da quelle legate a pratiche di gestione antropica dei sedimenti fluviali.

Le fonti storiche riportano, infatti, sia notizie di esondazioni e fiumi, sia informazioni circa pratiche di bonifica "per colmata" [261] per creare nuova terra coltivabile in luogo di aree paludose. Il dato storico-archeologico ha trovato un riscontro geomorfologico soprattutto lungo il canale (o "cavo" nelle fonti) Tagliata e nell'area dei paleodossi del torrente Crostolo.

Il Cavo Tagliata

I dati più interessanti rilevati nel modello digitale di terreno riguardano senza dubbio la particolare forma del dosso del Cavo Tagliata. E' noto dalle fonti[13] che questo canale fu aperto nel 1218 per motivi commerciali in seguito a dispute per il controllo sul fiume Po tra le città di Cremona (alleata di Reggio Emilia) e di Mantova. Viene anche indicato nella Cronaca di Fra Salimbene da Parma[14] che il canale fu costruito sfruttando un precedente ramo del fiume Po e conosciuto come "Po Morto". In base alle informazioni storiche e al suo corso sinuoso, il Cavo Tagliata apparterrebbe quindi alla categoria dei "canali su dosso", un tipo di morfologia artificiale documentata anche in altre aree del paesaggio storico padano [225,262]. È ben noto negli studi geomorfologici il paleodosso del Po Morto che si snoda poco più a nord del Cavo Tagliata, nell'Oltrepò Mantovano nei pressi di Suzzara, che, però, non può evidentemente essere il dosso a cui si riferiva Fra Salimbene nella sua cronaca. Negli studi geomorfologici della Pianura Padana, inoltre, il dosso del Cavo Tagliata è sempre stato considerato come un paleodosso del Po attivo in epoca protostorica [57,58,146] (fig. 4.15) ma i dati storici e archeologici sembrano restituire un quadro più complesso. Per la ricostruzione cronologica dei diversi stadi evolutivi di un (paleo)dosso fluviale, infatti, utili indicazioni possono essere desunte dalla correlazione spaziale di siti archeologici con la morfologia stessa del dosso. Come ampiamente trattato nel corso dell'elaborato, specialmente nelle aree di bassa pianura le comunità antropiche tendono a privilegiare queste forme del territorio sia per l'essere topograficamente rilevate rispetto alle aree limitrofi, sia per i tipi di suolo di cui sono formate (vedi Cap. 4.2.1). Pertanto, se i siti di una qualsivoglia epoca risultano erosi o ricoperti dai corpi formativi del dosso fluviale in esame, il dato archeologico fornisce un *termine post quem* (o data massima) per determinare l'inizio del momento formativo del dosso stesso. Di contro, se i siti sono localizzati al tetto delle unità formative del dosso, il dato storico archeologico permette di desumere un *termine ante quem* (o data minima) per stabilire la definitiva cessazione dell'attività idraulica formativa del dosso [48,225]. La distribuzione dei siti e ritrovamenti archeologici registrati lungo il Cavo Tagliata mostrano uno iato per quanto riguarda il periodo protostorico e romano suggerendo che il dosso si sia dunque formato in gran parte in epoca successiva. Grazie al monaco parmense sappiamo, inoltre, che negli anni successivi alla sua apertura, il Cavo Tagliata fu soggetto a frequenti esondazioni, come quella del 1269: «*il cavo tagliata allaga e impaluda la zona del Reggiano. Dove prima c'erano campi e vigne ora vi è grande abbondanza di pesci*»[15]. Nel DTM sono ben riconoscibili molti ventagli di rotta riconducibili a eventi alluvionali, le cui tracce sono talvolta visibili dalle foto satellitari oltre che conservati anche nella toponomastica locale (es. *Villarotta* e *Fangaia*, entrambe frazioni di Guastalla) (fig. 4.16).

Dunque, il Cavo Tagliata potrebbe anche essere effettivamente stato tagliato sfruttando almeno in parte un antico dosso inattivo del Po, ma la sua forma attuale è il risultato di trasformazioni avvenute in epoca medievale, successivamente alla sua apertura. Gli unici due siti romani registrati lungo il corso del canale sono a Reggiolo e Guastalla, ma dai dati di scavo [64] si evince che si tratta di ritrovamenti sepolti da spesse coltri di sedimenti limosi e argillosi che coinciderebbero con le alluvioni riportate dalle cronache medievali. Inoltre, da foto satellitari sono visibili *cropmarks* riconducibili ad alcuni tratti di centuriazione romana ormai sepolti nella Valle di Novellara, proprio alla base del dosso del Cavo Tagliata (fig. 2.5).

Tutti i dati sin qui riportati suggeriscono che la forma del Cavo Tagliata sia dovuta a cause naturali, ovvero all'accumulo di sedimenti depositati dalle frequenti esondazioni avvenute nel XIII secolo d.C. che in alcuni casi hanno anche sepolto siti romani e tratti di centuriazione.

I dossi per colmata

In realtà, i ventagli di rotta del Cavo Tagliata, rilevati nel DTM, presentano anche caratteristiche non compatibili con forme propriamente e totalmente naturali. Dossi lineari si dipartono sia dai ventagli di rotta sia direttamente dal dosso del Cavo Tagliata e riconducibili a intervento antropico per il loro aspetto e regolarità. Una possibile spiegazione per queste anomalie geomorfologiche viene dalle cronache del tempo. Il cronista Ireneo Affò, riportando documenti più antichi, ricorda che nel 1556: «[...] *(venne) revocato diritto ai Guastallesi di rompere argini del Crostolo quando questo menava acque scure. La comunità da tempo memorabile aveva diritto di rompere gli argini quando menavano acque torbide perché spandere si potessero nelle valli. E molti uomini testificarono il mirabile effetto che ne era seguito, accennando de campi allora coltivabili nel luogo dei quali a loro memoria solevano i pescatori andare con le barche* [...]»[16]. Si è scelto di definire queste forme allungate, risultato di una interferenza umana con ventagli di rotta naturali, «dossi per colmata» (fig. 4.17).

Casi analoghi di ventagli di rotta artificiali sono stati rilevati anche lungo il corso del fiume Adige. I primi tentativi di gestione delle alluvioni in quest'area risalgono al XII secolo d.C. e avevano come scopo proprio ridurre il rischio di allagamento. Inoltre, tali pratiche di gestione delle acque permettevano garantire un flusso continuo sia per i mulini ad acqua e sia i per canali navigabili attraverso il controllo antropico della portata dal fiume Adige verso i fiumi Castagnaro e Malopera [263].

Altri esempi di gestione antropica di sedimenti

---
[13] Vedi Tab. 1.1 relativa alle fonti storiche. Si faccia riferimento in particolare a: Affò, I. 1792; Tiraboschi, G. 1824; Cantarelli, C. 1882.
[14] Vedi Tab. 1.1 relativa alle fonti storiche: Cantarelli, C. 1882.
[15] Vedi Tab. 1.1 relativa alle fonti storiche: Cantarelli C. 1882, p. 184

[16] Vedi Tab. 1.1 relativa alle fonti storiche: Affò, I. 1786, p. 233.

Tecniche digitali e geoarcheologia per lo studio del paesaggio medievale

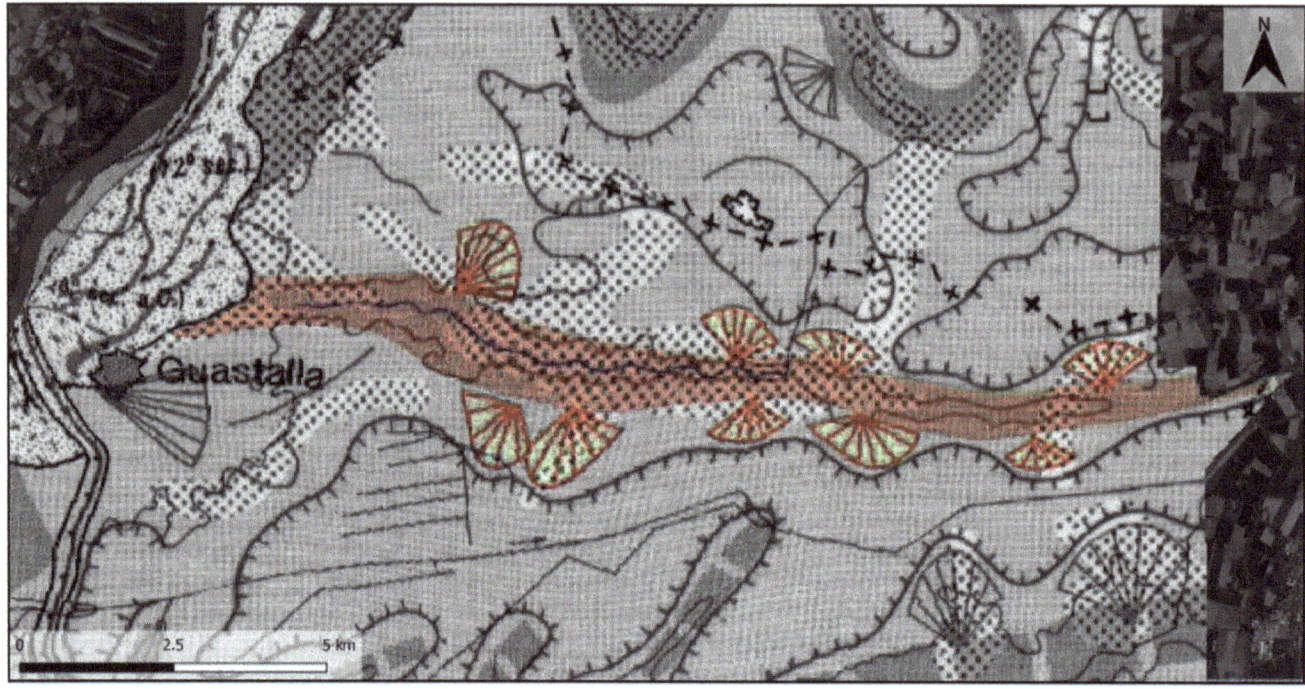

Fig. 4.15 Dettaglio del paleodosso del Cavo Tagliata rappresentato in [57].

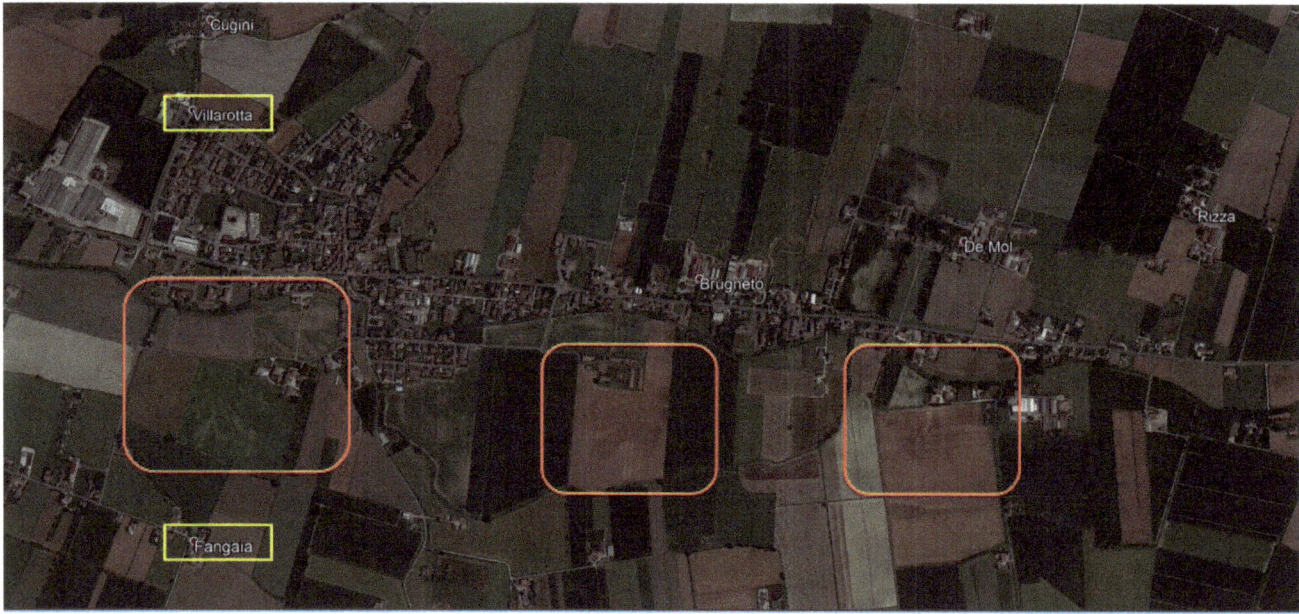

Fig. 4.16 Immagine satellitare (© Google Earth 2019) del cavo Tagliata. In giallo, i toponimi riconducibili ad eventi alluvionali. In rosso, ventagli di rotta storici ancora visibili nei campi. (© Filippo Brandolini).

alluvionali sono stati identificati in altri contesti geografici. Recentemente, scavi archeologici medievali nell'Appennino Ligure hanno documentato che i sedimenti nei corsi d'acqua e depositi colluviali erano stati sfruttati per colmare e bonificare ambienti palustri [264]. In particolare, nei siti medievali di Mogge di Ertola (Genova — Italia) e Torrio (Piacenza — Italia), le paludi sono state trasformate in terrazze coltivabili applicando una tecnica chiamata "colmata di monte": i sedimenti trasportati dal corso d'acqua di montagna sono stati convogliati per riempire depressioni palustri e creare aree destinate a pascolo o coltivazione [265]. Il processo di rottura degli argini descritto nelle fonti storiche è molto simile alla "colmata di monte" riportata nei siti archeologici dell'Appennino. La forma allungata dei ventagli di rotta del Canale Tagliata è il risultato di pratiche medievali di gestione delle alluvioni intese a recuperare le aree paludose della Valle di Novellara.

Ulteriori interessanti confronti di pratiche di gestione di sedimenti alluvionali sono riscontrabili in Inghilterra, nel XVIII secolo d.C. Più precisamente, ricerche condotte nell'area dell' *Humberland Levels* (Yorkshire, GB) [266,267] e nelle zone umide della bassa valle di *Trent*

Insediamenti e gestione del territorio

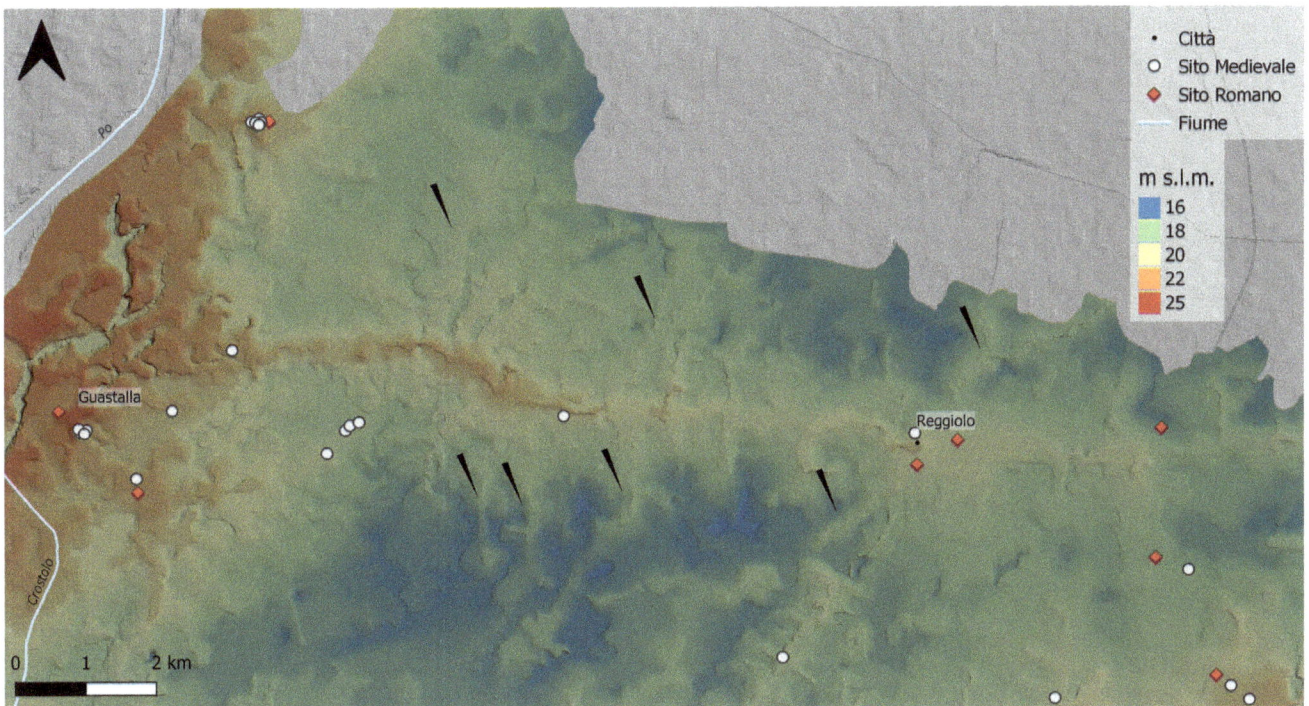

Fig. 4.17 Dettaglio del Cavo Tagliata nel DTM dell'area di studio. Le frecce nere indicano i "dossi per colmata". (© Filippo Brandolini).

(Nottinghamshire, GB) [268] hanno evidenziato come l'interazione tra naturali fenomeni di alluvionamento e gestione antropica delle acque abbia condizionato l'evoluzione delle forme del paesaggio. Anche in queste aree, pratiche di bonifica post-medievali (XVIII sec. d.C.) consistettero nella diversione artificiale di sedimenti fluviali per convertire zone umide paludose ad attività agricole. La bonifica per colmata nei due casi studio inglesi (dette *warping practices*) avvennero principalmente con lo scopo di concimare più che di asciugare: dove le torbe erano troppo acide, i depositi alluvionali servivano a colmare le zone umide improduttive con un terreno limoso o argilloso leggero e ben drenato. Le pratiche antropiche di *warping* miravano anche a ridurre l'impatto che le maree primaverili avevano lasciato, per gran parte dell'anno, vaste aree della regione inondate. Le terre da bonificare furono dapprima chiuse da argini, quindi una rete regolare di piccoli canali assicurò la distribuzione rapida e uniforme dei sedimenti alluvionali creando un deposito uniforme [266,267]. Questa finalità fertilizzante dei sedimenti alluvionali manca nelle fonti storiche riguardanti la Pianura Padana centrale ma potrebbe essere indagata in seguito con ulteriori campionamenti e analisi geoarcheologiche.

Per concludere, sia le *colmate di monte* sia le pratiche di *warping* costituiscono interessanti confronti per supportare l'ipotesi di un'origine antropica per i dossi rettilinei che si diramano dal Cavo Tagliata.

L'interpretazione dei dossi per colmata come il risultato di tecniche di bonifica per colmata medievali è avvalorata ulteriormente dalle informazioni desunte dal trattato "*Istruzioni pratiche pei deputati all' acque e strade del Reggiano*" pubblicato nel 1780 dall'ing. Lodovico Bolognini e recentemente rieditato in versione anastatica[17]. Le prime pagine sono dedicate a un capitolo sulla terminologia tecnica dell'ingegneria idraulica dell'epoca: "*I. Dei termini, che usano gl'Ingegneri nello scrivere*"[18]. Riguardo la gestione antropica dei sedimenti fluviali a scopo di bonifica, l'autore riporta: "*Bonificazione per Alluvioni; si denominano quei Terreni, che furono soggetti alle Inondazioni, e che servivano di ricettacolo alle Acque colatizie dei Terreni più alti; ma che al presente sono rialzati dall'arte, o dalla natura con le deposizioni dell'Acque torbide, che naturalmente vi scorrono, o che vi sono state introdotte ad effetto di bonificare*"[19]. Questa dettagliata descrizione della definizione di "*Bonifica per alluvioni*" coincide perfettamente con le forme rilevate lungo il Cavo Tagliata: ventagli di rotta (risultato di "*deposizioni naturali*") e dossi per colmata ("*deposizioni ad arte*"). Inoltre, alla voce *Colmate*, l'autore scrive: "*altro non sono che deposizioni naturali, fatte dalle inondazioni nelle Valli, e nelle Paludi, le quali si alzano, e spianano con le torbide delle Acque. Queste Colmate si procurano ancora con l'arte, conducendo a forza di Canaletti le torbide alle situazioni più basse per appianarle e rialzarle*"[20]. Le definizioni riportate dall'ing. Bolognini nel 1780 ricalcano perfettamente i risultati ottenuti dall'analisi delle forme antropiche e naturali del Cavo Tagliata. Inoltre, la definizione di "*Bonifica per alluvioni*" si è rivelata molto utile anche per

---

[17] Vedi Tab. 1.1 relativa alle fonti storiche: Bolognini, L. 1780.
[18] Vedi Tab. 1.1 relativa alle fonti storiche: Bolognini, L. 1780, pp. V – XX.
[19] Vedi Tab. 1.1 relativa alle fonti storiche: Bolognini, L. 1780, p. VII.
[20] Vedi Tab. 1.1 relativa alle fonti storiche: Bolognini, L. 1780, p. VIII.

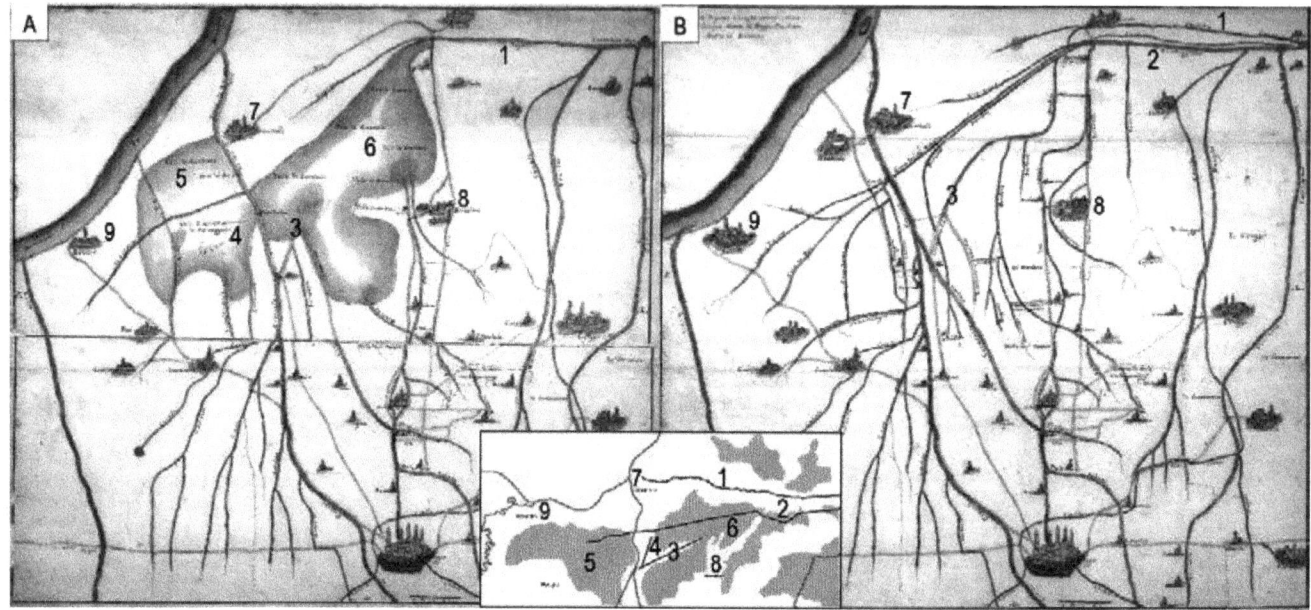

Fig. 4.18 Cartografia storica dell'area di studio: AsMo 52 e 53, XVIII sec. —"Congragazione delle Acque e delle Strade, Reggio e Reggiano" Archivio di Stato di Modena. A destra il paesaggio fluviale delle due valli prima della Bonifica Bentivoglio. A sinistra la stessa area dopo la realizzazione del sistema di drenaggio post-medievale. I numeri nel box al centro indicano le forme del paesaggio corrispondenti rappresentate nelle due carte storiche: 1 - Cavo Tagliata; 2 - Canale Parmigiana; 3- *Crustulus Vetus*; 4- area di Camporainero; 5 - Valle di Gualtieri; 6 - Valle di Novellara; 7 - Città di Guastalla; 8-Città di Novellara; 9- Città di Gualtieri. Per un dettaglio maggiore, vedi Fig. 4.19 e 4.20. (© Filippo Brandolini).

l'interpretazione di due paleodossi del vicino torrente Crostolo.

I paleodossi antropici del Torrente Crostolo

Il cronista Ireno Affò, nel riferirsi alle pratiche di bonifica per colmata in uso comune agli abitanti di Guastalla e vietate intorno al 1560, aggiunse che in cambio fu permesso ai Guastallesi di «[...] *fare un cavo* [...] *dal Crostolo* [...] *per cui tirare nelle valli più agevolmente tali acque*»[21]. Questa breve annotazione trova concreti riscontri nel DTM elaborato per l'area in esame.

Forme analoghe ai dossi per colmata sono visibili anche lungo altri paleodossi fluviali che si diramano nella Valle di Novellara e addirittura il corso di due paleodossi medievali del torrente Crostolo presentano questo aspetto rettilineo, regolare e di chiara origine antropica.

In epoca post-romana, il Crostolo, non riuscendo più a scaricare direttamente nel Po per fenomeni di aggradazione naturale e mancata manutenzione dei drenaggi e argini romani, si riversava direttamente nella Valle di Novellara inondandola (fig. 4.18). Fu soprattutto questa diversione naturale del Crostolo che comportò il progressivo impaludamento di ampie porzioni della campagna romana in epoca altomedievale. Il corso del Crostolo creò problemi legati al suo regime irregolare anche più a monte, in particolare nella città di Reggio Emilia che attraversava: qui, per prevenire il rischio di inondazioni, il fiume fu deviato artificialmente fuori dalle mura della città, diverse volte nel corso del Medioevo [185].

Tornando alle valli-palude, dalle fonti storiche si evince che, quando fu vietata la pratica di rompere gli argini di canali e fiumi, il consiglio comunale di Guastalla permise lo scavo di un canale per deviare direttamente nelle paludi, i sedimenti fluviali dal fiume Crostolo. Le geomorfologie lineari rilevate nel DTM sono probabilmente il risultato di queste attività di gestione delle alluvioni su larga scala. Il provvedimento del Comune di Guastalla probabilmente era volto a concentrare l'azione antropica di gestione dei sedimenti fluviali in un'area specifica piuttosto che lasciare libera iniziativa ai singoli di creare ventagli di rotta nei pressi dei loro possedimenti. Le fonti storiche non forniscono maggiori dettagli su questo canale, ma affermano che fu scavato in una zona chiamata "Camporainero" lungo la "Via di Roncaglio"; entrambi i nomi dei luoghi sono ancora usati e corrispondono all'area in cui si trova il paleodosso del Crostolo orientato verso NNE (fig. 4.21).

Maggiori dettagli sono stati ricavati da una coppia di mappe storiche (copie del XVII secolo d.C. di originali tardo-medievali) e aiutano a comprendere l'evoluzione geomorfologica dell'area. Come mostrato nella mappa storica (fig. 4.19 e fig. 4.20), Camporainero è una porzione della valle -palude della Valle di Gualtieri e il fiume Crostolo è stato deviato artificialmente nel fiume Po attraverso un canale altomedievale chiamato *Fossa di Roncaglio*. L'orientamento del paleodosso verso NNE corrisponde alla descrizione storica fornita dalle cronache. In questa mappa il paleodosso verso NNE non è indicato,

---
[21] Vedi Tab. 1.1 relativa alle fonti storiche: Affò, I. 1792.

Insediamenti e gestione del territorio

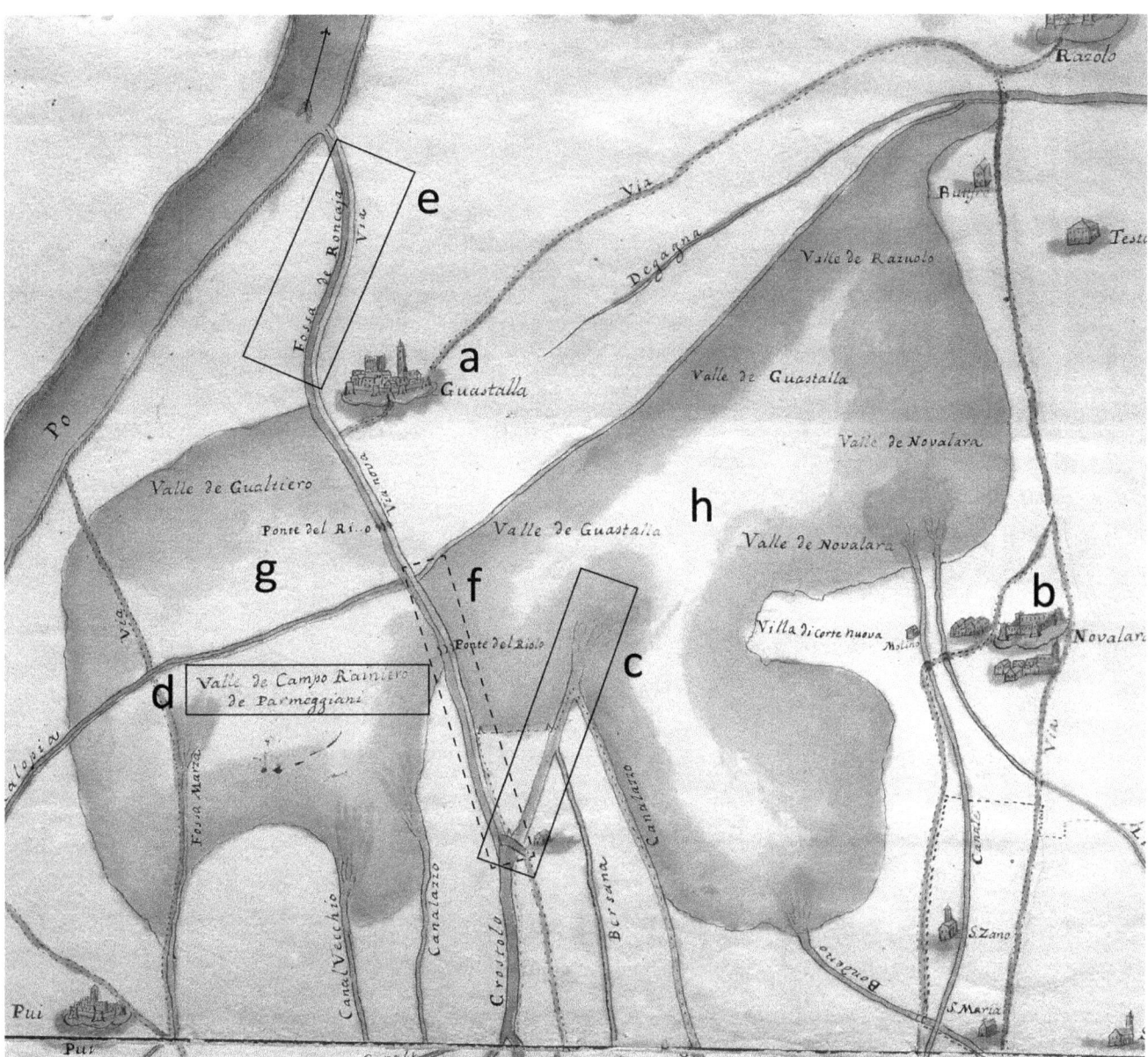

Fig. 4.19 Dettaglio della carta AsMo 52 - "Congregazione delle Acque e delle Strade, Reggio e Reggiano" Archivio di Stato di Modena: a - città di Guastalla; b-città di Novellara; c- *Crustulus Vetus*; d- l'area di Camporainero; e- Fossa di Roncaglio; f- paleocanale del Crostolo orientato NNE; g- Valle di Gualtieri; h- Valle di Novellara. Scannerizzazione fotogrammetrica ad alta risoluzione ottenuta secondo il metodo descritto in [104]. (© Filippo Brandolini).

sebbene sia rilevato nel DTM: probabilmente il progetto originale consisteva nella diversione del fiume Crostolo utilizzando il canale verso Camporainero e la Fossa di Roncaglio. Il progetto rinascimentale della bonifica Bentivoglio fu probabilmente adattato e modificato perché il dosso del Canale di Camporainero è ancora riconoscibile, mentre la Fossa di Roncaglio è stata sostituita dal fiume Crostolo che vi si sovrappone. Oggi, la Fossa di Roncaglio non è più riconoscibile nel paesaggio ma rimane il toponimo a identificare l'area. Il secondo paleodosso identificato nel DTM e rivolto verso NE è sempre stato identificato nella letteratura disponibile [36,47] come un corso abbandonato del torrente Crostolo, attivo in età romana e chiamato *Crustulus Vetus*. I dati geomorfologici e storico-archeologici, però, portano a rivedere questa interpretazione a supporto di un'altra. In primo luogo, il dosso del *Crustulus Vetus* punta direttamente verso la Valle di Novellara, verso la campagna romana: qui sono ancora visibili nelle immagini satellitari alcune vie e fossati della griglia di centuriazione. Non è pertanto plausibile che il *Crustulus Vetus* fosse attivo in età romana allagando aree della centuriazione. Inoltre, lungo questo dosso lineare, non sono mai stati riportati reperti archeologici romani.

Da cartografia storica risalente al XVII e XVIII secolo d.C. [269] si evince che, lungo questo dosso, fu scavato un canale chiamato "Fossa Alessandrina" e fu costruita una chiesa (la chiesa di San Bernardino, ancora esistente) (fig. 4.22). In età romana è probabile che il fiume Crostolo fosse arginato artificialmente e che confluisse nel fiume Po, a nord del canale medievale della Tagliata (Po Morto). I dati sin qui riportati supportano l'ipotesi che il fiume Crostolo

Tecniche digitali e geoarcheologia per lo studio del paesaggio medievale

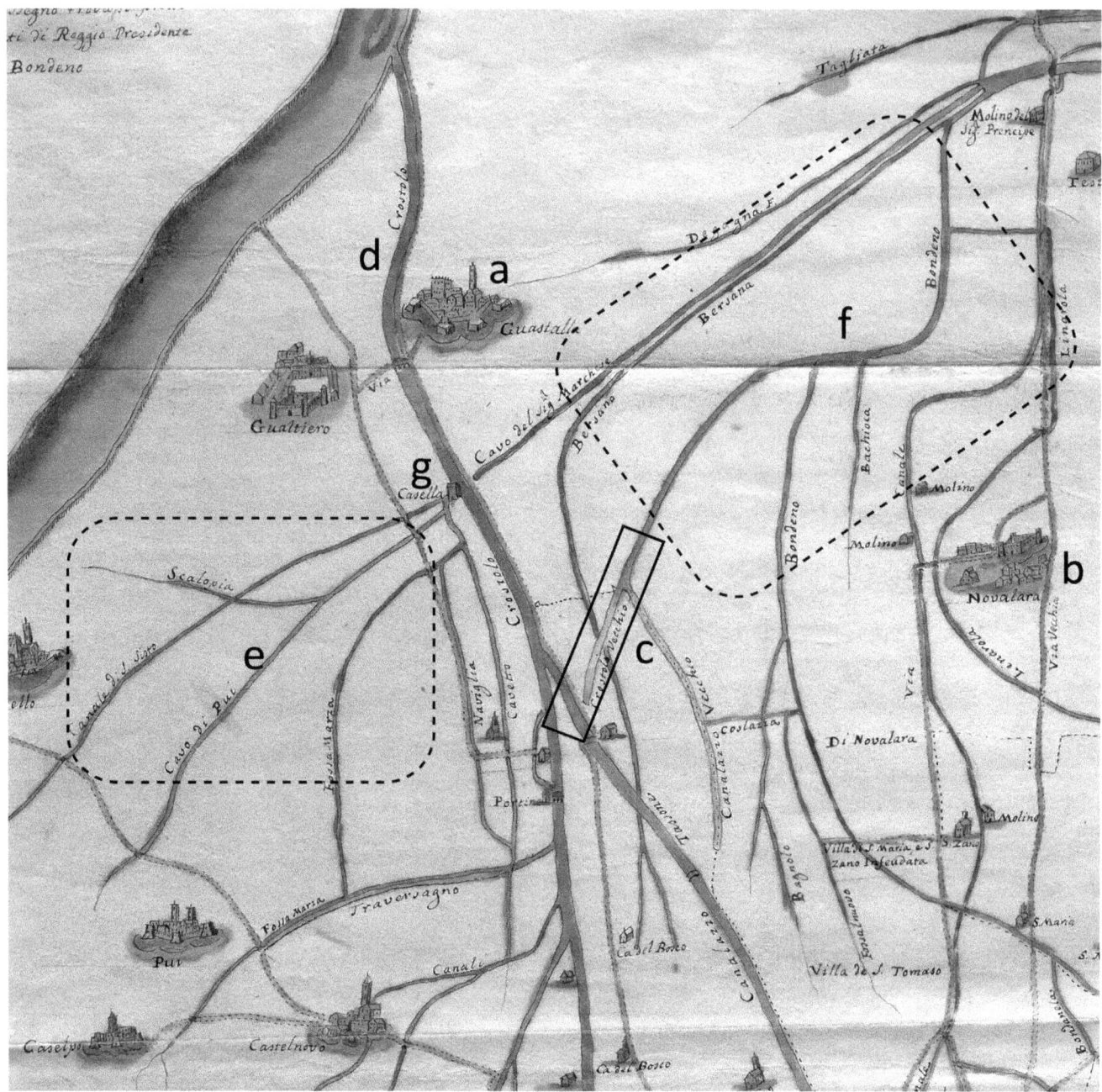

Fig. 4.20 Dettaglio della carta AsMo 53 - "Congregazione delle Acque e delle Strade, Reggio e Reggiano" Archivio di Stato di Modena: a - città di Guastalla; b-città di Novellara; c- *Crustulus Vetus*; d- diversione artificiale del fiume Crostolo nel Po sfruttando al Fossa di Roncaglio; e- Valle di Gualtieri drenata; f- Valle di Novellara drenata; g- Botte Bentivoglio. Scannerizzazione fotogrammetrica ad alta risoluzione ottenuta secondo il metodo descritto in [104]. (© Filippo Brandolini).

in epoca post-romana scorresse direttamente nella valle palude di Valle di Novellara. La forma rettilinea e regolare del paleodosso di NE (o *Crustulus Vetus*) tende comunque a suggerire una interferenza antropica nello sviluppo di questa forma del paesaggio. E' noto che le valli – paludi e i torrenti appenninici della bassa Pianura Reggiana furono integrati con navigli artificiali in un complesso sistema di vie d'acqua parallelo e complementare al fiume Po [204]: è plausibile che il dosso rettilineo del *Crustulus Vetus* sia dovuto a interventi antropici di manutenzione di questa via d'acqua per scopi di navigazione.

Dati più certi sono disponibili, invece, per il dosso NEE. Nel XVI secolo, come documentato da documenti medievali, il torrente fu deviato artificialmente in un'area chiamata Camporainero per bonificare le zone umide e creare nuove terre coltivabili per la comunità di Guastalla (fig. 4.19 e fig. 4.20).

Insediamenti e gestione del territorio

Fig. 4.21 Dettaglio del DTM dell'area di studio. Paleodossi del torrente Crostolo: 1 - paleodosso orientato NNE; 2- *Crustulus Vetus*; 3- Attuale corso del fiume Crostolo; 4- Valle di Gualtieri; 5- Valle di Novellara; 6-Cavo Tagliata; 7- Chiesa di S. Bernardino. La linea tratteggiata indica il corso della Fossa Alessandrina. (© Filippo Brandolini).

Fig. 4.22 Ripresa aerea della Chiesa di San Bernardino e del dosso del *Crustulus Vetus*, il cui tracciato è oggi percorso dalla SP81. (© Filippo Brandolini).

5

Bonifiche post-medievali e moderne

Large-scale ground reclamation in the Central Po Valley has been previously established during the Renaissance and is known in the literature as *Bonifica Bentivoglio*. The name comes from its promoter, the lord of Guastalla Cornelio Bentivoglio. The *Bonifica Bentivoglio* drastically changed the natural medieval landscape by turning the swamps into farmland and constraining the rivers with artificial embankments.

One large modification included the diversion of the Crostolo river into the Po River after 1576. In the framework of the *Bonifica Bentivoglio*, the project included the excavation of an EW-oriented drainage canal (Parmigiana Canal) to clear out the two Valli backswamps and the construction of hydraulic infrastructure ("*Botte*") that allowed this canal to run below the Crostolo River.

Another goal of Bentivoglio's drainage system reclaimed a large portion of the swampy meadows. These works were renovated and upgraded many times throughout the Modern Age. Between the 17th and 19th centuries CE, populations increased, and many homesteads were settled in the reclaimed farmland. Historical documents and cartography enabled the identification of post-medieval canals that are still active in the present-day farmland. Further details about the gradual post-medieval land reclamation in the area come from an 18th-century description of the regional hydraulic system reported by Ludovico Bolognini. As consequences of severe flood events occurred during the coolest phase of the Little Ice Age (called Maunder Minimum, c. 1645-1715), the original Bentivoglio's drainage system was renovated and upgraded to keep the farmland from being inundated. The ground reclamation of this portion of the Po Plain continued during the 19th century and was completed only in the 20th century CE, resulting in the modern, completely artificial landscape.

Attività di bonifica e di riconversione delle aree paludose in campi coltivabili vennero intensificate a partire dall'epoca rinascimentale. Nell'area di ricerca il problema principale, come riportato nei paragrafi precedenti, era rappresentato dai torrenti appenninici (in particolare il Crostolo) che scaricavano le acque direttamente nelle piane interfluviali inondandole.

Il fiume Crostolo fu deviato artificialmente nel Po soltanto dopo il 1576 durante i lavori di bonifica su larga scala della *Bonifica Bentivoglio*: questo progetto comprendeva lo scavo di un canale orientato Ovest – Est (*Canale Parmigiana*) per drenare le due valli-paludi e la costruzione di un dispositivo idraulico per permettere a questo canale di passare sotto il torrente Crostolo (fig. 5.1). La Bonifica Bentivoglio cambiò drasticamente il paesaggio medievale naturale trasformando le paludi in terreni agricoli e arginando il Crostolo in sponde artificiali. Si trattava di un'opera su larga scala di bonifica per scolo delle acque, un sistema diverso dalla bonifica per colmata descritta nei paragrafi precedenti. Nel manuale dell'ing. Lodovico Bolognini del 1780 è descritta dettagliatamente la *"Bonificazione per Esicazione"* tipica dei *"[...] Fondi paludosi, e vallivi [...]"* che sono stati *"[...] liberati dall'Acque in forza di Canali escavati dall'arte per dare sfogo alle Acque, che ristagnavano, e per divertire quelle che inondavano"*[1].

La Bonifica Bentivoglio prende il nome dal suo principale promotore, il marchese Cornelio Bentivoglio (1519 – 1585), marchese di Gualtieri dal 1579 sino alla sua morte. In realtà un primo progetto di bonifica fu delineato già agli inizi nel 1548 da Pellegrino De Micheli, al tempo di Cesare Gonzaga (1530 – 1575), signore di Guastalla. Le prime notizie di cavamenti relativi al piano di bonifica delle valli di Gualtieri, invece, risalgono al 1554 [270]. Malgrado questi primi interventi di bonifica, è solo nel 1561 che viene stipulato l'accordo dei lavori tra gli Estensi e i Gonzaga di Mantova con l'affidamento della direzione al marchese Cornelio Bentivoglio. Grazie a un'abile azione diplomatica, infatti, il marchese di Gualtieri riuscì a coinvolgere i duchi di Ferrara, di Mantova, di Parma, di Guastalla, di Novellara, di Correggio e le comunità confinanti per la bonifica delle valli-paludi della bassa pianura reggiana. Il progetto fu poi portato a termine dal figlio di Cornelio, Ippolito Bentivoglio, divenuto marchese alla morte del padre nel 1585. Il nuovo progetto fu redatto dall'architetto ducale Gian Battista Aleotti che, coadiuvato da altri tecnici, realizzò una delle opere idrauliche più avanzate dell'epoca [219].

Tra gli interventi principali per regolare la precaria situazione idrica delle zone paludose circondate da fiumi pensili e sottoposte a frequenti alluvioni, ci fu, prima di tutto, l'incanalamento del Crostolo fino al Po. Come spiegato nei paragrafi precedenti, il torrente Crostolo

---
[1] Bolognini 2015, p. VII

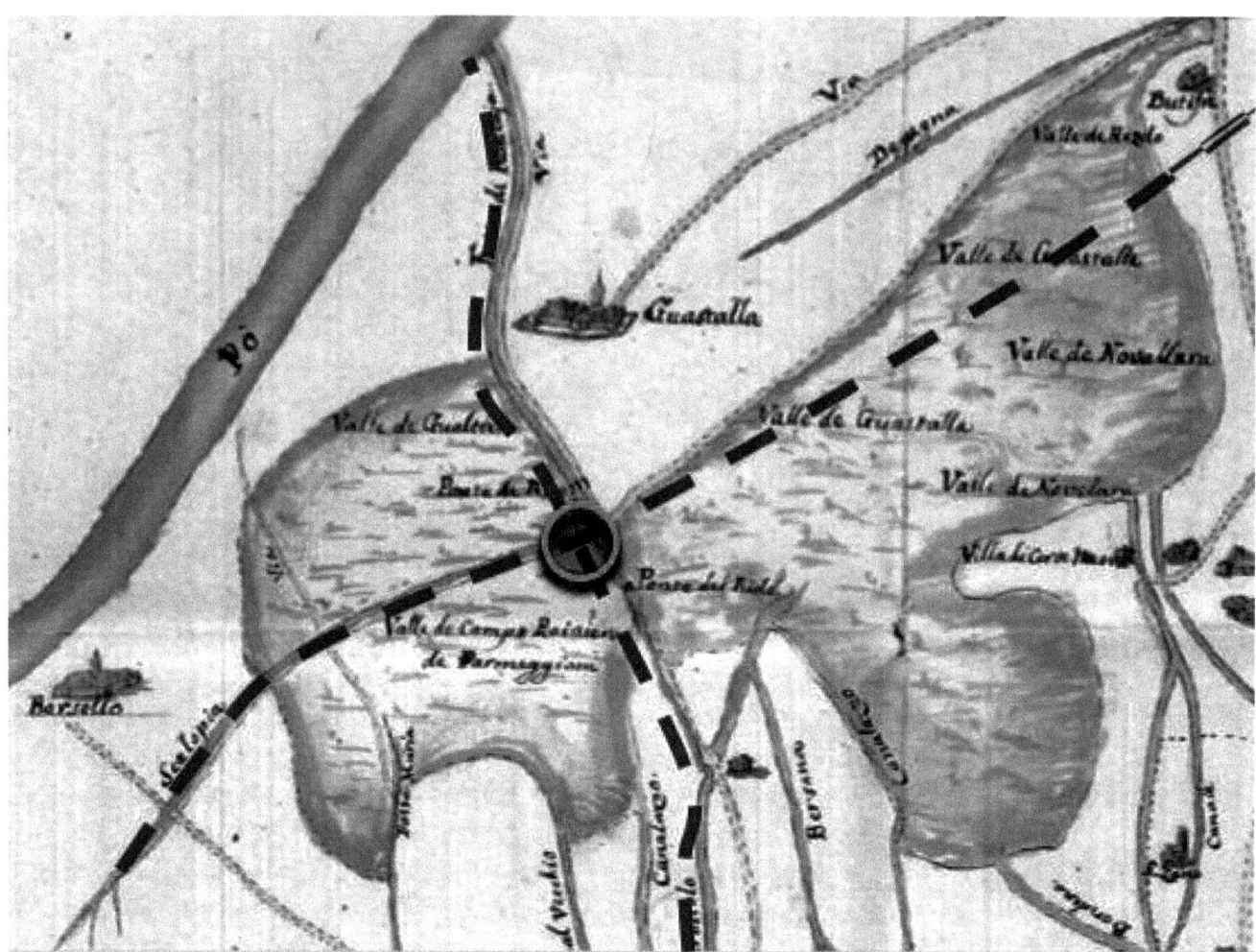

Fig. 5.1. Schematica rappresentazione dei principali interventi della Bonifica Bentivoglio. In linea tratteggiata Nord - Sud: la diversione artificiale del torrente Crostolo nel Po attraverso la Fossa di Roncaglio. In linea tratteggiata Ovest-Est: il canale Fiuma - Parmigiana - Moglia che attraversa in senso Ovest-Est le due valli permettendo lo scolo delle acque verso il fiume Secchia. Cerchio: localizzazione della Botte Bentivoglio. La mappa di fondo è un particolare della carta AsMo 52 - "Congregazione delle Acque e delle Strade, Reggio e Reggiano" Archivio di Stato di Modena. (© Filippo Brandolini).

rappresentava la principale causa dell'allagamento delle piane interfluviali dell'area di studio prima di essere incanalato artificialmente nella *Fossa di Roncaglio*, un canale medievale che in origine era stato scavato per permettere la navigazione dalle valli-paludi al Po (fig. 5.1).

Il secondo elemento fondamentale della Bonifica Bentivoglio fu la costruzione di un collettore (detto *Fiuma*) nel territorio di Gualtieri che immetteva le acque di scolo nel *Cavo Parmigiana-Moglia*: questo canale attraversava a sua volta l'intera valle di Novellara proseguendo verso est dove, secondo il progetto, avrebbe dovuto scaricare le acque nel fiume Secchia in località Bondanello di Moglia (fig. 5.1). Il canale *Fiuma-Parmigiana-Moglia* avrebbe permesso finalmente di drenare ampie porzioni delle due valli-paludei.

Il vero capolavoro dell'ingegneria idraulica dell'epoca, però, resta la costruzione di un dispositivo idraulico (un sifone) che permettesse al canale Fiuma-Parmigiana-Moglia di passare sotto il torrente Crostolo [219]. Questo tipo di dispositivi erano noti con il temine di "*Botte*". Anche in questo caso la definizione riportata dall'ing.

Bolognini nella sua opera è particolarmente dettagliata: *"Botte sotterranea; è un Manufatto di Cotto, che porta l'Acqua di un Canale, e la lascia scorrere sotto il fondo di un altro Canale o Fiume. Queste sono di due spezie, cioè rette concave, o sia libere e ristagnanti; in queste ultime l'Acqua discende dentro per la parte superiore; risalta, e forte nell'inferiore in forza d'equilibrio. Con Quanto farà' maggiore la saletta della Concavita', le parti interiori della Fabbrica soffriranno maggiore la spinta dell'Acqua, e considerabili li richiederanno le resistenze nella sua costruzione"*[2]. Il fulcro della Bonifica Bentivoglio fu proprio la *Botte Bentivoglio* i cui lavori di costruzione iniziarono nel 1576 (fig.5.2). Si tratta di un grosso sifone a due gallerie in muratura con arco a tutto sesto, larghe ciascuna 2,19 metri e alte 2,50 metri, per una lunghezza attuale di quasi 85 metri (in origine lungo 77 metri).

Il manufatto originale fu restaurato nei secoli successivi ed è tuttora in funzione. Una grande lapide in marmo, posta sulla facciata Ovest, ricorda la costruzione della

---

[2] Vedi Tab. 1.1 relativa alle fonti storiche: Bolognini, L. 1780, p. VII.

Fig. 5.2 *Botte Bentivoglio*. Si tratta di un edificio in muratura, di tipologia a torre, su tre livelli con interrato, con copertura a padiglione in coppi di laterizio. Apparato decorativo di matrice classica per le quattro facciate, oggi lasciate a mattoni a vista, un tempo intonacate, con una scansione di alte paraste che si sviluppano per tutta l'altezza dell'edificio in un unico ordine tuscanico rivisitato, poggiate su lesene basamentali più larghe a formare una sorta di piedistallo. (© Filippo Brandolini).

Botte datandola all'agosto del 1576. Sulla sua testata occidentale, la Botte risulta dotata di casa di guardia datata al 1765, come ricorda un'altra lapide posta sulla facciata. Quell'anno una tragica alluvione del Crostolo inondò ampie porzioni della campagna circostante e la Botte stessa necessitò di lavori di ripristino che furono promossi da Francesco III d'Este (1698 – 1780) (fig. 5.3).

La Bonifica Bentivoglio ebbe come effetto quasi immediato un incremento della redditività del suolo, che perdurò fino all'inizio del XVIII secolo d.C. Per dividere i costi dell'opera e per garantire la manutenzione del sistema di drenaggio e di argini, vennero istituite delle congregazioni, ognuna delle quali preposta alla cura di una porzione del territorio.

L'intera opera, però, non era ancora del tutto completata perché, anche se il collettore principale della Parmigiana-Moglia fu terminato, mancavano ancora quasi tutte le infrastrutture e il reticolo di canali secondari per convogliare le acque raccolte verso il cavo e quindi nel fiume Secchia [219,220]. Alcune aree delle due valli rimasero impaludate e il sistema di drenaggio fu migliorato e completato solo nei secoli successivi. Inoltre, all'inizio del XVIII secolo d.C. si verificarono severe alluvioni che resero del tutto vane le canalizzazioni e le opere di arginatura della Bonifica Bentivoglio. Una delle cause di questo peggioramento climatico potrebbe essere ricondotta al significativo periodo freddo e umido della Piccola età glaciale (fig. 2.2) noto come "Minimo di Maunder" [271], periodo che va circa dal 1645 al 1715 e

che fu caratterizzato da un'attività solare molto scarsa. In ogni caso, ancora al tempo in cui l'ing. Bolognini scriveva il suo manuale, le valli non erano completamente drenate e persistevano zone paludose così descritte: "*Stagni, Paludi; altro non sono che l'espansione d'Acque sopra la Terra, che non hanno comunicazione col Mare. Gli stagni nell'Estate si asciugano, mentre vengono formati dalle Pioggie; e questi si dicono ancora Bagni. Le Paludi non si seccano mai affatto, poiché' vengono mantenute dalle Acque, che v'introducono qualche Fiumicello o Torrente. Queste Paludi si dicono ancora Valli, che in tempo estivo si seminano, ma con tuttociò quel Fondo, che resta ordinariamente inondato, non è mai suscettibile di buona Coltura; e queste si dicono ancora Padule. [...]*"[3].

La soppressione delle proprietà degli ordini monastici in epoca napoleonica e la parcellizzazione del territorio che ne seguì provocarono un indebolimento del sistema agricolo colpito anche da ripetute e disastrose alluvioni. Dal 1878, in una prima fase con la creazione delle Congregazioni delle Acque e poi, all'inizio del XX secolo, con l'opera dei Consorzi di Bonifica (Consorzio di Bonifica dell'Agro Mantovano – Reggiano; Consorzio di Bonifica Terre di Gonzaga in Destra Po; Consorzio della Bonifica Parmigiana – Moglia), furono programmati ed eseguiti ulteriori interventi di bonifica e di canalizzazione [272]. L'attuazione della bonifica dell'Agro Mantovano Reggiano avvenne nei primi anni del '900 e interessò anche

---

[3] Vedi Tab. 1.1 relativa alle fonti storiche: Bolognini, L. 1780, p. XVI.

Tecniche digitali e geoarcheologia per lo studio del paesaggio medievale

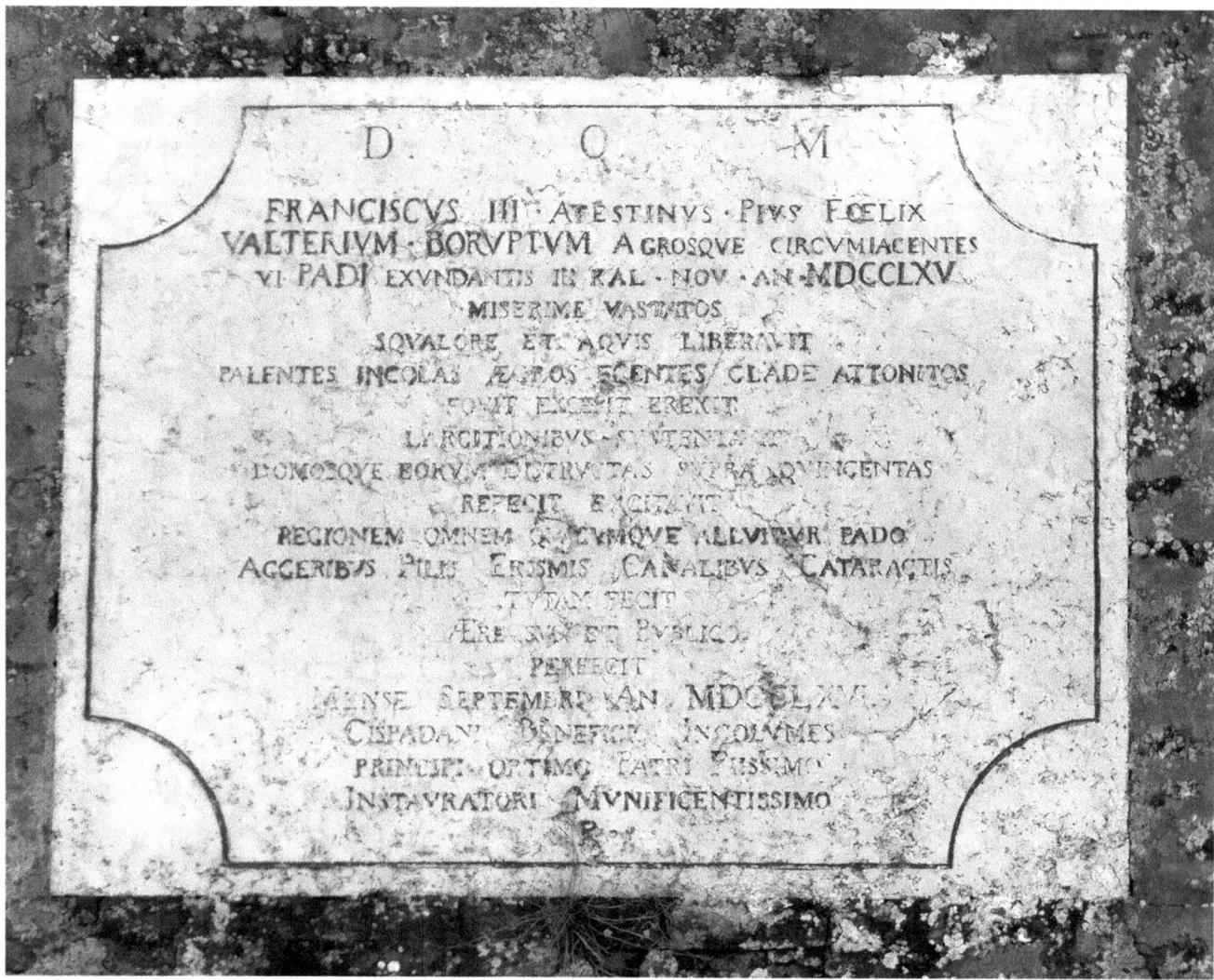

Fig. 5.3 Lapide collocata nel 1765 sulla facciata est della Botte Bentivoglio. (© Filippo Brandolini).

parte dell'area trattata in questo elaborato e compresa tra Crostolo, Secchia e cavo Parmigiana Moglia. Tale opera fu necessaria per il persistere di aree facilmente soggette a impaludamento soprattutto nel periodo primaverile. Oltre a gravare sui raccolti con l'inevitabile perdita del prodotto agricolo, queste zone paludose rappresentavano un pericolo sanitario sia per gli uomini sia per il bestiame. Il comitato promotore di questa bonifica fu istituito già nel 1880 ma le lungaggini burocratiche portarono la data di inizio lavori al 1901. Il progetto seguiva la falsariga della cinquecentesca Bonifica Bentivoglio, con la costruzione di un collettore per convogliare le acque nel Po che passasse sotto il fiume Secchia per mezzo di una Botte. La direzione dei lavori fu affidata all'ing. Luigi Villoresi, ben noto all'epoca per la sua esperienza in ingegneria idraulica [273].

Le opere di bonifica proseguirono per tutto il XX secolo per affrontare il problema della subsidenza del territorio e l'esigenza di approvvigionare acqua irrigua in relazione alle nuove tecniche produttive agricole. Poco lontano dalla Botte Bentivoglio, fra il 1920 e il 1923 fu realizzato l'impianto idrovoro del *Torrione*, che con tre gruppi di pompe scaricava l'acqua in eccesso nel Crostolo. Una delle ultime opere di canalizzazione su larga scala è stata la realizzazione del Canale Derivatore per esigenze legate all'approvvigionamento di acqua irrigua (fig. 5.4). I lavori, iniziati nel 1928 furono interrotti e ripresi negli anni '50 fino alla definitiva conclusione dell'opera negli anni '70. Il Canale Derivatore permette alle acque del Po di incanalarsi da Boretto (RE) fino alla Botte Bentivoglio, garantendo un approvvigionamento idrico continuo durante l'anno. Il "Consorzio della Bonifica Bentivoglio", poi "Consorzio della Bonifica Parmigiana – Moglia", nel 2010 è confluito nel "Consorzio di Bonifica dell'Emilia Centrale" [220].

Attraverso la digitalizzazione e lo studio di cartografia storica (vedi Cap. 1.2.1), è stato possibile riconoscere nell'attuale sistema idrografico dell'area di studio i canali e i *dugali* storici ancora attivi (fig. 5.5 e fig. 5.6). Questi ultimi rappresentano i più antichi canali di scolo e generalmente caratterizzati da un tracciato tortuoso ottenuto raccordando artificialmente porzioni di alveo naturale [274]. Alcuni dei dugali sono ancora attivi, altri sono stati rettificati e altri ancora soppressi e visibili solo da foto aerea nelle tracce dei campi coltivati (fig. 5.7).

Bonifiche post-medievali e moderne

Fig. 5.4 Ripresa da drone dell'impianto idrovoro del Torrione (Gualtieri, RE). Il Canale Parmigiana-Moglia ancora oggi scorre sotto al torrente Crostolo grazie ai due sifoni: quello cinquecentesco (Botte Bentivoglio, a sinistra) e quello novecentesco (il Torrione, a destra). (© Filippo Brandolini).

Fig. 5.5 Idrografia e sistemi di drenaggio di metà XIX sec. d.C. nell'area compresa tra le città di Guastalla e Novellara. Nell'immagine il piano catastale ottocentesco disponibile in formato WMS nel geoportale della Regione Emilia-Romagna è stato sovrapposto al dato altimetrico derivato dal DTM: si nota come le aree topograficamente depresse siano ancora indicate come aree soggette a impaludamento. (© Filippo Brandolini).

Tecniche digitali e geoarcheologia per lo studio del paesaggio medievale

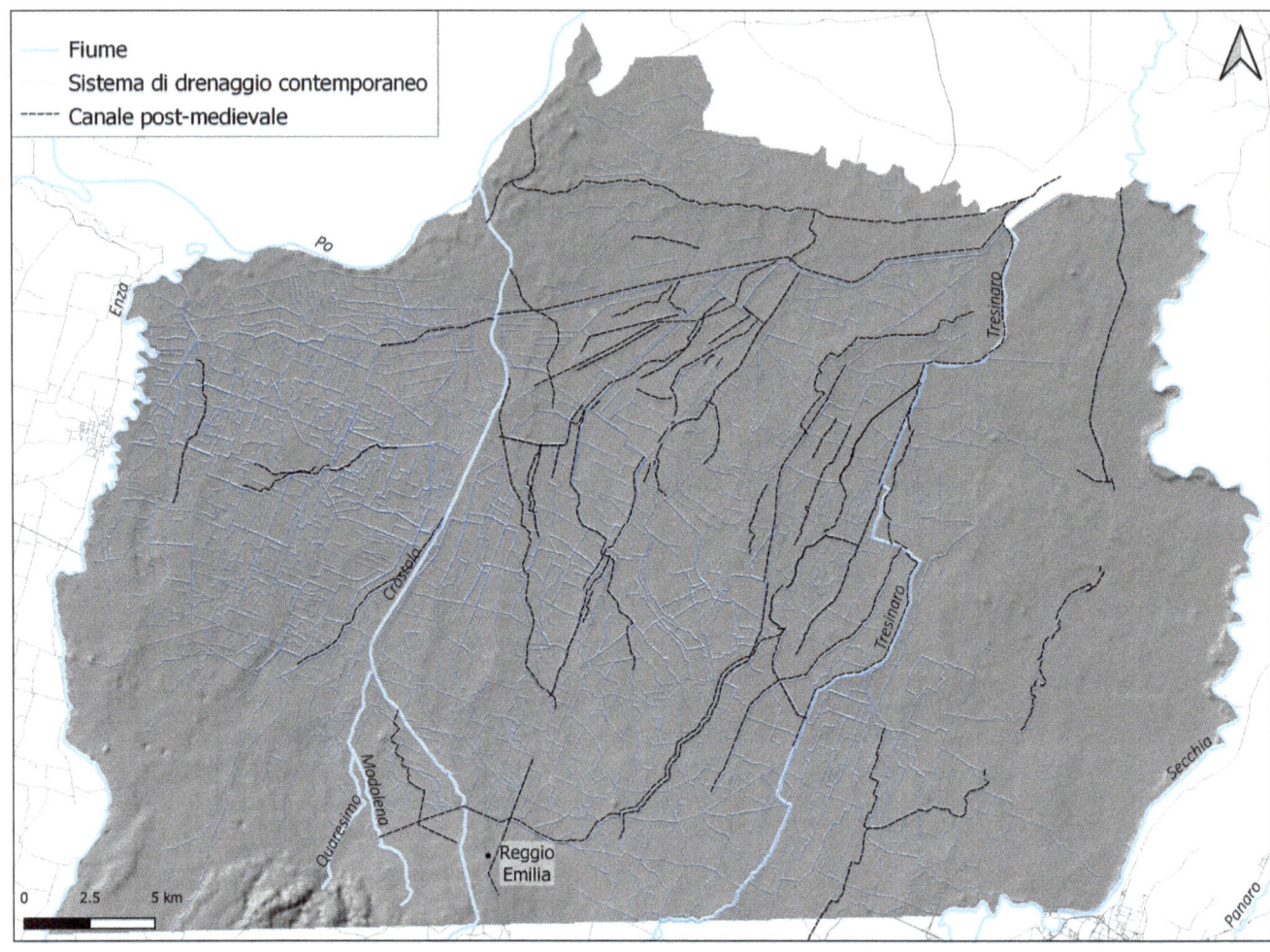

Fig. 5.6 Sistema di drenaggio contemporaneo (in blu) e attuale corso dei torrenti appenninici (in azzurro). In linea nera tratteggiata sono indicati i canali storici ancora attivi o le cui tracce sono visibili nei campi coltivati (vedi fig. 4.29). (© Filippo Brandolini).

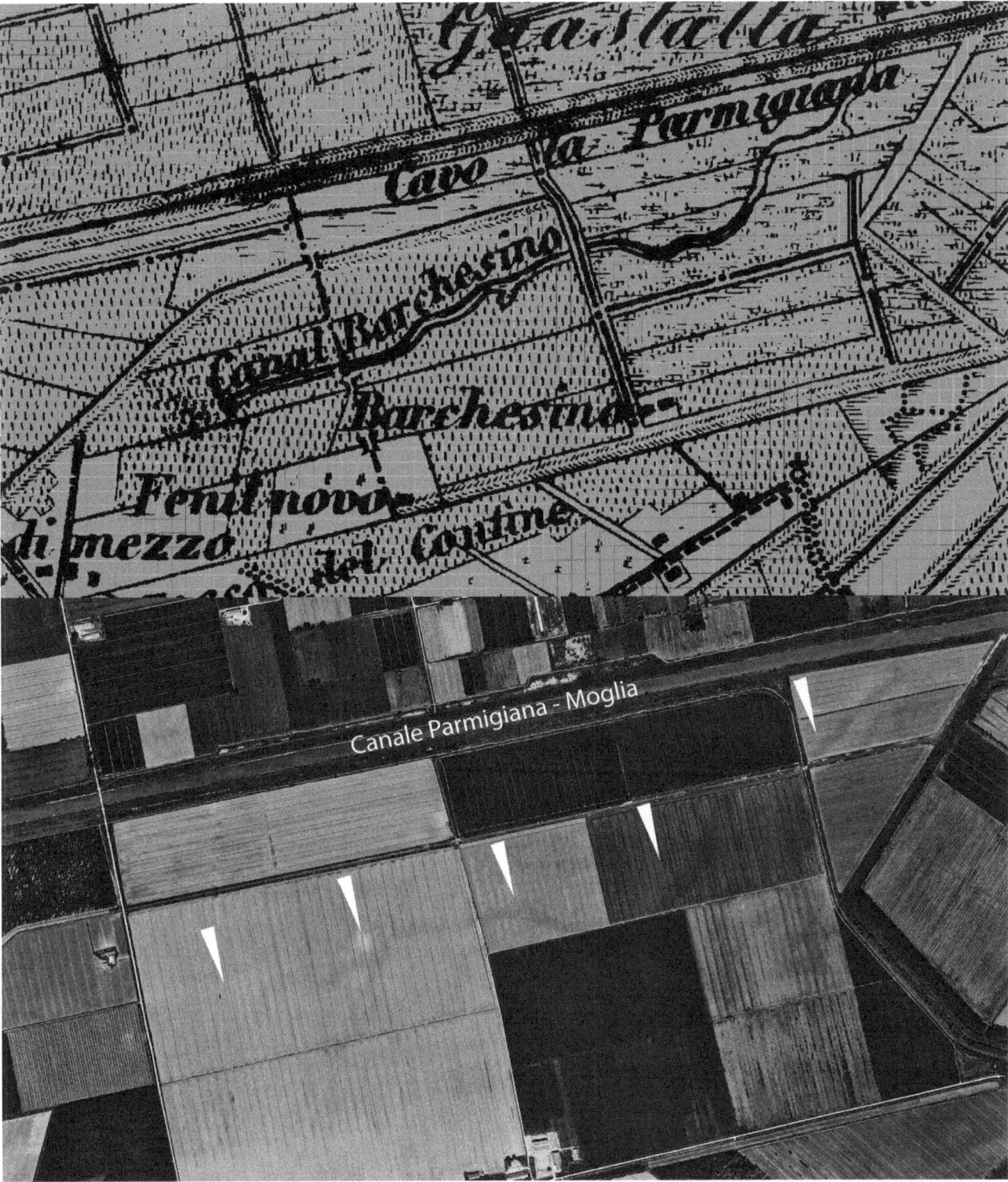

Fig. 5.7 Esempio di un *dugale* ormai soppresso, il *Canal Barchesino*. Si trovava in una delle ultime aree bonificate della Bassa Pianura Reggiana, nei pressi del Canale Parmigiana-Moglia, a meridione delle *Valli Nuove di Guastalla*. Nel Catasto Storico della Regione Emilia-Romagna - 1853 (in alto) il canale è ancora attivo e probabilmente serviva da scolo delle acque di quella particolare porzione di territorio ancora soggetta a impaludamento. I lavori di bonifica del XX secolo d.C. completarono il sistema di drenaggio dell'area rendendo inutile il *Canal Barchesino*. Interrato, è ancora visibile da immagini satellitari (Google Earth 2018 ©) nelle tracce di umidità dei campi coltivati (sotto). (© Filippo Brandolini).

6

Transdisciplinarietà e disseminazione culturale: gli itinerari

In recent years, the recognition that landscapes represent boundary-crossing subjects has grown considerably on individual citizens and international authorities. Several different disciplines focus their research efforts on landscapes, proposing sustainable policies for both conservation and management. These disciplines successfully present new discoveries about landscapes within their respective specialisation, but collaboration is seldom realised because a shared, bridging approach between disciplines is often missing. In this regard, transdisciplinary research is becoming more important for landscape research and management, and it is expected to create new information by synthesising knowledge production in different disciplines. Furthermore, transdisciplinary approaches help enhance the general awareness about landscape heritage by integrating academic researchers from different unrelated disciplines, user-group participants, and local communities.

Landscape archaeology thus represents an interdisciplinary field of research that provides particular and distinctive contributions to inform sustainable landscape strategies. One-way archaeological knowledge can actively contribute to creating a better future world consists of raising awareness among local communities about the values of the landscape heritage in which they live. In this research, we proposed geoarchaeological itineraries aiming to present the current landscape as the result of a continuous man-nature interaction and to promote the conservation of the landscape's cultural palimpsest. These itineraries represent the transdisciplinary realisation of the interdisciplinary academic knowledge developed for this research. Furthermore, the creation of the itineraries represents a promising starting point to establish future locally-based, sustainable patterns that inform local communities about their heritage and encourage discussion and sustainability policies.

Nei capitoli precedenti sono stati illustrati i risultati raggiunti attraverso l'applicazione di strumenti e tecniche geoarcheologiche e digitali. L'approccio interdisciplinare, infatti, ha permesso di decodificare le dinamiche ambientali e gli aspetti socioculturali che hanno portato alla formazione e all'evoluzione del paesaggio medievale nella zona indagata. In questo capitolo, invece, vengono presentati aspetti più propriamente transdisciplinari dell'intera ricerca.

Il termine transdisciplinarità indica un approccio metodologico che supera le varie discipline e insieme le attraversa, oltrepassando i limiti dei loro domini di appartenenza. La ricerca transdisciplinare non è inscrivibile nell'ambito di una disciplina propriamente detta, con un oggetto e un metodo definiti: piuttosto, tale approccio permette di raggiungere una condivisione di saperi e metodi che inglobano e superano le discipline costitutive restituendo al sapere umano unitarietà nella diversità [84].

In diverse aree del pianeta, i ricercatori stanno acquisendo consapevolezza del fatto che il paesaggio rappresenta un comune denominatore di discipline come l'ecologia, la storia, l'archeologia, la geografia fisica, per citarne alcune: l'approccio inter- e, soprattutto, trans- disciplinare si rivela fondamentale per definire piani di conservazione, valorizzazione e gestione sostenibile del paesaggio.

Una peculiarità della transdisciplinarietà consiste nell'integrazione costante tra ricerca scientifica e mondo non accademico per aumentare la platea di utenti che partecipano al raggiungimento di uno scopo comune in maniera efficace [275].

Nell'ambito dell'archeologia del paesaggio, Sandra Piacente e Federica Badiali [276] hanno messo in luce la rilevanza della transdisciplinarietà quale via per un'efficace conoscenza e valorizzazione di un territorio.

Come visto anche in questo elaborato, il paesaggio nel suo insieme è il risultato di relazioni complesse per cui soltanto un'approfondita comprensione di tutte le componenti di un territorio può condurre a corrette azioni di tutela e di gestione. Inoltre, politiche di valorizzazione paesaggistica dovrebbero avere come fine non solo la protezione e conservazione paesaggistica di un territorio, bensì sviluppare conoscenza e consapevolezza a tutti i livelli, dai ricercatori ai fruitori del patrimonio paesaggistico culturale. Secondo le due studiose, "[...] *valorizzare vuole dire anche sperimentare nuove strade, più legate a percorsi conoscitivi continuati e trasversali cercando di trovare il giusto rapporto tra tutela, conservazione e sviluppo*" [276]. Anche gli studi di Stelios Lekakis [277–279] puntano in questa direzione, sostenendo la necessità di ricerche transdisciplinari del paesaggio come strumenti chiave per sviluppare un legame tra l'individuo e il proprio territorio. Solo attraverso tale legame è possibile giungere a una dimensione di valorizzazione culturale condivisa e partecipata che a sua volta faciliti il raggiungimento di un generale consenso su appropriate scelte di gestione del territorio [278].

Partendo da queste considerazioni generali sulla necessità e potenzialità di approcci transdisciplinari per una conoscenza globale dei paesaggi, nell'area indagata in questo elaborato sono state proposte e sperimentate iniziative volte a incrementare la consapevolezza del paesaggio culturale della Pianura Padana centrale attraverso un diretto coinvolgimento delle comunità locali.

I risultati ottenuti attraverso indagini geoarcheologiche, digitali e informatiche presentati nei capitoli precedenti sono stati a loro volta rielaborati per definire cinque potenziali itinerari geoculturali [91]. Se consideriamo il paesaggio come il risultato di un complesso palinsesto culturale derivato dalla sovrapposizione di successive fasi ambientali e storiche [18,110], è possibile ripercorrere a ritroso il processo formativo di un particolare territorio. In altre parole, immaginando di scomporre il paesaggio studiato negli "strati" sovrapposti di cui è formato è possibile focalizzarsi su un particolare periodo storico per evidenziare le peculiarità ambientali e antropiche che sono ancora oggi più o meno percepibili nel patrimonio paesaggistico considerato. Per ogni livello storico di questo ideale palinsesto culturale è possibile definire un itinerario che si snoda tra i punti rappresentativi di un particolare momento evolutivo del nostro paesaggio.

Per la definizione degli itinerari proposti nell'area di studio ancora una volta si è rivelato cruciale l'approccio interdisciplinare che fin dall'inizio ha caratterizzato questa indagine. Nello specifico, per teorizzare gli itinerari culturali è stato fondamentale applicare alcuni aspetti e tecniche mutuati dal *Geoheritage*. Tale ambito disciplinare comprende siti (geositi o geomorfositi) a tutte le scale (globali, nazionali e locali) intrinsecamente importanti, le cui caratteristiche geologiche e geomorfologiche offrono informazioni o approfondimenti sull'evoluzione della Terra, utili a fini di ricerca e insegnamento [280].

Frequentemente gli aspetti socioculturali e archeologici di un territorio vengono considerati solo come aspetti secondari (o *Additional Values* [281,282]) per definire un geomorfosito. In alcuni studi di geoheritage, però, si è tentato di dare maggior risalto al dato archeologico soprattutto nel caso in cui l'impronta antropica sia stata determinante per la formazione o evoluzione di un geomorfosito [283,284]. La relazione tra geoarcheologia e geomorfositi è stata rilevata per la prima volta de Eric Fouache che nei suoi studi ha introdotto la definizione di *geoarcheo-sito* [285] e *archeo-geomorfosito* [286] per indicare geomorfositi in cui sono presenti evidenti siti archeologici o in cui l'attività antropica del passato ha alterato naturali processi geomorfologici. Le definizioni e i concetti formulati da Fouache si sono rivelati un ottimo punto di partenza per poter identificare nell'area di studio siti (qui definiti *geoarcheo-morfositi* [91]) derivati da complesse dinamiche antropiche e ambientali del passato, e successivamente organizzati in itinerari culturali specifici per ogni livello/epoca del palinsesto culturale del paesaggio esaminato.

Dei cinque itinerari proposti [91] due sono stati sperimentati in pratica durante gli eventi per le celebrazioni per i 2200 anni della *Via Aemilia*, promossi dai Comuni di Modena, Reggio Emilia e Parma, dalle Soprintendenza Archeologia di Bologna e di Parma, dal Segretariato Regionale Beni, Attività culturali e Turismo, e dalla Regione Emilia – Romagna[1] (fig. 6.1 e fig. 6.2).

L'itinerario medievale collega i geoarcheomorfositi più significativi dell'area indagata con l'obiettivo di favorire una maggiore consapevolezza da parte dei fruitori del territorio in esame circa gli elementi del paesaggio derivanti dall'interrelazione tra fattori ambientali e antropici avvenuti in epoca post-romana.

Partendo dal Comune di Guastalle (RE), il cui impianto urbanistico medievale e postmedievale è ancora ben riconoscibile nella moderna topografia cittadina, l'itinerario si snoda verso le Valli Nuove di Guastalla, area in cui le bonifiche di inizio '900 hanno permesso di asciugare gli ultimi lembi delle valli-paludi medievali (fig. 6.3). Il percorso culturale prosegue poi verso il dosso del Cavo Tagliata passando nei pressi di una delle chiaviche storiche ancora attive in località Villarotta (RE) (fig. 6.4). Dal Comune medievale di Reggiolo (RE), l'itinerario torna verso le piane interfluviali e risale verso un altro Comune di origine medievale, Novellara (RE), concludendosi proprio nei pressi della rocca della città (fig. 6.3).

Questa esperienza, seppur limitata al solo contesto analizzato in questo elaborato, costituisce un esempio di come un approccio transdisciplinare permetta di rendere la ricerca accademia più accessibile anche ai non addetti ai lavori, e anzi arricchendola con una nuova dimensione più inclusiva e globale della conoscenza. È infatti solo grazie a nuovi strumenti comunicativi che è possibile ampliare la platea dei fruitori di un paesaggio culturale, aumentando la consapevolezza generale dei valori di un territorio e innescando a sua volta una sorta di auto-conservazione tra le comunità locali [276–279].

---

[1] www.2200anniemilia.it

Fig. 6.1 Uno degli eventi organizzati durante le celebrazioni *2200 anni della Via Aemilia* in cui è stato proposto l'itinerario culturale nell'area indagata. (© Filippo Brandolini).

Fig. 6.2 Un momento durante il percorso dell'itinerario medievale. (© Filippo Brandolini).

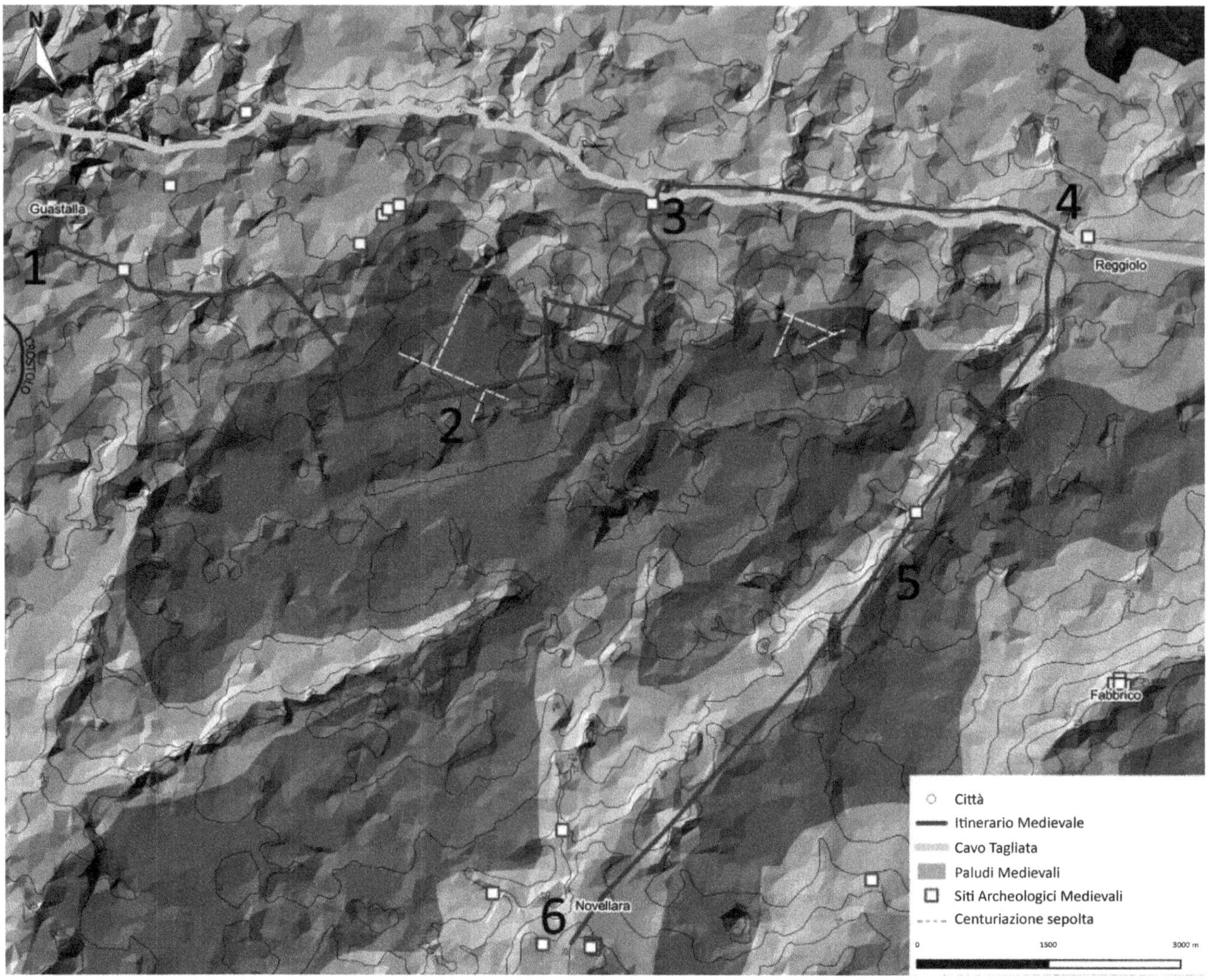

Tecniche digitali e geoarcheologia per lo studio del paesaggio medievale

Fig. 6.3 Itinerario Medievale: 1- Guastalla (RE); 2- Valli Nuove di Guastalla; 3- Chiavica storica del Cavo Tagliata; 4- Reggiolo; 5- Paleodosso; 6- Novellara (RE). (Immagine modificata da [91]).

Fig. 6.4 Una delle chiaviche ancora attive lungo il Cavo Tagliata in località Villarotta (RE). (© Filippo Brandolini).

7
Conclusioni

The research aimed to decipher the spatio-temporal interaction between humans and nature in the central Po Plain. The goals were achieved with a combination of geoarchaeological methods and digital tools. The interdisciplinary integration of archaeo-historical data, computer-based geospatial tools, and geosciences enabled the reconstruction of the genesis, development, and management of Medieval wetlands in the central Po Plain. The research focused on both local contexts (the early medieval motte of *Castrum Popilii*) and regional scale to explore the human-environmental interplay in the area at different levels.

At the micro-scale, the geoarchaeological analyses on the Castrum Popilii stratigraphy enhanced our knowledge about the processes involved in the genesis and development of sites that were settled around the limits of the waterlogged areas. Moreover, the impure lime-based plaster floors of "Santo Stefano di Poviglio" highlighted new information about Early Medieval Age building techniques, a period that saw earth and timber as the most common construction materials. In *Castrum Popilii*, although in limited quantities, lime plaster seems to have been employed within domestic contexts.

The application of Point Pattern Analysis and multi-model selection methods contributed to quantifying the role and impact of socio-political factors of past societies on human resilience to environmental changes in the study area. From a methodological point of view, PPA proved to be particularly suitable for disentangling the relationships between settlement dynamics and environmental covariates and providing reliable insights into past adaptive strategies. In particular, the use of inhomogeneous cross-L function displayed great potential for studying spatial dependency in complex archaeological landscapes. It enabled the identification of spatial interactions that could not be inferred using visual assessments and traditional non-formalised approaches. Therefore, wider use of these methodologies in archaeological research is highly recommended to strengthen the reliability of our inferences and provide a solid understanding of the past landscape and land-use processes.

Furthermore, geomorphological and digital methods led to the recognition of historical landscape features derived from anthropogenic land and water management that altered the natural development of the area. The historical data were extremely helpful in unravelling the human-induced processes underlying the genesis of these anthropogenic features, substantiating, once again, the necessity of constant cooperation between disciplines in landscape studies.

In general, this research highlighted Digital Geoarchaeology's potential to study the medieval landscape, proving how closer collaboration and dialogue across disciplinary boundaries can offer valuable prospects for future investigation of the human-environmental interface regardless of time and space limits. Moreover, the synergic combination of digital technologies and traditional geoarchaeological techniques has the potential to assist landscape archaeological studies' transition from interdisciplinarity towards transdisciplinary. In the modern world, landscape as a transdisciplinary concept has great value in the context of sustainability, as it considers the relationships between people and the environment as a whole, rather than trying to understand them as separate systems interacting with each other.

The transdisciplinary dimension of landscape archaeological studies could have an active role in informing future sustainable strategies for landscape management, starting from the experience of the human-environment interplay that occurred in the past. In the study area, flood-hazard still represents a challenging problem, thus understanding how human communities addressed it in the past might be useful to guide future decision-making and mitigation.

> Environmental sustainability and historic landscape conservation are typically treated as two separate fields. Still, new transdisciplinary approaches such as Digital Geoarchaeology propose new ways of embracing cultural and natural legacies as components of the same landscape management plans.

L'interdisciplinarità che ha caratterizzato l'intera ricerca ha portato al riconoscimento delle principali modificazioni occorse al territorio in esame tra la fine dell'epoca romana e l'inizio del periodo post-medievale. L'impiego di strumenti e tecniche geoarcheologiche e digitali hanno permesso di comprendere come i cambiamenti climatici e ambientali abbiano influenzato le dinamiche di popolamento nella Pianura Padana centrale e, al contempo, come le comunità antropiche si sono adattate a tali mutamenti. A un primo approccio resiliente ai cambiamenti naturali innescatisi a cavallo tra Tarda Antichità e Alto Medioevo, fonti documentarie e dati geoarcheologici evidenziano come l'uomo abbia attivamente contribuito a modificare il territorio per adattarlo alle proprie esigenze, in particolare con opere di canalizzazione, arginature e tentativi di bonifica.

7.1 Il paesaggio medievale ricostruito

L'intero studio, seppur svolto in maniera unitaria, si è mosso su due livelli di ricerca: uno locale (micro-scala) e uno territoriale (macro-scala). In questo modo è stato possibile indagare a diverse scale come le dinamiche antropiche e ambientali abbiano interagito alla formazione ed evoluzione del paesaggio medievale della Pianura Padana centrale.

A micro-scala è stato possibile studiare l'evoluzione delle tecniche edilizie domestiche di un sito sorto nei pressi della valle – palude di Gualtieri: il *Castrum Popilii*. In questo caso l'impiego della micromorfologia archeologica del suolo ha consentito di analizzare nel dettaglio la sequenza stratigrafica rilevata al limite orientale della motta altomedievale (la cui forma è stata identificata in GIS). Il dato più interessante ha riguardato l'introduzione intorno al IX secolo d.C. di calce viva nella preparazione di piani pavimentali domestici al posto della semplice terra battuta. Tale espediente tecnico aveva il vantaggio di produrre superfici più resistenti e garantire un isolamento maggiore dall'umidità. Il sito di *Castrum Popilii*, inoltre, ha rappresentato un esempio esaustivo di come la tecnica edilizia domestica in legno sia stata adattata alle mutate condizioni ambientali.

I dati più esaustivi circa l'organizzazione dello spazio in epoca medievale derivano dalla ricerca a macro – scala e dall'applicazione di strumenti e tecniche mutuati dalla geostatistica e dalla statistica spaziale.

Uno degli aspetti più ardui da affrontare ha riguardato la ricostruzione delle caratteristiche fisiche del paesaggio, soprattutto per quanto riguarda la definizione di precisi limiti delle aree paludose medievali. Non essendo possibile rintracciare nelle fonti documentarie riferimenti espliciti alle caratteristiche geografiche e topografiche delle paludi (difficoltà peraltro rilevata anche in altre aree di ricerca simili [29]) si è scelto di combinare dati geoarcheologici e strumenti informatici per tentare di raggiungere un dato il più esaustivo possibile. A tal proposito, l'applicazione della *fuzzy logic* ha permesso di "tradurre" la definizione geomorfologica di "piane – interfluviali" in dati morfometrici e di combinarli tra loro, restituendo in modo significativo l'estensione dell'area soggetta a impaludamento prima delle bonifiche rinascimentali. Allo stesso modo, l'approccio morfometrico ha portato all'identificazione del probabile corso medievale del fiume Enza (Enza Carolingia, vedi Cap. 3.1): un riscontro significativo nelle fonti documentarie tende ad avvalorare positivamente il risultato ottenuto. Tuttavia, in entrambi i casi, solo ulteriori indagini geoarcheologiche di terreno potranno completare la nostra conoscenza circa l'impaludamento e l'idrografia nell'area indagata.

Completata con buona approssimazione la ricostruzione fisica del territorio in esame, la ricerca si è focalizzata nel decifrare le dinamiche occupazionali medievali e il ruolo giocato dalle attività antropiche nel modificare il paesaggio.

In primo luogo, l'applicazione della PPA ha permesso di quantificare in che modo i fattori sociopolitici delle società passate abbiano svolto un ruolo chiave nella resilienza antropica a problematiche ambientali dovute principalmente alla geomorfologia alluvionale e ai cambiamenti climatici. Da un punto di vista metodologico, la PPA si è dimostrata particolarmente adatta per districare le relazioni tra le dinamiche di insediamento e le covariate ambientali. L'applicazione della funzione L bivariata si è rivelata estremamente efficace per lo studio della dipendenza spaziale in complessi paesaggi archeologici, consentendo l'identificazione di interazioni spaziali che non potevano essere dedotte usando valutazioni visive e approcci tradizionali. La funzione L bivariata ha permesso di quantificare per la prima volta la continuità storica tra due epoche diverse a scala di paesaggio.

Come ci si aspettava, la gestione del paesaggio in età romana è stata assolutamente più unitaria, complessa e strutturata rispetto a quanto non si è verificato in epoca altomedievale. Malgrado ciò, l'approccio interdisciplinare allo studio delle valli-paludi della Bassa Pianura Reggiana ha permesso di ottenere nuovi dati circa le tecniche di gestione del paesaggio in epoca medievale. Dal V sec d.C. la campagna romana si spopola in concomitanza alla formazione di ampi bacini palustri nelle piane interfluviali. Gli insediamenti altomedievali si concentrano su posizioni topograficamente più elevate e protette dalle acque. Come notato anche in contesti simili all'area indagata, in un quadro di indiscriminato dominio delle acque, i paleodossi fluviali rappresentavano terre emerse privilegiate per insediamento antropico [29,225]. Nell'Alto Medioevo la palude viene sfruttata come risorsa per pratiche di sussistenza silvo-pastorali e la sua bonifica iniziò solo quando l'aumento demografico rese necessaria la messa a coltura di nuove terre. Ai primi tentativi di canalizzazione di VIII-IX secolo d.C. noti soltanto dalle fonti, hanno fatto seguito nei secoli successivi opere idrauliche di maggiore portata, come l'apertura del cavo commerciale della Tagliata. Parte della ricerca si è concentrata proprio sull'analisi della forma del Cavo Tagliata e i dettagli circa la sua genesi e sviluppo. Sebbene sia effettivamente possibile che il Cavo Tagliata sia un canale su dosso [225] tagliato in un dosso protostorico del Po, l'attuale forma è conseguenza di alluvioni medievali, note dalle fonti, ricordate da alcuni toponimi e soprattutto i cui esisti geomorfologici sono bene visibili nel DEM e nelle immagini satellitari. Inoltre, proprio l'attenta analisi delle forme rilevate con l'elaborazione GIS, ha restituito nuovi spunti sulle pratiche di bonifica medievale. Le forme allungate dei ventagli di rotta, non riconducibili a fenomeni naturali e definite in questo elaborato come "dossi per colmata", sarebbero l'esito di una gestione antropica dei sedimenti alluvionali per ottenere nuove aree coltivabili. Il fatto che nel decreto guastallese riportato da Ireneo Affò si vieti all'intera comunità di esercitare tali abitudini in uso ormai "*...da tempo memorabile...*"[1], suggerisce che era pratica comune di singoli o gruppi di proprietari terrieri di rompere argini presumibilmente in corrispondenza dei loro campi per aumentarne l'estensione. Questi interventi potrebbero essere addirittura riconducibili alle attività di messa a coltura di boschi e paludi iniziata in alcuni casi, secondo le fonti, già nel X secolo d.C. La tendenza alla bonifica degli ambienti umidi, in ogni caso, diviene particolarmente accentuata tra XII-XIII secolo d.C., periodo di massima pressione demografica rispetto alle epoche precedenti [20,287] e sono ben note nelle zone limitrofe all'area di studio le bonifiche monastiche di Nonantola e San Benedetto Po [288]. Scarsamente noti sono interventi di bonifica "*laica*", intesa come attività promossa da autorità pubblica cittadina o addirittura esercitata da piccoli proprietari terrieri, come nel caso delle bonifiche per colmata evidenziate in questo elaborato. È inoltre interessante che il decreto guastallese che proibiva di rompere argini per bonifiche per colmata sia del 1556, ossia di pochi anni precedente all'inizio dei lavori della Bonifica Bentivoglio (1560). L'idea è che si tratti di episodi di un ben più articolato processo di gestione delle acque e del territorio promosso dall'autorità cittadina centrale. Al provvedimento che vieta rotture di argini per bonifiche per colmata per così dire "private" fa seguito, poco tempo dopo, la concessione di costruire un canale che devia i sedimenti del Crostolo direttamente nelle Valli, con il risultato, presumibilmente, di colmare un'area ben più grande rispetto a quella bonificata dai dossi per colmata. Gli esiti di queste opere di gestione del sedimento fluviale trasportato dal torrente Crostolo sono stati rilevati grazie a elaborazione GIS e consistono

paleodossi artificiali rettilinei. Infine, nel 1560 iniziarono i lavori per una bonifica per scolo delle acque su larga scala, che, tra l'altro, deviarono artificialmente il Crostolo nella medievale Fossa Roncaglio per scaricare in Po e non più nelle Valli. La bonifica rinascimentale di Bentivoglio segna un cambiamento nella gestione delle acque di un territorio dominato dalle paludi medievali, un cambiamento tecnico (passaggio da "bonifica per colmata" a "bonifica per scolo delle acque") ma anche politico-sociale (da interventi privati/localizzati a opere su larga scala promosse da autorità centrale).

7.2 *Digital Geoarchaeology*: vantaggi, potenzialità e prospettive future

La ricerca qui presentata contribuisce in maniera significativa a integrare la nostra conoscenza globale circa gli aspetti spaziali e temporali del paesaggio altomedievale padano inserendosi in una lunga tradizione di studi in contesti simili. Molti aspetti della ricostruzione qui proposta sono stati rilevati anche in altre aree del bacino padano in analoghe ricerche condotte con metodi e in tempi diversi negli ultimi anni [7,9,19,22,23,36,43,63,288,289]. L'innovazione principale di questo studio riguarda il tipo di approccio interdisciplinare seguito. Dal punto di vista metodologico, infatti, questo studio rappresenta una delle prime applicazioni della *Digital Geoarchaeology* nell'ambito degli studi dell'Alto Medioevo italiano. L'interdisciplinarità adottata nello svolgimento dell'intera ricerca ha permesso di sfruttare in maniera sinergica l'apporto derivato dalle diverse discipline che, attraverso i rispettivi metodi e tecniche, hanno portato a decodificare in maniera unitaria le principali fasi evolutive del territorio preso in esame. Una delle potenzialità più rilevanti della prospettiva metodologica adottata consiste nella possibilità di quantificare gli esiti del rapporto uomo-ambiente in epoche passate. Come già rilevato da Giancarlo Macchi Jànica nel corso dello studio dell'incastellamento in Toscana, l'applicazione di strumenti geografico-quantitativi per lo studio di insediamenti permette di individuare i diversi momenti e i tipi di trasformazione dell'occupazione antropica in un determinato territorio [38]. Nella ricerca qui presentata, l'applicazione di statistica spaziale ha dato un ulteriore impulso alla decodificazione in chiave diacronica delle dinamiche antropiche ed evolutive del paesaggio studiato (vedi Cap. 4.2.1). Ulteriore beneficio derivato dall'approccio interdisciplinare adottato consiste nella possibilità di gestire ed elaborare in ambiente GIS una consistente molteplicità di dati estremamente eterogenea. Di primaria importanza è anche la possibilità di tradurre definizioni e concetti geomorfologici e geopedologici in dati numerici: questo aspetto innesca una possibilità praticamente infinita di applicazioni e integrazioni con dati archeologici e storici. La *Digital Geoarchaeology* semplifica l'interconnessione tra scienze della terra, statistica spaziale e discipline umanistiche attraverso sistemi digitali e strumentazione informatica. Al momento, sono purtroppo ancora rare le applicazioni di *Digital Geoarchaeology* nelle ricerche di archeologia del paesaggio altomedievale padano [290,291], ma

---
[1] Vedi Tab. 1.1 relativa alle fonti storiche: Affò, I. 1786, p. 233.

rappresentano l'inizio di una nuova stagione di studi che sicuramente porterà a una maggiore comprensione circa l'interazione uomo-ambiente avvenuta nel passato.

Oltre a facilitare l'integrazione di discipline diverse per una ricostruzione diacronica del paesaggio, la *Digital Geoarchaeology* offre innumerevoli potenzialità per portare le scienze archeologiche da un piano interdisciplinare [84] a un livello transdisciplinare [51,275], con l'obiettivo di contribuire alla formulazione di strategie sostenibili per la gestione dei paesaggi [292,293].

Come già introdotto all'inizio di questo elaborato, durante l'*European Landscape Convention* (Firenze, Italia – 20 ottobre 2000) gli Stati membri del Consiglio d'Europa hanno discusso e proposto linee guida per realizzare uno sviluppo paesaggistico sostenibile basato su una relazione equilibrata e armoniosa tra bisogni sociali, economia e ambiente. Il paesaggio ha un importante ruolo di interesse pubblico in campo culturale, ecologico, ambientale e sociale e costituisce una risorsa utile all'attività economica. L'analisi diacronica del paesaggio geografico fisico consente di comprendere come le caratteristiche del territorio abbiano influenzato le scelte insediamentali passate e, conseguentemente, come le attività antropiche abbiano modificato il naturale sviluppo del territorio e dell'ambiente. Il medesimo approccio multitemporale, inoltre, permette di valutare il grado di sostenibilità dei sistemi delle società del passato e il loro impatto sulle risorse naturali durante tutto l'Antropocene [294]. Il concetto transdisciplinare di paesaggio espresso dall'*European Landscape Convention* è intimamente legato agli obiettivi degli archeologi, dal momento che include aspetti culturali e naturali. Lavorando in collaborazione con altri settori disciplinari, i risultati degli archeologi possono essere utilizzati per proporre strategie di conservazione, pianificazione e gestione del paesaggio. L'approccio diacronico proprio dell'archeologia del paesaggio [3,112], volto a ricostruire i paesaggi del passato, può dare un prezioso contributo per gestire e migliorare i paesaggi del presente e del futuro [295] soprattutto se mediato dalle moderne tecnologie digitali.

Restando nell'ambito del paesaggio medievale della Pianura Padana centrale, una caratteristica comune, oggi come allora, è costituita dal costante pericolo di alluvioni. Malgrado i miglioramenti tecnici e le opere di arginatura e drenaggio implementate nei secoli, dal Rinascimento al XX secolo, il rischio di alluvionamento nella Pianura Padana rappresenta ancora un problema di difficile risoluzione [52-54] sopratutto in seguito ai repentini cambiamenti climatici che condizionano l'epoca in cui stiamo vivendo: comprendere quali soluzioni siano state adottate in passato ai mutamenti ambientali potrebbe essere molto utile per pianificare gestioni territoriali future. In ambito europeo il ruolo transdisciplinare della ricerca archeologica mediante strumenti digitali e informatici (es. GIS) ha portato alla definizione di politiche di sviluppo sostenibile in aree densamente urbanizzate partendo proprio dall'esperienza storica.

Durante l'ultima *Landscape Archeology Conference* (LAC)[2] nella sessione dedicata ai paesaggi fluviali[3], diversi gruppi di ricerca hanno presentato i primi risultati dell'applicazione transdisciplinare dell'archeologia per la gestione e conservazione del paesaggio.

Nei Paesi Bassi, per esempio, sono stati mappati gli impianti idraulici storici attraverso software GIS (approccio definito *Historical Geographical Information System* o HGIS) per proporre soluzioni sostenibili al problema di subsidenza che caratterizza ampie aree urbanizzate del paese, con frequenti rischi di inondazioni [296]. I sistemi di drenaggio e cisterne medievali, in particolare, sono stati riportati in questo database georeferenziato digitale con l'obiettivo di migliorare la conoscenza circa la gestione delle acque nel passato e proporne un riutilizzo per rispondere alle problematiche legate ai cambiamenti ambientali contemporanei. Si tratta di un esempio concreto di come la ricerca storico-archeologica mediata da strumentazione informatica permetta una applicazione transdisciplinare del sapere per promuovere politiche sostenibili di gestione del paesaggio. Un altro caso simile è rappresentato dai lavori di arginatura e drenaggio del corso svizzero del fiume Rodano. Negli anni recenti è iniziata la cosiddetta "Terza Correzione" del fiume [297] che, a differenza delle prime due avvenute rispettivamente nel XIX e XX secolo d.C. [93], tiene conto anche delle ricostruzioni storiche del paesaggio fluviale per preservare e restaurare gli aspetti naturali e culturali. Il progetto, infatti, prevede di mitigare il rischio di alluvionamento ripristinando aree alluvionabili note anche da cartografia storica in cui scaricare le acque del fiume in situazioni di piena, minimizzando il pericolo di allagamento di aree abitate [298,299].

Più recentemente, diversi progetti di archeologia del paesaggio hanno volto la loro attenzione allo studio del paesaggio storico e, in particolar modo, dei terrazzamenti agricoli europei. Tra gli altri, il progetto TerraSAgE[4] (*Terraces as Sustainable Agricultural Environments*), il progetto PLAS[5] (*Pastoralism and Landscape Sustainability*) e il progetto HiLSS[6] (*Historic Landscape and Soil Sustainability*), infatti, si propongono di studiare in maniera diacronica il paesaggio agrario di alcune aree europee continentali e mediterranee per comprendere le caratteristiche temporali [300] e spaziali [301] delle strutture storiche del paesaggio e proporre strategie per un futuro sostenibile dei paesaggi, soprattutto in contesti fragili e soggetti a rapido deterioramento per concause ambientali e antropiche.

In questo studio l'aspetto transdisciplinare della ricerca è stato affrontato limitatamente dal punto di vista della

---
[2] https://lac2020-1.csic.es/
[3] Sessione 7: "*The Living Riverscape: Human Adaptive Strategies And Land-use In Fluvial And Alluvial Environments*", in *Book of Abstracts – Landscape Archaeology Conference 2020+1*, pp. 127 – 139
[4] https://research.ncl.ac.uk/terrasage/
[5] https://www.researchgate.net/project/Pastoralism-and-Landscape-Sustainability
[6] https://cordis.europa.eu/project/id/890561

Conclusioni

valorizzazione del paesaggio tramite nuove strategie comunicative e inclusive per promuovere una maggiore consapevolezza da parte delle comunità locali [276,278]. Si è trattato senz'altro di un promettente punto di partenza verso una transdisciplinarietà della ricerca archeologica del paesaggio medievale padano, ma si auspica che esperienze future possano contribuire in maniera sempre più attiva e partecipe alla formulazione di strategie sostenibili partendo dalla ricostruzione diacronica del paesaggio [292]. In quest'ottica la *Digital Geoarchaeology* rappresenta un approccio interdisciplinare completo e dall'alto potenziale per permettere a esperti di diversi settori di cooperare e convogliare il proprio sapere verso una gestione transdisciplinare e sostenibile del paesaggio in cui viviamo.

Appendice

A- Codice in R relativo alle analisi geospaziali presentate nel Cap. 4.2.1

```
# Start R from within a GRASS session

setwd("C:/Users/fibr/Desktop/R_Project/Po_Plain")

## Load Required Packages ##

library(rgrass7)
library(spatstat)
library(MASS)
library(sp)
library(maptools)
library(MuMIn)
library(raster)
library(ggplot2)
library(ggspatial)
library(gridExtra)

# Importing raster files (covariates) and region from GRASS

use_sp()
poplain<-
readRAST(c("DEM50","MTI","soil","VAEcost"),cat=c(F,F,F,F),plugin=F)
str(poplain)

# Importing sites from GRASS

prj_area<-readVECT("mask",plugin=F)

roman<-readVECT("roman_sites",plugin=F)
head(data.frame(roman))

medieval<-readVECT("medieval_sites",plugin=F)
head(data.frame(roman))

# Save GRASS files loaded into R

save(poplain,prj_area,roman,medieval,file="PoPlain.RData")

# Setting the working region

region<-as(as(prj_area,"SpatialPolygons"),"owin")

# Convert covariates to objects of class image and create list

covar<-list(DEM=as.im(poplain["DEM50"]),MTI=as.im(poplain["MTI"]),
            Soil=as.im(poplain["soil"]),VAE=as.im(poplain["VAEcost"]))

# Testing Collinearity between MTI (M) and Soil (S)

MS <- stack((raster(poplain["MTI"])),(raster(poplain["soil"])))
```

```r
RandomMS<- as.data.frame((sampleRandom(MS, 300)))

coll_test <- cor((RandomMS$MTI),(RandomMS$soil),
            method = "pearson")

coll_test

#Export test summary

write.table(capture.output(print(coll_test)),file="Coll_test.txt")

# Converting site locations to point pattern process

roman_ppp<-as.ppp(coordinates(roman),region)
medieval_ppp<-as.ppp(coordinates(medieval),region)

# Model 0: homogeneous point process

roman_mod0<-ppm(roman_ppp)
medieval_mod0<-ppm(medieval_ppp)

# Model 1: semi-parametric inhomogeneous point process depends on geography

roman_mod1<-ppm(roman_ppp,~MTI+Soil,covariates=covar)
medieval_mod1<-ppm(medieval_ppp,~MTI+Soil,covariates=covar)

# Model 2: semi-parametric inhomogeneous point process depend on distances Via Aemilia

roman_mod2<-ppm(roman_ppp,~VAE, covariates = covar)
medieval_mod2<-ppm(medieval_ppp,~VAE, covariates = covar)

# Bayesian Information Criterion (BIC): stepwise variable selection

roman_mod1BIC<-stepAIC(roman_mod1,k=log(length(roman)))
medieval_mod1BIC<-stepAIC(medieval_mod1,k=log(length(medieval)))

# Create model lists

roman_models<-list(model0=roman_mod0,model1=roman_mod1BIC,model2=roman_mod2)
medieval_models<-list(model0=medieval_mod0,model1=medieval_mod1BIC,
model2=medieval_mod2)

# Export model summary

write.table(capture.output(print(roman_models)),file="Roman_Models.txt")
write.table(capture.output(print(medieval_models)),file="Medieval_Models.txt")

# Compare BIC scores for the different models

roman_BIC<-lapply(roman_models,BIC)
write.table(roman_BIC,file="Roman_BIC_Models_scores.txt")
medieval_BIC<-lapply(medieval_models,BIC)
write.table(medieval_BIC,file="Medieval_BIC_Models_scores.txt")

# BIC weight for different models

AIC.BIC.weight<-function(x){
  for(i in 1:length(x)){
```

```
    x.vect<-as.numeric(c(x[1:i]))}
  delta<-x.vect-min(x.vect)
  L<-exp(-0.5*delta)
  result<-round(L/sum(L),digits=7)
  return(result)
}

write.table(AIC.BIC.weight(roman_BIC[1:2]),file="Roman_BIC_Models01_weights.txt")
write.table(AIC.BIC.weight(medieval_BIC[1:2]),file="Medieval_BIC_Models01_
weights.txt")
write.table(AIC.BIC.weight(roman_BIC[1:3]),file="Roman_BIC_Models02_weights.txt")
write.table(AIC.BIC.weight(medieval_BIC[1:3]),file="Medieval_BIC_Models02_
weights.txt")


# BIVARIATE "L" FUNCTION ##

# Create marked ppp

valR<-paste(rep("Rom",length(roman)))
valM<-paste(rep("Med",length(medieval)))
val<-c(valR,valM)

X<-c(coordinates(roman)[,1],coordinates(medieval)[,1])
Y<-c(coordinates(roman)[,2],coordinates(medieval)[,2])

sites<-ppp(X,Y,region,marks=as.factor(val))
rjitter(sites,0.5)


# Homogeneous Cross-L-function

sites_Lcross<-envelope(sites,Lcross,i="Med",j="Rom",r=seq(0,3000,100),
                    correction="trans",nsim=999)

# Estimate bandwidth for intensity maps

distR<-dist(coordinates(roman))
distM<-dist(coordinates(medieval))

quantile(distR,c(.1,.2,.3))
quantile(distM,c(.1,.2,.3))

lambdaR1<-density.ppp(roman_ppp,sigma=3500)
lambdaR2<-density.ppp(roman_ppp,sigma=5500)
lambdaR3<-density.ppp(roman_ppp,sigma=8000)

lambdaM1<-density.ppp(medieval_ppp,sigma=5500)
lambdaM2<-density.ppp(medieval_ppp,sigma=8500)
lambdaM3<-density.ppp(medieval_ppp,sigma=11500)

# Inhomogeneous Cross-L-function

sites_Linhom<-envelope(sites,Lcross.inhom,i="Med",j="Rom",correction="trans",
                    sigma=c(8500,5500),r=seq(0,3000,100),nsim=999)

# Residual Values
```

```
ResR1<-residuals.ppm(roman_mod1,drop=T)
ResR1
plot.msr(ResR1)

ResR2<-residuals.ppm(roman_mod2,drop=T)
ResR2
plot.msr(ResR2)

ResM1<-residuals.ppm(medieval_mod1,drop = T)
ResM1
plot.msr(ResM1)

ResM2<-residuals.ppm(medieval_mod2,drop = T)
ResM2
plot.msr(ResM2)



#PLOTTING IMAGES
#Plot DEM map with GGPLOT2"

DEM<- raster(poplain["DEM50"])
Demdf<- data.frame(rasterToPoints(DEM))
colnames(Demdf)<-c("X","Y","Elevation")
head(Demdf)
contours<-readVECT("contour",plugin=F)
contours_df<- fortify(contours, region = "id")
Sites_R<-fortify(data.frame(roman))
Sites_M<-fortify(data.frame(medieval))

tiff("DEM.tif",width=2000,height=1500,res= 300)
DEM_map <- ggplot(Demdf, aes(x=X, y=Y)) + geom_tile(aes(fill = Elevation))+
  scale_fill_distiller(type = "seq",palette = "Spectral",
                       guide = "colourbar", aesthetics = "fill")+
  labs(x = "",y = "")+
  annotation_scale(location = "br", line_width = 0.5,
                   height = unit(0.15,"cm"))+
  annotation_north_arrow(location = "tl", height = unit(1.5,"cm"),
                         width = unit(1, "cm"),
                         pad_x = unit(0.25,"cm"),
                         pad_y = unit(0.25, "cm"),
                         rotation = NULL,style = north_arrow_fancy_orienteering,
                         which_north = "true")+
  geom_point(data = Sites_R, aes(x=coords.x1, y=coords.x2),
             shape= 23, size= 1.5, colour= "Black", bg="Yellow")+
  geom_point(data = Sites_M, aes(x=coords.x1, y=coords.x2),
             shape= 24, size= 1.5, colour= "Black", bg="Red")+
  coord_equal()
print(DEM_map)
dev.off()

# Creating maps covariates with GGPLOT2

MTIr<- raster(poplain["MTI"])
MTIdf<- data.frame(rasterToPoints(MTIr))
colnames(MTIdf) <- c("x","y","value")
head(MTIdf)

Soilr<- raster(poplain["soil"])
```

```r
Soildf<- data.frame(rasterToPoints(Soilr))
colnames(Soildf) <- c("x","y","value")
head(Soildf)

VAEr<- raster(poplain["VAEcost"])
VAEdf<- data.frame(rasterToPoints(VAEr))
colnames(VAEdf) <- c("x","y","value")
head(VAEdf)

tiff("Covariates.tif",width=4000,height=1000, res = 150)

M<-ggplotGrob(ggplot(MTIdf, aes(x=x, y=y)) + geom_tile(aes(fill = value))+
                scale_fill_distiller(type = "seq",palette = "BrBG",
                                    guide = "colourbar", aesthetics = "fill")+
                labs(title = "Modified Topographic Index", x = "",y = "")+
                theme_grey(base_size = 15)+
                coord_fixed())
S<-ggplotGrob(ggplot(Soildf, aes(x=x, y=y)) + geom_tile(aes(fill = value))+
                scale_fill_distiller(type = "seq",palette = "BrBG",
                                    guide = "colourbar", aesthetics = "fill")+
                labs(title = "Soil Texture", x = "",y = "")+
                theme_grey(base_size = 15)+
                coord_fixed())
V<-ggplotGrob(ggplot(VAEdf, aes(x=x, y=y)) + geom_tile(aes(fill = value))+
                scale_fill_distiller(type = "seq",palette = "BrBG",
                                    guide = "colourbar", aesthetics = "fill")+
                labs(title = "Distance from Via Aemilia", x = "",y = "")+
                theme_grey(base_size = 15)+
                coord_fixed())
grid.arrange(M,S,V,
            widths = c(1,1,1),
            layout_matrix = rbind(c(1, 2, 3)))
dev.off()


#Plot density maps - Bandwidth Estimation with GGPLOT2

R1<- fortify(data.frame(lambdaR1))
R2<- fortify(data.frame(lambdaR2))
R3<- fortify(data.frame(lambdaR3))
M1<- fortify(data.frame(lambdaM1))
M2<- fortify(data.frame(lambdaM2))
M3<- fortify(data.frame(lambdaM3))

tiff("Bandwidth Estimation.tif",width=4000,height=1500, res = 300)

KDR1<-ggplotGrob(ggplot(R1, aes(x=x, y=y)) + geom_tile(aes(fill = value))+
                scale_fill_distiller(type = "seq",palette = "Spectral",
                                    guide = "colourbar", aesthetics = "fill")+
                labs(title = "Roman bw=3500", adj= 1, x = "",y = "")+coord_fixed())
KDR2<-ggplotGrob(ggplot(R2, aes(x=x, y=y)) + geom_tile(aes(fill = value))+
                scale_fill_distiller(type = "seq",palette = "Spectral",
                                    guide = "colourbar", aesthetics = "fill")+
                labs(title = "Roman bw=5500", x = "",y = "")+coord_fixed())
KDR3<-ggplotGrob(ggplot(R3, aes(x=x, y=y)) + geom_tile(aes(fill = value))+
                scale_fill_distiller(type = "seq",palette = "Spectral",
                                    guide = "colourbar", aesthetics = "fill")+
                labs(title = "Roman bw=8500", x = "",y = "")+coord_fixed())
```

Tecniche digitali e geoarcheologia per lo studio del paesaggio medievale

```
KDM1<-ggplotGrob(ggplot(M1, aes(x=x, y=y)) + geom_tile(aes(fill = value))+
                scale_fill_distiller(type = "seq",palette = "Spectral",
                                    guide = "colourbar", aesthetics = "fill")+
                labs(title = "Medieval bw=5500", x = "",y = "")+coord_fixed())
KDM2<-ggplotGrob(ggplot(M2, aes(x=x, y=y)) + geom_tile(aes(fill = value))+
                scale_fill_distiller(type = "seq",palette = "Spectral",
                                    guide = "colourbar", aesthetics = "fill")+
                labs(title = "Medieval bw=8500", x = "",y = "")+coord_fixed())
KDM3<-ggplotGrob(ggplot(M3, aes(x=x, y=y)) + geom_tile(aes(fill = value))+
                scale_fill_distiller(type = "seq",palette = "Spectral",
                                    guide = "colourbar", aesthetics = "fill")+
                labs(title = "Medieval bw=11500", x = "",y = "")+coord_fixed())
grid.arrange(KDR1,KDR2,KDR3,KDM1,KDM2,KDM3,
            widths = c(1,1,1),
            layout_matrix = rbind(c(1, 2, 3),
                                  c(4, 5, 6)))
dev.off()

#Plot Results

aggr<-sites_linhom$r[sites_linhom$obs>sites_linhom$hi]

tiff("LCross-Hom_Inhom.tif",width=6000,height=3000,units="px",res=550)
par(mar=c(5,5,5,3))
par(mfrow=c(1,2))
plot(sites_kcross,main="Homogeneous Cross-L-function",xlab="Distance (m)",
ylab="L-function",
    legend=F)
legend("topleft",legend=c("Observed","Expected","Confidence
Envelope"),lty=c(1,2,NA),
    col=c(1,2,"lightgrey"),lwd=c(1,1,NA),pch=c(NA,NA,15),cex=0.8,pt.cex=1.5,
    y.intersp=1.5)
plot(sites_linhom$r,sites_linhom$hi,type="n",main="Inhomogeneous Cross-K
Function",
    xlab="Distance (m)",ylab="L-function")
rect(xleft=0,xright=1300,ybottom=0,ytop=(sites_linhom$obs[sites_
linhom$r==1300]),
    col=rgb(1,0,0,alpha=0.07),border=NA)
polygon(x=c(sites_linhom$r,rev(sites_linhom$r)),y=c(sites_linhom$hi,rev(sites_
linhom$lo)),
    col="#C0C0C0",border=NA)
lines(sites_linhom$r,sites_linhom$theo,lty=2,col=2,lwd=1)
lines(sites_linhom$r,sites_linhom$obs,lty=1,col=1,lwd=1)
legend("topleft",legend=c("Observed","Expected","Confidence
Envelope","Aggregation"),
    lty=c(1,2,NA,NA),col=c(1,2,"#C0C0C0",rgb(1,0,0,alpha=0.1)),
    lwd=c(1,1,NA,NA),pch=c(NA,NA,15,15),cex=0.8,pt.cex=1.5,y.intersp=1.5)
dev.off()
par(mfrow=c(1,1))

# Plot Residual Values ResR1 and ResM1

ValResR<- fortify(data.frame(Smooth(ResR1)))
ValResR[,3]<-ValResR[,3]*10^7
ValResM<- fortify(data.frame(Smooth(ResM1)))
ValResM[,3]<-ValResM[,3]*10^7

tiff("Residual Values.tif",width=3000,height=1500,res = 300)
```

```
ValR<-ggplotGrob(ggplot(ValResR, aes(x=x, y=y, z=value)) + geom_tile(aes(fill = value))+
                scale_fill_distiller(type = "seq",palette = "Spectral",
                                    guide = "colourbar", aesthetics = "fill")+


                stat_contour(colour="grey")+
                labs(title = "Residual Values Model 1R", adj= 1, x = "",y = "")+
                coord_fixed())
ValM<-ggplotGrob(ggplot(ValResM, aes(x=x, y=y, z=value)) + geom_tile(aes(fill = value))+
                scale_fill_distiller(type = "seq",palette = "Spectral",
                                    guide = "colourbar", aesthetics = "fill")+
                stat_contour(colour="grey")+
                labs(title = "Residual Values Model 1M", x = "",y = "")+
                coord_fixed())
grid.arrange(ValR,ValM,
            widths = c(1,1),
            layout_matrix = rbind(c(1, 2)))
dev.off()
```

Bibliografia

1. Turner S. Ancient Country: The Historic Character of Rural Devon: a Report on the Devon Historic Landscape Characterisation Project. Devon Archaeological Society; 2007.

2. Squatriti P. Landscape and Change in Early Medieval Italy: Chestnuts, Economy, and Culture. Cambridge University Press; 2013.

3. Volpe G. Storia e archeologia globale dei paesaggi rurali in Italia fra Tardoantico e Medioevo. Edipuglia; 2018.

4. Rao R. I paesaggi dell'Italia medievale. Carocci; 2015. Available:

5. Ferrari V. Vegetazione e flora nell'ecosistema medievale (secoli VIII-XV). In: Groppali RBVF, editor. Natura e ambiente nella Provincia di Cremona dal IX al XIX secolo – uno sturdio naturalistico. Provincia di Cremona; 1988. pp. 9–55.

6. Buonincontri M, Rossi M, Di Pasquale G. Medieval forest use and management in Southern Tyrrenian Tuscany: archeo-anthracological research at the site of Vetricella (Scarlino, Grosseto) (AD 750-1250). In: Bianchi G, Hodges R, editors. The nEU-Med project: Vetricella, an Early Medieval royal property on Tuscany's Mediterranean. All'Insegna del Giglio; 2020. pp. 131–142.

7. Squatriti P. Water and Society in Early Medieval Italy AD 400–1000. Cambridge University Press, editor. Cambridge University Press; 1998.

8. Calzolari M. Il territorio di San Benedetto di Polirone: idrografia e topografia nell'Alto Medioevo. In: Golinelli P, editor. Storia di San Benedetto Polirone Le origini (961-1125). Bologna; 1998. pp. 1–33.

9. Abballe M. Fiumi, valli e litorali tra Lamone e Savio dal periodo romano all'Età medievale. In: Galetti P, editor. Una terra antica Paesaggi e insediamenti nella Romania dei secoli V-XI. All'Insegna del Giglio; 2021. pp. 35–48.

10. Settia AA. Castelli e villaggi nell'Italia padana: popolamento, potere e sicurezza fra IX e XIII secolo. Liguori; 1984.

11. Settia AA. Tra azienda agricola e fortezza: case forti," motte" e" tombe" nell'Italia settentrionale. Dati e problemi. Archeologia Medievale. 1980;7: 31. Available:

12. Settia AA. Assetto del popolamento rurale e coppie toponimiche nell'Italia padana (Secoli IX-XIV). Stud Stor. 1995;36: 243–266.

13. Settia AA. Nelle foreste del Re: le corti" Auriola"," Gardina" e" Sulcia" dal IX al XII secolo. 2005.

14. Fumagalli V. Città e campagna nell'Italia medievale. Pàtron; 1985.

15. Fumagalli V. Storie di Val Padana: campagne, foreste e città da Alboino a Cangrande della Scala. Camunia; 1992.

16. Fumagalli V. L'uomo e L'ambiente nel Medioevo. Laterza E, editor. 1999.

17. Saggioro F. Tra terra e acqua: problemi dell'insediamento e dell'ambiente nei territori di pianura. In: Francovich R, Valenti M, editors. 4 Congresso Nazionale di Archeologia Medievale Scriptorium dell'abbazia, Abbazia di San Galgano (Chiusdino, Siena), 26-30 settembre 2006. Borgo San Lorenzo (FI): All'Insegna del Giglio; 2006. pp. 206–211.

18. Matteazzi M. Il paesaggio trasformato: La pianura a sud di Padova tra Romanizzazione e Tarda Antichità. 2019. doi:10.30861/9781407316758

19. Saggioro F. Rural Communities and Landscapes in Northern Italy (Ninth-Twelfth Centuries ad). Social Inequality in Early Medieval Europe: Local Societies and Beyond. Brepols Publishers; 2020. pp. 227–254. doi:10.1484/M.HAMA-EB.5.118453

20. Rao R. Villaggi abbandonati fra Tanaro e Po (X-XIX secolo): una dinamica di lungo periodo. Villaggi abbandonati fra Tanaro e Po (X-XIX secolo): una dinamica di lungo periodo. 2017; 171–192.

21. Manfredini L. Le bonifiche del primo Novecento dal progetto alla realizzazione: manufatti idraulici, sistemi idrografici ed edilizia rurale. In: Ambrosini C, De Marchi PM, editors. Uomini e acque a San Benedetto Po Il governo del territorio tra passato e futuro Atti del convegno (Mantova-San Benedetto Po, 10-12 maggio 2007). All'Insegna del Giglio; 2010. pp. 101–108.

22. Perboni M. Terre di confine: il territorio di San Giovanni del Dosso e del destra Secchia nel Medioevo. Società Archeologica; 2003.

23. Rucco A. Un approccio archeogeomorfologico allo studio delle fonti scritte: colto, incolto e gestione delle acque nel Medioevo nella media e bassa pianura modenese. Atti della Società dei Naturalisti e Matematici di Modena. 2020;CLI: 243–272.

24. Cremonini S, Labate D, Curina R. The late-antiquity environmental crisis in Emilia region (Po river plain, Northern Italy): Geoarchaeological evidence and paleoclimatic considerations. Quat Int. 2013;316: 162–178. doi:10.1016/J.QUAINT.2013.09.014

25. Cremonini S. Alcuni dettagli fotografici per le ricostruzioni paleogeoambientali nella Pianura Padana. Aedes Muratoriana; 1993.

26. Cremonini S. Una "finestra geomorfica" d'età classica nella pianura bolognese. Inquadramento analitico del gruppo morfologico del Reno antico. In: Cremonini S, editor. Romanità della Pianura L'ipotesi archeologica a S Pietro in Casale come coscienza storica per una nuova gestione del territorio. Atti Giornate di Studio, 7/8 Aprile 1990, Bologna; 1991. pp. 243–301.

27. Cremonini S. Il torrente Savena oltre i limiti dell'analisi storica. Un esempio di "Archeologia fluviale." Atti e Memorie d Deputazione di Storia Patria per le Province di Romagna. 1992;42: 159–205.

28. Cremonini S. Autopsia di una rotta fluviale. Note e riflessioni in margine all'evento del 1990 occorso nel fiume Reno bolognese. Il Carrobbio. 1994;19/20: 339–362.

29. Rucco A. Comacchio nell'alto Medioevo: Il paesaggio tra topografia e geoarcheologia (Premio Ottone d'Assia e Riccardo Francovich 2014). All'Insegna del Giglio; 2015.

30. Saggioro F. Paesaggi di pianura: trasformazioni del popolamento tra Età romana e Medioevo (Premio Ottone d'Assia e Riccardo Francovich 2006): Insediamenti, società e ambiente nella pianura tra Mantova e Verona. All'Insegna del Giglio; 2010.

31. Saggioro F. Paesaggi in equilibrio: uomo e acqua nella Pianura Padana Centrale tra IV e IX secolo. Antiquité Tardive. 2012;20: 47–67. doi:10.1484/J.AT.1.103092

32. Cremaschi M, Mercuri AM, Benatti A, Bosi G, Brandolini F. The SUCCESSO-TERRA Project : a Lesson of Sustainability from the Terramare Culture , Middle Bronze Age of the Po Plain (Northern Italy). INTERDISCIPLINARIA ARCHAEOLOGICA NATURAL SCIENCES IN ARCHAEOLOGY. 2018;IX.

33. Storchi P. Tannetum: mutamenti ambientali, considerazioni storiche e fotografia aerea per la localizzazione della città e la ricostruzione del territorio. Tannetum: mutamenti ambientali, considerazioni storiche e fotografia aerea per la localizzazione della città e la ricostruzione del territorio. 2014; 61–82.

34. Storchi P. La viabilità nella pianura reggiana in età romana: alcuni elementi di riflessione. La viabilità nella pianura reggiana in età romana: alcuni elementi di riflessione. 2016; 65–77.

35. Ficara M. L'occupazione dei dossi fluviali nel territorio di Reggio Emilia. In: Mancassola N, Saggioro F, editors. Medioevo, paesaggi e metodi. Mantova: Società Archeologica Padana; 2006. pp. 147–168.

36. Mancassola N. Uomini e acque nella pianura reggiana durante il Medioevo, secoli IX-XIV. Uomini e acque nella pianura reggiana durante il Medioevo, secoli IX-XIV. 2012; 115–132.

37. Valenti M. L'insediamento altomedievale nelle campagne toscane. Paesaggi, popolamento e villaggi tra VI e X secolo. All'Insegna del Giglio; 2004.

38. Jánica GM. Geografia dell'incastellamento. Analisi spaziale della maglia dei villaggi fortificati medievali in Toscana (secoli XVI-XIX). All'Insegna del Giglio; 2007.

39. Marchesini M, Marvelli S, Forlani L, Venezia C, Accorsi C. Reperti xilologici di alberi e arbusti con potenzialità nell'alimentazione umana (periodo medievale, Emilia-Romagna). Atti della Società dei Naturalisti e Matematici Modenesi. 2006;137: 305–313.

40. Marvelli S, Marchesini M. Ricostruzione del paesaggio vegetale e antropico nelle aree centuriate dell'Emilia-Romagna attraverso le indagini archeobotaniche. Ricostruzione del paesaggio vegetale e antropico nelle aree centuriate dell'Emilia-Romagna attraverso le indagini archeobotaniche. 2009; 313–323. doi:10.1400/168972

41. Montecchi MC, Mercuri AM. When palynology meets classical archaeology: the Roman and medieval landscapes at the Villa del Casale di Piazza Armerina, UNESCO site in Sicily. Archaeol Anthropol Sci. 2018;10: 743–757. doi:10.1007/s12520-016-0442-9

42. Furia E, Mercuri AM, Buonincontri MP, Di Pasquale G, Giovanna B. Vita e paesaggio vegetale e culturale della Toscana medievale secondo il progetto nEU-Med. 115° Congresso SBI. 2020. p. 162.

43. Marchetti M. Environmental changes in the central Po Plain (northern Italy) due to fluvial modifications and anthropogenic activities. Geomorphology . 2002;44: 361–373. doi:10.1016/S0169-555X(01)00183-0

44. Fontana A. Evoluzione geomorfologica della bassa pianura friulana: e sue relazioni con le dinamiche insediative antiche. Ed. del Museo Friulano di Storia Naturale; 2006.

45. Rucco A. Archeologia stratigrafica di un paesaggio emiliano. La pianura a nord-est di Bologna tra tarda Antichità e Medioevo. All'Insegna del Giglio; 2020.

46. Cremaschi M, Marchesini M. L'evoluzione di un tratto di pianura Padana (prov. Reggio e Parma) in rapporto agli insediamenti ed alla struttura geologica tra il XV sec. a. C. ed il sec. XI d. C. Archeologia medievale. 1978;5: 542–562.

47. Cremaschi M, Bernabò Brea M, Tirabassi J, Dall'Aglio PL, Baricchi W, Marchesini A, et al. L'evoluzione del settore centromeridionale della valle padana, durante l'età del bronzo, l'età romana e l'età alto medievale, geomorfologia ed insediamenti. Padusa. 1980; 5–25.

48. Marchetti M, Castaldini D. Aspetti geomorfologici e archeologici della Pianura Padana. In: Mancassola N, Saggioro F, editors. Medioevo, Paesaggi e Metodi. Mantova: SAP; 2006. pp. 87–102.

49. Siart C, Forbriger M, Bubenzer O. Digital Geoarchaeology: New Techniques for Interdisciplinary Human-Environmental Research. Springer International Publishing; 2017. doi:10.1007/978-3-319-25316-9

50. Cremaschi M, Ferretti A, Forte M. Tecniche digitali e di visualizzazione in geoarcheologia: il caso di studio della terramara S. Rosa di Poviglio (Re). Archeologia e Calcolatori. 1994;V: 305–316.

51. Wright Morton L, Eigenbrode S, Martin T. Architectures of adaptive integration in large collaborative projects. Ecology and Society. 2015;20. doi:10.5751/ES-07788-200405

52. Castellarin A, Di Baldassarre G, Brath A. Floodplain management strategies for flood attenuation in the river Po. River Research and Applications. 2011. pp. 1037–1047. doi:10.1002/rra.1405

53. Domeneghetti A, Carisi F, Castellarin A, Brath A. Evolution of flood risk over large areas: Quantitative assessment for the Po river. J Hydrol. 2015;527: 809–823. doi:10.1016/j.jhydrol.2015.05.043

54. Merz B, Hall J, Disse M, Schumann A. Fluvial flood risk management in a changing world. Nat Hazards Earth Syst Sci. 2010;10: 509–527. doi:10.5194/nhess-10-509-2010

55. Feulner F. The Late Mesolithic Bark Floor of the Wetland Site of Rüde 2, Schleswig-Holstein, Germany. Journal of Wetland Archaeology. 2011;11: 109–119. doi:10.1179/jwa.2011.11.1.109

56. Ollivier V, Fontugne M, Hamon C, Decaix A, Hatté C, Jalabadze M. Neolithic water management and flooding in the Lesser Caucasus (Georgia). Quaternary Science Reviews. 2018. pp. 267–287. doi:10.1016/j.quascirev.2018.08.016

57. Castiglioni GB, Ajassa R, Baroni C, Biancotti A, Bondesan A, Bondesan M. Carta Geomorfologica Della Pianura Padana. 3 Fogli Alla Scala 1:250.000. Firenze I, editor. 1997.

58. Castiglioni G.B.; Pellegrini GB. Note Illustrative della Carta Geomorfologica Della Pianura Padana. Torino: Supplementi di Geografia Fisica e Dinamica Quaternaria, Comitato Glaciologico Italiano; 2001. pp. 328–421.

59. Campopiano M, Menant F. Agricolture irrigue: l'Italia padana. I Paesaggi Agrari d'Europa (secoli XIII-XV). Viella; 2015.

60. Starnini E, Biagi P, Mazzucco N. The beginning of the Neolithic in the Po Plain (northern Italy): Problems and perspectives. Quat Int. 2018;470: 301–317. doi:10.1016/j.quaint.2017.05.059

61. Corrò E, Piovan S, Primon S, Mozzi P. Dinamiche fluviali e condizionamenti insediativi nel paesaggio di pianura tra la Laguna di Venezia e il fiume Po. Palinsesti programmati nell'Alto Adriatico? Decifrare, conservare, pianificare e comunicare il paesaggio. Atti della giornata di Studi (Venezia, 18 aprile 2019). 2021. doi:10.30687/978-88-6969-480-6/004

62. Montanari M. Campagne medievali: strutture produttive, rapporti di lavoro, sistemi alimentari. Einaudi; 1984.

63. Galetti P. I paesaggi rurali italiani dell'Alto Medioevo: sistemi insediativi e assetti di produzione. Norba Revista de Historia,. 2013;5-26: 89–103.

64. Degani M. Carta Archeologica della carta d'Italia al 1: 100.000. Foglio; 1974.

65. Bottazzi G, Bronzoni L, Mutti A. Carta archeologica del comune di Poviglio: 1986-1989. Banco S. Geminiano e S. Prospero (IS); 1995.

66. Mengotti C, Bortolami S. Antico e sempre nuovo: l'agro centuriato a nord-est di Padova dalle origini all'età contemporanea. Cierre edizioni; 2012.

67. Chouquer G. Les parcellaires médiévaux en Émilie et en Romagne – Centuriations et trames coaxiales. Morphologie et droit agraires. Paris: Livre électronique édité par France Internationale pour l'Expertise Foncière (FIEF); 2015.

68. Brogiolo GP, Citter C. Paesaggi e sistemazioni agrarie nel basso corso dell'Adige da Montagnana al mare. In: Volpe G, editor. Storia e archeologia globale dei paesaggi rurali in Italia. Bari: Edipuglia; 2018. pp. 599–621.

69. Bottazzi G. Gli agri centuriati di Brixellum e di Tannetum. L'Emilia in età romana. 1987; 47–68.

70. Torelli P. Le carte degli Archivi reggiani: fino al 1050. Cooperativa lavoranti tipografi; 1921.

71. Drei G. Le carte degli Archivi Parmensi dei secoli X-XI. 1923.

72. Mancassola N. Interpretazione di superficie del dato altomedievale in area padana. Il territorio a sud di Ravenna (decimano) e la pianura a nord di Reggio Emilia. In: Mancassola N, Saggioro F, editors. Medioevo, paesaggi e metodi. Mantova: Società Archeologica Padana; 2006. pp. 115–146.

73. Chierici GD. La antichitá preromane della provincia di Reggio nell'Emilia indicate dal D. Caetano Chierici: al Congresso internazionale d'anthropologia ed archeologia preistoriche convocato in Bologna nel 1871. Calderini; 1871.

74. Tirabassi J. I siti dell'età del bronzo. Municipio di Reggio Emilia, Civici Musei; 1979.

75. Tirabassi J. I siti neolitici. Municipio di reggio Emilia; 1987.

76. Bernabò Brea M, Cremaschi M. Il Villaggio Piccolo Della Terramara di Santa Rosa di Poviglio: Scavi 1987–1992. IRIS: Firenze, Italy. 2004.

77. Cremaschi M, Pizzi C. Terramara Santa Rosa di Poviglio – Le strutture idrauliche al margine del Villaggio Grande (Scavi 1998 – 2011). Origines: studi e materiali pubblicati a cura dell'Istituto Italiano di Preistoria e Protostoria; 2021.

78. Cremaschi M, Mercuri AM, Torri P, Florenzano A, Pizzi C, Marchesini M, et al. Climate change versus land management in the Po Plain (Northern Italy) during the Bronze Age: New insights from the VP/VG sequence of the Terramara Santa Rosa di Poviglio. Quat Sci Rev. 2016;136: 153–172. doi:10.1016/j.quascirev.2015.08.011

79. Cremaschi M, Mutti A, Baratti G, Borgi F, Brandolini F, Donati N, et al. La terramara Santa Rosa di Poviglio: strutture tra Villaggio Piccolo e Villaggio Grande Nuovi dati dallo scavo 2015. The Journal of Fasti Online. 2016;349.

80. Cremaschi M, Pizzi C, Valsecchi V. Water management and land use in the terramare and a possible climatic co-factor in their abandonment: The case study of the terramara of Poviglio Santa Rosa (northern Italy). Quat Int. 2006;151: 87–98. doi:10.1016/j.quaint.2006.01.020

81. Mele M, Cremaschi M, Giudici M, Lozej A, Pizzi C, Bassi A. The Terramare and the surrounding hydraulic structures: a geophysical survey of the Santa Rosa site at Poviglio (Bronze Age, northern Italy). J Archaeol Sci. 2013;40: 4648–4662. doi:10.1016/j.jas.2013.06.033

82. Storchi P. Aerial Photography as a tool for the identification of Lost Cities: the case of Tannetum (RE). Archeologia Aerea. 2020;11: 116–119.

83. Storchi P. Il Castellazzo di Taneto (RE): una nota sul ritrovamento di alcuni scacchi islamici. Archeologia Medievale. 2019;XLVI: 147–154.

84. Rossi PG, Biondi S. Interdisciplinarità. Educational Sciences & Society. 2015;5: 1–22.

85. QGIS Development Team. QGIS Geographic Information System. Open Source Geospatial Foundation Project. 2020. Available: https://www.qgis.org/en/site/index.html

86. GRASS Dev. Team. Geographic Resources Analysis Support System (GRASS). Open Source Geospatial Foundation; 2020. Available: http://grass.osgeo.org

87. Conrad O, Bechtel B, Bock M, Dietrich H, Fischer E, Gerlitz L, et al. System for Automated Geoscientific Analyses (SAGA) v. 2.1.4. 2015. doi:10.5194/gmd-8-1991-2015

88. RStudio Team. RStudio: Integrated Development for R. Boston, MA: RStudio, Inc.; 2019. Available: http://www.rstudio.com/.

89. Wickham H. ggplot2: Elegant Graphics for Data Analysis. Springer; 2016.

90. Brandolini F. Late-Holocene Human Resilience in a Fluvial Environment: A Geoarchaeological Dataset for the Central Po Plain (N Italy). Journal of Open Archaeology Data. 2020;8: 897. doi:10.5334/joad.62

91. Brandolini F, Cremaschi M, Pelfini M. Estimating the Potential of Archaeo-historical Data in the Definition of Geomorphosites and Geo-educational Itineraries in the Central Po Plain (N Italy). Geoheritage. 2019. doi:10.1007/s12371-019-00370-5

92. Brandolini F. Late-Holocene human resilience in a fluvial environment: a geoarchaeological database for the Central Po Plain (N Italy). Harvard Dataverse; 2020. doi:10.7910/DVN/JSYZ3H

93. Brandolini F, Reynard E, Pelfini M. Multi-temporal mapping of the Upper Rhone Valley (Valais, Switzerland): fluvial landscape changes at the end of the Little Ice Age (18th–19th centuries). J Maps. 2020;16: 212–221. doi:10.1080/17445647.2020.1724837

94. Ballarin M, Balletti C, Gottardi C. Automatic Systems for Digitizing Historical Maps. e-Perimetron. 2015;10.

95. Rondini P. Digital Rocks. An integrated approach to rock art recording: the case study of Ossimo-Pat (Valle Camonica), monolith 23. Archeologia e Calcolatori. 2018;29: 259–278. doi:10.19282/ac.29.2018.21

96. Zerboni, Andrea: Degli Esposti, Michele: Wu, Ying-Li, Brandolini F, Mariani GS, Villa F, Lotti P, Cappitelli F, et al. Age, palaeoenvironment, and preservation of prehistoric petroglyphs on a boulder in the oasis of Salut (northern Sultanate of Oman)'. Quat Int. 2021;572: 106–119. doi:10.1016/j.quaint.2019.06.040

97. Brandolini F, Cremaschi M, Zerboni A, Degli Esposti M, Mariani GS, Lischi S. SfM-photogrammetry for fast recording of archaeological features in remote areas. Archeologia e calcolatori. 2020; 33–45.

98. Sapirstein P. A high-precision photogrammetric recording system for small artifacts. J Cult Herit. 2018;31: 33–45. doi:10.1016/j.culher.2017.10.011

99. Zangrossi F, Delpiano D, Cocilova A, Ferrari F, Balzani M, Peresani M. 3D visual technology applied for the reconstruction of a Paleolithic workshop. Journal of Archaeological Science: Reports. 2019;28: 102045. doi:10.1016/j.jasrep.2019.102045

100. Galantucci RA, Fatiguso F. Advanced damage detection techniques in historical buildings using digital photogrammetry and 3D surface anlysis. J Cult Herit. 2019;36: 51–62. doi:10.1016/j.culher.2018.09.014

101. Beltrami C, Cavezzali D, Chiabrando F, Iaccarino Idelson A, Patrucco G, Rinaudo F. 3D DIGITAL AND PHYSICAL RECONSTRUCTION OF A COLLAPSED DOME USING SFM TECHNIQUES FROM HISTORICAL IMAGES. International Archives of the Photogrammetry, Remote Sensing & Spatial Information Sciences. 2019.

102. Carvajal-Ramírez F, Navarro-Ortega AD, Agüera-Vega F, Martínez-Carricondo P, Mancini F. Virtual reconstruction of damaged archaeological sites based on Unmanned Aerial Vehicle Photogrammetry and 3D modelling. Study case of a southeastern Iberia production area in the Bronze Age. Measurement. 2019;136: 225–236. doi:10.1016/j.measurement.2018.12.092

103. Guidi G, Russo M, Angheleddu D. 3D survey and virtual reconstruction of archeological sites. Digital Applications in Archaeology and Cultural Heritage. 2014;1: 55–69. doi:10.1016/j.daach.2014.01.001

104. Brandolini F, Patrucco G. Structure-from-Motion (SFM) Photogrammetry as a Non-Invasive Methodology to Digitalize Historical Documents: A Highly Flexible and Low-Cost Approach? Herit Rev. 2019;2: 2124–2136. doi:10.3390/heritage2030128

105. Agisoft. Agisoft Metashape. 2020. Available: https://www.agisoft.com/pdf/metashape-pro_1_6_en.pdf

106. Baiocchi V, Lelo K, Milone MV, Mormile M. Accuracy of different georeferencing strategies on historical maps of Rome. Geographia Technica. 2013;1: 10–16.

107. Oniga V-E, Breaban A-I, Statescu F. Determining the Optimum Number of Ground Control Points for Obtaining High Precision Results Based on UAS Images. Proc AMIA Annu Fall Symp. 2018;2: 352. doi:10.3390/ecrs-2-05165

108. Lieskovský J, Kaim D, Balázs P, Boltižiar M, Chmiel M, Grabska E, et al. Historical land use dataset of the Carpathian region (1819–1980). J Maps. 2018;14: 644–651. doi:10.1080/17445647.2018.1502099

109. Kaim D, Kozak J, Kolecka N, Ziółkowska E, Ostafin K, Ostapowicz K, et al. Broad scale forest cover reconstruction from historical topographic maps. Appl Geogr. 2016;67: 39–48. doi:10.1016/j.apgeog.2015.12.003

110. Orengo HA, Palet JM. Archaeomorphology as landscape archaeology: new approaches and perspectives. LAC 2014 proceedings. 2016. p. 5.

111. Brandolini F, Domingo-Ribas G, Zerboni A, Turner S. A Google Earth Engine-enabled Python approach to improve identification of anthropogenic palaeo-landscape features. Open Research Europe. 2021. p. 22. doi:10.12688/openreseurope.13135.1

112. Cambi F. Manuale di archeologia dei paesaggi: metodologie, fonti, contesti. Carocci; 2011.

113. Turner S. Paysages et relations : archéologie, géographie, archéogéographie. Etud Rurales. 2011; 143–154. doi:10.4000/etudesrurales.9511

114. Pellegrini, Luisa, Dall'Aglio, Luigi P. Topografia antica e Geomorfologia : le due facce della medesima medaglia. Topografia antica e Geomorfologia : le due facce della medesima medaglia. 2019; 11–16. doi:10.19272/201909101001

115. Nakoinz O, Knitter D. Modelling Human Behaviour in Landscapes: Basic Concepts and Modelling Elements. Springer; 2016.

116. Mancassola N, Saggioro F. Medioevo, paesaggi e metodi. SAP; 2006.

117. Galetti P. Paesaggi, comunità, villaggi medievali. Atti del Convegno internazionale di studio Bologna. 2010; 14–16.

118. Chapman H. Landscape archaeology and GIS. Tempus Stroud; 2006.

119. Conolly J, Lake M. Geographical information systems in archaeology. 2006.

120. Cremaschi M. Manuale di geoarcheologia. Laterza; 2000.

121. Butzer KW. Challenges for a cross-disciplinary geoarchaeology: The intersection between environmental history and geomorphology. Geomorphology . 2008;101: 402–411. doi:10.1016/J.GEOMORPH.2008.07.007

122. Davidson DA, Shackley ML. Geoarchaeology: Earth Science and the Past : [papers]. Westview Press; 1976.

123. Macphail RI, Goldberg P. Applied Soils and Micromorphology in Archaeology. 2017. doi:10.1017/9780511895562

124. Nicosia C, Stoops G. Archaeological Soil and Sediment Micromorphology. John Wiley & Sons; 2017.

125. Rellini I, Firpo M, Martino G, Riel-Salvatore J, Maggi R. Climate and environmental changes recognized by micromorphology in Paleolithic deposits at Arene Candide (Liguria, Italy). Quat Int. 2013;315: 42–55. doi:10.1016/j.quaint.2013.05.050

126. Nicosia C. Geoarcheologia delle stratificazioni urbane post-classiche. Edizioni Quasar; 2018.

127. Cremaschi M, Gelichi S. Il sito archeologico di Santo Stefano di Poviglio (RE). Prime informazioni sulla campagna di scavo 1990. Soprintendenza Archeologica per l'Emilia-Romagna – Studi e Documenti di Archeologia. 1990; VI: 92–96.

128. Murphy CP. Thin section preparation of soils and sediments. A.B. Academic; 1986.

129. Stoops G. Guidelines for analysis and description of soil and regolith thin sections. Soil Science Society of America Inc.; 2003.

130. Nicosia C, Trombino L, Stoops G. Traduzione italiana della terminologia presente in "Guidelines for Analysis and Description of Soil and Regolith Thin Sections. Il Quaternario Italian Journal of Quaternary Sciences. 2010;23: 15–20.

131. Goldberg P, Macphail RI. Practical and theoretical geoarchaeology. Blackwell publishing Oxford; 2008.

132. Howey MCL, Brouwer Burg M. Assessing the state of archaeological GIS research: Unbinding analyses of past landscapes. J Archaeol Sci. 2017;84: 1–9. doi:10.1016/j.jas.2017.05.002

133. Gillings M, Hacıgüzeller P, Lock G. Archaeological Spatial Analysis: A Methodological Guide. Routledge; 2020.

134. Forte M, Campana S, editors. Digital methods and remote sensing in archaeology: Archaeology in the age of sensing. 1st ed. Cham, Switzerland: Springer International Publishing; 2017. doi:10.1007/978-3-319-40658-9

135. Bocco G, Mendoza M, Velázquez A. Remote sensing and GIS-based regional geomorphological mapping—a tool for land use planning in developing countries. Geomorphology . 2001;39: 211–219. doi:10.1016/S0169-555X(01)00027-7

136. Remondo J, Oguchi T. GIS and SDA applications in geomorphology. Geomorphology . 2009;111: 1–3. doi:10.1016/j.geomorph.2009.04.015

137. Macchi Janica G. Spazio e misura. Introduzione ai metodi geografico-quantitativi applicati allo studio dei fenomeni sociali. Siena: Edizioni dell'Università-Siena; 2009.

138. James LA, Walsh SJ, Bishop MP. Geospatial technologies and geomorphological mapping. Geomorphology . 2012;137: 1–4. doi:10.1016/j.geomorph.2011.06.002

139. Carlson DL. Quantitative Methods in Archaeology Using R. Cambridge University Press; 2017.

140. Siart C, Bakti BB, Eitel B. Digital Geoarchaeology: An Approach to Reconstructing Ancient Landscapes at the Human-Environmental Interface. Scientific Computing and Cultural Heritage. Springer Berlin Heidelberg; 2013. pp. 71–84. doi:10.1007/978-3-642-28021-4_8

141. Marchetti M. Geomorfologia fluviale. Pitagora; 2000.

142. Brown AG, Brown AG, Brown T, Brown AG. Alluvial Geoarchaeology: Floodplain Archaeology and Environmental Change. Cambridge University Press; 1997.

143. Chorley RJ. Spatial analysis in geomorphology. London: Methuen; 1972. Available: https://openlibrary.org/books/OL5449802M.opds

144. Gomez C, Oguchi T, Evans IS. Quantitative geomorphology with geographical information systems (GIS) for evolving societies and science. Geomorphology . 2016;260: 1–3. doi:10.1016/j.geomorph.2016.01.019

145. Otto J-C, Prasicek G, Blöthe, Jan, Schrott L. 2.05 – GIS Applications in Geomorphology. In: Huang B, editor. Comprehensive Geographic Information Systems. Oxford: Elsevier; 2018. pp. 81–111. doi:10.1016/B978-0-12-409548-9.10029-6

146. Castaldini D. Evoluzione della rete idrografica centropadana in epoca protostorica e storica. Convegno Nazionale di Studi" Insediamenti e viabilità nell'alto ferrarese dall'età romana al Medioevo." ITA; 1989. pp. 115–134.

147. Arun PV. A comparative analysis of different DEM interpolation methods. Egypt J Remote Sens Space Sci. 2013;16: 133–139. doi:10.1016/j.ejrs.2013.09.001

148. Arun PV. A terrain-based hybrid approach towards DEM interpolation. Ann GIS. 2013;19: 245–252. doi:10.1080/19475683.2013.843590

149. Chu H-J, Wang C-K, Huang M-L, Lee C-C, Liu C-Y, Lin C-C. Effect of point density and interpolation of LiDAR-derived high-resolution DEMs on landscape scarp identification. GISci Remote Sens. 2014;51: 731–747. doi:10.1080/15481603.2014.980086

150. Jarosław J, Hildebrandt-Radke I. Using multivariate statistics and fuzzy logic system to analyse settlement preferences in lowland areas of the temperate zone: an example from the Polish Lowlands. J Archaeol Sci. 2009;36: 2096–2107. doi:10.1016/j.jas.2009.06.004

151. Carrer F. An ethnoarchaeological inductive model for predicting archaeological site location: A case-study of pastoral settlement patterns in the Val di Fiemme and Val di Sole (Trentino, Italian Alps). Journal of Anthropological Archaeology. 2013;32: 54–62. doi:10.1016/j.jaa.2012.10.001

152. Löwenborg D. Using geographically weighted regression to predict site representativity. Making History Interactive, Proceedings of CAA Conference, 37th Annual Meeting, Williamsburg, Virginia. 2010. pp. 203–215.

153. Negre J, Muñoz F, Barceló JA. A Cost-Based Ripley's K Function to Assess Social Strategies in Settlement Patterning. Journal of Archaeological Method and Theory. 2018;25: 777–794. doi:10.1007/s10816-017-9358-7

154. Garrard C. Geoprocessing with Python. Manning Publ.; 2016.

155. Marwick B, Van Vlack HG, Conrad C, Shoocongdej R, Thongcharoenchaikit C, Kwak S. Adaptations to sea level change and transitions to agriculture at Khao Toh Chong rockshelter, Peninsular Thailand. J Archaeol Sci. 2017;77: 94–108. doi:10.1016/j.jas.2016.10.010

156. Green C. Challenges in the Analysis of Geospatial "Big Data." Archaeological Spatial Analysis. 2020. pp. 430–443. doi:10.4324/9781351243858-22

157. Zadeh LA. Fuzzy sets, Information and Control, vol. 8. Google Scholar Google Scholar Digital Library Digital Library. 1965; 338–353.

158. Fusco J, de Runz C. Spatial Fuzzy Sets. In: Gillings M, Hacıgüzeller P, Lock G, editors. Archaeological Spatial Analysis A Methodological Guide. 2020. pp. 169–191. doi:10.4324/9781351243858-10

159. Nicolucci F, Hermon S. Time, chronology and classification. In: Barcelo' JA, Bogdanovic I, editors. Mathematics and archaeology. New York: Taylor & Francis; 2015. pp. 257–271.

160. Hamer W, Knitter D. FuzzyLandscapes -- Fuzzy analyses with a focus on raster data. 2018. doi:10.5281/zenodo.1747005

161. Bevan A. Spatial point patterns and processes. Archaeological Spatial Analysis. Routledge London; 2020. pp. 60–77.

162. Bevan A, Conolly J. Multiscalar Approaches to Settlement Pattern Analysis. In: Lock G, Molyneaux BL, editors. Confronting Scale in Archaeology: Issues of Theory and Practice. Boston, MA: Springer US; 2006. pp. 217–234. doi:10.1007/0-387-32773-8_15

163. Palmisano A. Zooming Patterns Among the Scales: a Statistics Technique to Detect Spatial Patterns Among Settlements. Archaeology in the Digital Era. 2014. pp. 348–356. doi:10.1515/9789048519590-038

164. Bevan A, Lake M. Intensities, interactions, and uncertainties: some new approaches to archaeological distributions. Computational approaches to archaeological spaces. Routledge; 2016. pp. 27–52.

165. Diggle P. Statistical Analysis of Spatial Point Patterns. Arnold; 2003.

166. Eve SJ, Crema ER. A house with a view? Multi-model inference, visibility fields, and point process analysis of a Bronze Age settlement on Leskernick Hill (Cornwall, UK). J Archaeol Sci. 2014;43: 267–277. doi:10.1016/j.jas.2013.12.019

167. Visentin D, Carrer F. Evaluating Mesolithic settlement patterns in mountain environments. ARCHEOLOGIA E CALCOLATORI. 2017;28: 129–145.

168. Costanzo S, Brandolini F, Ahmed H, A. Zerboni, Manzo A. Creating the funerary landscape in eastern Sudan. PlosOne. 2021. doi:10.1371/journal.pone.0253511

169. Knitter D, Nakoinz O. Point Pattern Analysis as Tool for Digital Geoarchaeology: A Case Study of Megalithic Graves in Schleswig-Holstein, Germany. In: Siart C, Forbriger M, Bubenzer O, editors. Digital Geoarchaeology: New Techniques for Interdisciplinary Human-Environmental Research. Cham: Springer International Publishing; 2018. pp. 45–64. doi:10.1007/978-3-319-25316-9_4

170. Ripley BD. The second-order analysis of stationary point processes. J Appl Probab. 1976;13: 255–266. doi:10.2307/3212829

171. Baddeley A, Rubak E, Turner R. Spatial Point Patterns: Methodology and Applications with R. CRC Press; 2015. pp. 415–149.

172. Lotwick HW, Silverman BW. Methods for Analysing Spatial Processes of Several Types of Points. J R Stat Soc Series B Stat Methodol. 1982;44: 406–413. doi:10.1111/j.2517-6161.1982.tb01221.x

173. Besag JE. Discussion of the paper by Ripley (1977). J R Stat Soc Series B Stat Methodol. 1977;39: 193–195.

174. Biagetti S, Alcaina-Mateos J, Crema E. A matter of ephemerality: the study of Kel Tadrart Tuareg (southwest Libya) campsites via quantitative spatial analysis. Ecol Soc. 2016;21.

175. Giusti D, Arzarello M. The need for a taphonomic perspective in spatial analysis: Formation processes at the Early Pleistocene site of Pirro Nord (P13), Apricena, Italy. Journal of Archaeological Science: Reports. 2016;8: 235–249. doi:10.1016/j.jasrep.2016.06.014

176. Baddeley A, Turner R. Spatstat: spatial point pattern analysis, model-fitting, simulation, tests. R Foundation for Statistical Computing, Vienna, Austria; 2013. Available: http://cran.fyxm.net/web/packages/spatstat/

177. Bivand R, Krug R, Neteler M. Interface Between GRASS 7 Geographical Information System and R. 2018. Available: http://grass.osgeo.org/.

178. Venables WN, Ripley BD. Modern Applied Statistics with S. Statistics and Computing. 2002. doi:10.1007/978-0-387-21706-2

179. Barbacini G, Bernini M, Papani G, Rogledi S. Le strutture embricate del margine appenninico emiliano tra il T. Enza ed il F. Secchia (Provincia di Reggio Emilia). Atti del III seminario sulla cartografia geologica Regione Emilia-Romagna Press, Bologna. 2002; 25–36.

180. Marchetti M. Persistenze di morfologie originali e loro relazione con la struttura antropica. Uomini e acque a San Benedetto Po-Il governo del territorio tra passato e futuro. All'Insegna del Giglio; 2010. pp. 25–30.

181. Amorosi A, Pignone R. La pianura: geologia, suoli e ambienti in Emilia-Romagna. Pendragon; 2009.

182. Rossi M, Rogledi S, Barbacini G, Casadei D, Iaccarino S, Papani G. Tectono-stratigraphic architecture of Messinian piggyback basins of Northern Apennines: the Emilia folds in the Reggio-Modena area and comparison with the Lombardia and Romagna sectors. Bollettino della Società geologica italiana. 2002;1: 437–447.

183. Gunderson KL, Pazzaglia FJ, Picotti V. Unraveling tectonic and climatic controls on synorogenic growth strata (Northern Apennines, Italy). 2014. Available: https://pubs.geoscienceworld.org/gsa/gsabulletin/article-abstract/126/3-4/532/126043

184. Cremaschi M, Nicosia C. Sub-Boreal aggradation along the Apennine margin of the Central Po Plain: geomorphological and geoarchaeological aspects. Géomorphologie : relief, processus, environnement. 2012;18: 155–174. doi:10.4000/geomorphologie.9810

185. Cremaschi M, Storchi P, Perego A. Geoarchaeology in an urban context: The town of Reggio Emilia and river dynamics during the last two millennia in Northern Italy. Geoarchaeology. 2018;33: 52–66. doi:10.1002/gea.21662

186. Charlton R. Fundamentals of fluvial geomorphology. Routledge; 2007.

187. Christiansen B, Ljungqvist FC. The extra-tropical Northern Hemisphere temperature in the last two millennia: reconstructions of low-frequency variability. Climate of the Past. 2012. pp. 765–786. doi:10.5194/cp-8-765-2012

188. Sassatelli G. Celti ed Etruschi nell'Etruria Padana e nell'Italia settentrionale. OCNUS—Quad della Sc di Spec Archeol. 2003;11: 231–257.

189. Bernabò Brea M, Cardarelli A, Cremaschi M. Le Terramare, la più antica civiltà padana. Electa; 1997. Available: https://air.unimi.it/handle/2434/192596

190. Brandolini F, Carrer F. Terra, Silva et Paludes. Assessing the Role of Alluvial Geomorphology for Late-Holocene Settlement Strategies (Po Plain – N Italy) Through Point Pattern Analysis. Environ Archaeol. 2020; 1–15. doi:10.1080/14614103.2020.1740866

191. Dall'Aglio PL, Franceschelli C. Bonifiche e regimazioni idrauliche tra pianificazione e gestione del territorio. CITCEM-Publicações. 2012; 77–104.

192. Settis S. Misurare la terra: centuriazione e coloni nel mondo romano. Modena: Franco Cosimo Panini; 1984.

193. Rosada G, Dall'Aglio PL. Sistemi centuriali e opere di assetto agrario tra età romana e primo Medioevo. Sistemi centuriali e opere di assetto agrario tra età romana e primo Medioevo. 2009; 11–13. doi:10.1400/169001

194. Wang T, Surge D, Mithen S. Seasonal temperature variability of the Neoglacial (3300--2500 BP) and Roman Warm Period (2500--1600 BP) reconstructed from oxygen isotope ratios of limpet shells (Patella vulgata), Northwest Scotland. Palaeogeogr Palaeoclimatol Palaeoecol. 2012;317: 104–113.

195. Büntgen U, Tegel W, Nicolussi K, McCormick M, Frank D, Trouet V, et al. 2500 years of European climate variability and human susceptibility. Science. 2011;331: 578–582. doi:10.1126/science.1197175

196. Brogiolo GP. Flooding in Northern Italy during the Early Middle Ages: resilience and adaptation. Post-Classical Archeologies. 2015;5: 47–68.

197. Stothers RB, Rampino MR. Volcanic eruptions in the Mediterranean before A.D. 630 from written and archaeological sources. J Geophys Res. 1983;88: 6357. doi:10.1029/JB088iB08p06357

198. Büntgen U, Myglan VS, Ljungqvist FC, McCormick M, Di Cosmo N, Sigl M, et al. Cooling and societal change during the Late Antique Little Ice Age from 536 to around 660 AD. Nat Geosci. 2016;9: 231. doi:10.1038/ngeo2652

199. Larsen LB, Vinther BM, Briffa KR, Melvin TM, Clausen HB, Jones PD, et al. New ice core evidence for a volcanic cause of the A.D. 536 dust veil. Geophys Res Lett. 2008;35: L04708. doi:10.1029/2007GL032450

200. Squatriti P. The floods of 589 and climate change at the beginning of the Middle Ages: an Italian microhistory. Speculum. 2010;85: 799–826. doi:10.1017/S0038713410002290

201. Settia AA. Proteggere e dominare. Fortificazioni e popolamento nell'Italia medievale. 1999.

202. Saggioro F. La formazione dei paesaggi medievali nelle aree di Pianura Ciudad y mundo rural. Universidad de Granada, Editorial Universidad de Granada. 2018; 275–314.

203. Calzolari M. Navigazione interna, porti e navi nella pianura reggiana e modenese (secoli IX-XII). Viabilità antica e medievale nel territorio modenese e reggiano. 1983; 91–166.

204. Calzolari M. La navigazione interna in Emilia-Romagna tra VIII e XIII secolo. Vie del Commercio in Emilia-Romagna Marche; Alfieri, N , Ed. 1990; 115–124.

205. Bonfatti L. L'idrografia del XIII secolo sul confine tra i territori di Mantova e Reggio Emilia. In: Perboni M, editor. Terre di confine: il territorio di San Giovanni del Dosso e del destra Secchia nel Medioevo. Mantova: SAP Società Archeologica; 2003. pp. 13–18.

206. Alfieri N. Vie del commercio in Emilia-Romagna, Marche. CoBaPo, Consorzio fra le Banche Popolari dell'Emilia-Romagna Marche; 1990.

207. Mancassola N. Le forme del popolamento rurale nel territorio decimano. In: Manzelli V. FM, editor. Orme nei campi Archeologia a sud di Ravenna. Firenze: All'Insegno del Giglio; 2008. pp. 89–103.

208. Mancassola N. L'azienda curtense tra Langobardia e Romania rapporti di lavoro e patti colonici dall'età carolingia al mille. Bologna: CLUEB; 2008.

209. Sergi G. Curtis e signoria rurale: interferenze fra due strutture medievali. Scriptorium; 1993.

210. Galetti P. Edilizia residenziale privata rurale e urbana: modelli reciproci?, in Città e campagna nei secoli altomedievali. Atti del LVI Congresso Internazionale di Studi Sull'Alto Medioevo, (Spoleto, 27 marzo – 1 aprile 2008) , CISAM, Spoleto 2009. CISAM; 2009. pp. 713–716.

211. Settia AA. Rapine, assedi, battaglie: La guerra nel Medioevo. Gius.Laterza & Figli Spa; 2016.

212. Mensing S, Tunno I, Cifani G, Passigli S, Noble P, Archer C, et al. Human and climatically induced environmental change in the Mediterranean during the Medieval Climate Anomaly and Little Ice Age: A case from central Italy. Anthropocene. 2016. doi:10.1016/j.ancene.2016.01.003

213. Rippon S. Adaptation to a changing environment: the response of marshland communities to the late medieval'crisis'. Journal of Wetland Archaeology. 2001;1: 15–39.

214. Malanima P. Urbanisation and the Italian economy during the last millennium. Eur Rev Econ Hist. 2005;9: 97–122. doi:10.1017/S1361491604001327

215. Hoffmann R. An Environmental History of Medieval Europe. 2014. doi:10.1017/cbo9781139050937

216. Magnusson RJ. Water Technology in the Middle Ages: Cities, Monasteries, and Waterworks after the Roman Empire. JHU Press; 2003.

217. Comba R. "Ville" e borghi nuovi nell'Italia del Nord (XII-XIV secolo). Stud Stor. 1991;32: 5–23.

218. Comba R, Panero F, Pinto G. Borghi nuovi e borghi franchi: nel processo di costruzione dei distretti comunali nell'Italia centro-settentrionale : secoli 12.-14. Centro internazionale di studi sugli insediamenti medievali; 2002.

219. Gabbi B. La bonifica Bentivoglio-Enza: antologia documentaria sulle acque. Diabasis; 2001.

220. Saltini A. Dove l'uomo separò la terra dalle acque: storia delle bonifiche dell'Emilia-Romagna. Diabasis; 2005.

221. Iannacci L, Mezzetti M, Modesti M, Zuffrano A. Chartae Latinae Antiquiores. Facsimile- Edition of the Latin Charters. Ninth Century. Zurich, Switzerland: Urs Graf Verlag; 2012.

222. Stepinski TF, Jasiewicz J. Geomorphons-a new approach to classification of landforms. Proceedings of Geomorphometry. 2011;2011: 109–112.

223. Jasiewicz J, Stepinski TF. Geomorphons — a pattern recognition approach to classification and mapping of landforms. Geomorphology. 2013. pp. 147–156. doi:10.1016/j.geomorph.2012.11.005

224. Fryirs KA, Brierley GJ. Geomorphic Analysis of River Systems: An Approach to Reading the Landscape. John Wiley & Sons; 2012.

225. Balista C, Bonfatti L. Geoarcheologia dei dossi di S. Giovanni del Dosso e delle aree contermini. In: Perboni M, editor. Terre di confine: il territorio di San Giovanni del Dosso e del destra Secchia nel Medioevo. Mantova: SAP Società Archeologica; 2003. pp. 93–136.

226. Hamer WB, Knitter D, Grimm SB, Serbe B, Eriksen BV, Nakoinz O, et al. Location Modeling of Final Palaeolithic Sites in Northern Germany. Geosci J. 2019;9: 430. doi:10.3390/geosciences9100430

227. Settia A, Marasco L, Saggioro F. Fortificazioni di terra in Italia. Motte, tumuli, tumbe, recinti. Archeologia Medievale. 2013;40: 9–187.

228. Brandolini F, Trombino L, Sibilia E, Cremaschi M. Micromorphology and site formation processes in the Castrum Popilii Medieval Motte (N Italy). Journal of Archaeological Science: Reports. 2018;20: 18–32. doi:10.1016/J.JASREP.2018.04.017

229. Brogiolo GP. Edilizia residenziale tra V e VIII secolo: 4o. seminario sul tardoantico e l'altomedioevo in Italia centrosettentrionale, Monte Barro-Galbiate (Lecco) 2-4 settembre 1993. Padus; 1994.

230. Galetti P. Edilizia residenziale tra IX-X secolo. Storia e archeologia. All'Insegna del Giglio; 2010.

231. Gelichi S, Librenti M, Marchesini M. Un villaggio nella pianura. Ricerche archeologiche in un insediamento medievale del territorio di Sant'Agata Bolognese. All'Insegna del Giglio; 2014.

232. Siena L, silvia, Villa, Luca, Negri, Alessandra. La ceramica altomedievale tra Lombardia e Friuli : bilancio delle conoscenze e prospettive di ricerca (VIII – IX e X-XI secolo). La ceramica altomedievale tra Lombardia e Friuli. 2004; 1000–1044. doi:10.1400/135497

233. MacKenzie WS, Adams AE. A Colour Atlas of Rocks and Minerals in Thin Section. Manson; 1994.

234. Wilson M. A Colour Atlas of Carbonate Sediments and Rocks Under the Microscope; AE Adams, WS MacKenzie, Manson Publishing, 1998, 180 pp.; ISBN: 1 874545. Elsevier; 2000.

235. Adderley WP, Wilson CA, Simpson IA, Davidson DA. Anthropogenic features. Interpretation of micromorphological features of soils and regoliths. Elsevier; 2018. pp. 753–777.

236. Macphail RI, Courty M-A, Goldberg P. Soil micromorphology in archaeology. Endeavour. 1990;14: 163–171. doi:10.1016/0160-9327(90)90039-T

237. Karkanas P, Goldberg P. Chapter 12 – Phosphatic Features. In: Stoops G, Marcelino V, Mees F, editors. Interpretation of Micromorphological Features of Soils and Regoliths (Second Edition). Elsevier; 2018. pp. 323–346. doi:10.1016/B978-0-444-63522-8.00012-7

238. Lindbo DL, Stolt MH, Vepraskas MJ. 8 – Redoximorphic Features. In: Stoops G, Marcelino V, Mees F, editors. Interpretation of Micromorphological Features of Soils and Regoliths. Amsterdam: Elsevier; 2010. pp. 129–147. doi:10.1016/B978-0-444-53156-8.00008-8

239. Karkanas P, Van de Moortel A. Micromorphological analysis of sediments at the Bronze Age site of Mitrou, central Greece: patterns of floor construction and maintenance. J Archaeol Sci. 2014;43: 198–213. doi:10.1016/j.jas.2014.01.007

240. Sveinbjarnardottir G, Erlendsson E, Vickers K, McGovern TH, Milek KB, Edwards KJ, et al. The palaeoecology of a high status Icelandic farm. Environ Archaeol. 2007;12: 187–206.

241. Milek K. The Roles of Pit Houses and Gendered Spaces on Viking-Age Farmsteads in Iceland. Mediev Archaeol. 2012;56: 85–130. doi:10.1179/0076609712Z.0000000004

242. Gé T, Courty M-A, Matthews W, Wattez J. Sedimentary formation processes of occupation surfaces. Formation processes in archaeological context. Prehistory Press Madison; 1993. pp. 149–164.

243. Karkanas P. Late Neolithic household activities in marginal areas: the micromorphological evidence from the Kouveleiki caves, Peloponnese, Greece. J Archaeol Sci. 2006;33: 1628–1641. doi:10.1016/j.jas.2006.02.017

244. Karkanas P. Identification of lime plaster in prehistory using petrographic methods: A review and reconsideration of the data on the basis of experimental and case studies. Geoarchaeology. 2007;22: 775–796. doi:10.1002/gea.20186

245. Ingham J. Geomaterials Under the Microscope: A Colour Guide. CRC Press; 2010.

246. Hughes JJ, Leslie AB, Callebaut K. The petrography of lime inclusions in historic lime based mortars. Proceedings of the 8th Euroseminar on Microscopy Applied to Building Materials. 2001; 359–364.

247. Stoops G, Canti MG, Kapur S. Calcareous Mortars, Plasters and Floors. Archaeological Soil and Sediment Micromorphology. 2017. pp. 189–199. doi:10.1002/9781118941065.ch23

248. Macphail RI, Goldberg P. Archaeological Materials. Interpretation of Micromorphological Features of Soils and Regoliths. 2010. pp. 589–622. doi:10.1016/b978-0-444-53156-8.00026-x

249. Courty MA, Goldberg P, Macphail R. Soils and micromorphology in archaeology. Cambridge: Cambridge. 1989.

250. Galetti P. Civiltà del legno: per una storia del legno come materia per costruire dall'antichità ad oggi. CLUEB; 2004.

251. Gelichi S. I Congresso Nazionale di Archeologia Medievale. Pré-tirages (Pisa, 29-31 maggio 1997). All'Insegna del Giglio; 1997.

252. Moropoulou A, Bakolas A, Aggelakopoulou E. The effects of limestone characteristics and calcination temperature to the reactivity of the quicklime. Cem Concr Res. 2001;31: 633–639. doi:10.1016/S0008-8846(00)00490-7

253. Gebhardt A, Langohr R. Micromorphological study of construction materials and living floors in the medieval motte of Werken (West Flanders, Belgium). Geoarchaeology. 1999;14: 595–620. doi:10.1002/(sici)1520-6548(199910)14:7

254. Di Leo M, Manfreda S, Fiorentino M. An automated procedure for the detection of flood prone areas: r. hazard. flood. Geomatics Workbooks. 2011. Available: http://geomorfolab.arch.unige.it/geomaticsworkbooks/

255. Shirazi MA, Warren Hart J, Boersma L. A Unifying Quantitative Analysis of Soil Texture: Improvement of Precision and Extension of Scale. Soil Science Society of America Journal. 1988. p. 181. doi:10.2136/sssaj1988.03615995005200010032x

256. Andersen TB, Jensen PS, Skovsgaard CV. The heavy plow and the agricultural revolution in Medieval Europe. J Dev Econ. 2016;118: 133–149. doi:10.1016/j.jdeveco.2015.08.006

257. Uggeri SP. La viabilità medievale in Italia. Contributo alla carta archeologica medievale. Atti del V Seminario di Archeologia Medievale (Cassino, 2000). All'Insegna del Giglio; 2002.

258. Zimmerman D. Likelihood-Based Methods. Chapman & Hall/CRC Handbooks of Modern Statistical Methods. 2010. pp. 45–56. doi:10.1201/9781420072884-c4

259. Marcone A. Il rapporto tra agricoltura e pastorizia nel mondo romano nella storiografia recente. Mélanges de l'École française de Rome Antiquité. 2016. doi:10.4000/mefra.3449

260. Bosi G, Mercuri AM, Bandini Mazzanti M, Florenzano A, Montecchi MC, Torri P, et al. The evolution of Roman urban environments through the archaeobotanical remains in Modena – Northern Italy. J Archaeol Sci. 2015;53: 19–31. doi:10.1016/j.jas.2014.09.020

261. Brandolini F, Cremaschi M. Valli-Paludi nel Medioevo: il rapporto tra uomo e acque nella Bassa Pianura Reggiana. Le bonifiche "laiche" per colmata. In: del Giglio: Firenze A, editor. VIII Congresso Nazionale di Archeologia Medievale Pré-Tirages (Matera, 12–15 Settembre 2018). 2018. pp. 72–78.

262. Bonfatti L. L'idrografia del XIII secolo sul confine tra i territori di Mantova e Reggio Emilia. In: Perboni M, editor. Terre di confine: il territorio di San Giovanni del Dosso e del destra Secchia nel Medioevo. Mantova: SAP Società Archeologica; 2003. pp. 13–18.

263. Mozzi P, Piovan S, Corrò E. Long-term drivers and impacts of abrupt river changes in managed lowlands of the Adige River and northern Po delta (Northern Italy). Quat Int. 2020;538: 80–93. doi:10.1016/j.quaint.2018.10.024

264. Moreno D. Improving land with water: Evidence of historical "colmate di monte" in the Trebbia- Aveto watershed. In: Maggi R, Montanari C, Moreno D, editors. L'approccio storico-ambientale al patrimonio rurale delle aree protette Materiali di studio dal 2nd workshop on Environmental History and Archaeology. Montebruno: All'Insegna del Giglio; 2002.

265. Cevasco A, Cevasco R. «Montagne che libbiano" e zone umide colmate? Il "lago" di Torrio (Val d'Aveto, Ferriere, PC)». In: Cevasco R, editor. La Natura Della Montagna. Sestri Levante: Gallucci; 2013. pp. 440–448.

266. Lillie M, Weir D. Alluvium and warping in the Humberhead Levels: The identification of factors

obscuring palaeo land surfaces and the archaeological record. Wetland Heritage of the Humberhead Levels; Van de Noort, R , Ellis, S , Eds. 1997; 191–218.

267. Mansell LJ, Whitehouse NJ, Gearey BR, Barratt P, Roe HM. Holocene floodplain palaeoecology of the Humberhead Levels; implications for regional wetland development. Quat Int. 2014;341: 91–109. doi:10.1016/j.quaint.2014.02.029

268. Lillie M, Weir D. Alluvium and warping in the lower Trent valley. In: Van de Noort R, Ellis S, editors. Wetland Heritage of the Ancholme and Lower Trent Valleys: An Archaeological Survey. Humber Wetlands Project, Centre for Wetland Archaeology, University of Hull; 1998. pp. 103–122.

269. Angiolini E, Torresan S. Archivio Storico del Comune di Novellara; Inventari. Comune di Novellara: Novellara; 2015.

270. Mori A. Le antiche bonifiche della bassa reggiana. Parma; 1923.

271. Eddy JA. The maunder minimum. Science. 1976;192: 1189–1202. doi:10.1126/science.192.4245.1189

272. Bortolotto S, Simonelli R, Favino P. Metodologie di raccolta, elaborazione e gestione delle conoscenze: la banca dati del territorio delle bonifiche. In: Ambrosini C, De Marchi PM, editors. Uomini e acque a San Benedetto Po Il governo del territorio tra passato e futuro Atti del convegno (Mantova-San Benedetto Po, 10-12 maggio 2007). All'Insegna del Giglio; 2010. pp. 97–100.

273. Manfredini L. Le bonifiche del primo Novecento dal progetto alla realizzazione: manufatti idraulici, sistemi idrografici ed edilizia rurale. In: Ambrosini C, De Marchi PM, editors. Uomini e acque a San Benedetto Po Il governo del territorio tra passato e futuro Atti del convegno (Mantova-San Benedetto Po, 10-12 maggio 2007). All'Insegna del Giglio; 2010. pp. 101–108.

274. Parmigiani C. San Benedetto e il Po. 2000 anni di lotta, bonifica, governo del fiume. Mantova; 2006.

275. Tress B, Tress G, van der Valk A, Fry G. Interdisciplinary and transdisciplinary landscape studies: potential and limitations. 2003. Available: https://edepot.wur.nl/15144

276. Piacente S, Badiali F. La ricerca transdisciplinare per la conoscenza e la valorizzazione del territorio. La ricerca transdisciplinare per la conoscenza e la valorizzazione del territorio. 2019; 105–116. doi:10.19272/201909101007

277. Lekakis S. Distancing and rapproching: Local communities and monuments in the Aegean sea — A case study from the Island of Naxos. Conserv Manag Archaeol Sites. 2013;15: 76–93. doi:10.1179/1350503313z.00000000048

278. Lekakis S. Conserving and Managing Ancient Monuments. Heritage Democracy and Inclusion. Conservation and Management of Archaeological Sites. 2015;17: 287–289. doi:10.1080/13505033.2015.1129802

279. Lekakis S, Dragouni M. Heritage in the making: Rural heritage and its mnemeiosis at Naxos island, Greece. J Rural Stud. 2020;77: 84–92. doi:10.1016/j.jrurstud.2020.04.021

280. Brocx M, Semeniuk V. Geoheritage and geoconservation – History, definition, scope and scale. J R Soc West Aust. 2007;90: 53–87.

281. Reynard E, Brilha J. Geoheritage: Assessment, Protection, and Management. Elsevier; 2017.

282. Bollati I, Crosa Lenz B, Zanoletti E, Pelfini M. Geomorphological mapping for the valorization of the alpine environment. A methodological proposal tested in the Loana Valley (Sesia Val Grande Geopark, Western Italian Alps). J Mt Sci. 2017;14: 1023–1038. doi:10.1007/s11629-017-4427-7

283. Giordano E, Giardino M, Perotti L, Ghiraldi L, Palomba M. Following the Tracks of Charlemagne in the Cottian Alps. The Cultural and Geological Heritage of the Franks Trail (Susa Valley, Piemonte, NW Italy). Geoheritage. 2016;8: 293–300. doi:10.1007/s12371-015-0158-8

284. Taha MMN, El-Asmar HM. Geo-Archeoheritage Sites Are at Risk, the Manzala Lagoon, NE Nile Delta Coast, Egypt. Geoheritage. 2018; 1–17. doi:10.1007/s12371-018-0297-9

285. Fouache E, Rasse M. Archaeology, geoarchaeology and geomorphosite management: towards a typology of geoarchaeosites. Geomorphosites Verlag Dr Friedrich Pfeil, München. 2009; 213–223.

286. Fouache E, Ecochard E, Kuzucuoğlu C, Carcaud N, Ekmemekçi M, Ulusoy I, et al. Palaeogeographical reconstruction and management challenges of an archaeological site listed by UNESCO : the case of the Letoon shrine in the Xanthos Plain (Turkey). Quaestiones Geographicae. 2012. doi:10.2478/v10117-012-0002-z

287. Fumagalli V. L'alba del Medioevo. Il Mulino; 2014.

288. Ambrosini C, De Marchi PM. Uomini e acque a San Benedetto Po. Il governo del territorio tra passato e futuro. Atti del convegno (Mantova-San Benedetto Po, 10-12 maggio 2007). All'Insegna del Giglio; 2010.

289. Bianchini G, Cremonini S, Di Giuseppe D, Gabusi R, Marchesini M, Vianello G, et al. Late Holocene palaeo-environmental reconstruction and human settlement in the eastern Po Plain (northern Italy). Catena. 2019;176: 324–335. doi:10.1016/j.catena.2019.01.025

290. Abballe M. The medieval rural settlement in Bassa Romagna: a first predictive model and future directions. Groma Doc archaeol. 2017;13. doi:10.12977/groma7

291. Abballe M. From scattered data to palaeolandscape reconstruction: a case study from the Romagna plain, Italy. In: Tagliani M, Canciani V, Tommasi F, editors. Humanities: Approaches, Contamination and Perspectives : Conference Proceedings. Cierre edizioni; 2020. pp. 73–86.

292. Turner S, Kinnaird T, Koparal E, Lekakis S, Sevara C. Landscape archaeology, sustainability and the necessity of change. World Archaeol. 2021; 1–18. doi:10.1080/00438243.2021.1932565

293. Turner S. Historic Landscape Characterisation: A landscape archaeology for research, management and planning. Landscape Res. 2006;31: 385–398. doi:10.1080/01426390601004376

294. Stephens L, Fuller D, Boivin N, Rick T, Gauthier N, Kay A, et al. Archaeological assessment reveals Earth's early transformation through land use. Science. 2019;365: 897–902. doi:10.1126/science.aax1192

295. Turner S, Bolòs J, Kinnaird T. Changes and continuities in a Mediterranean landscape: a new interdisciplinary approach to understanding historic character in western Catalonia. Landscape Res. 2018;43: 922–938. doi:10.1080/01426397.2017.1386778

296. Van Lanen RJ, Kosian MC. What wetlands can teach us: reconstructing historical water-management systems and their present-day importance through GIScience. Water Hist. 2020. doi:10.1007/s12685-020-00251-7

297. Luyet V, Schlaepfer R, Iorgulescu I. Identification and structuration of stakeholders: important steps in a participative process for a large project? Case study: the Third Rhône Correction Project (R3) in Switzerland (reviewed paper). Schweizerische Zeitschrift fur Forstwesen. 2006. pp. 464–470. doi:10.3188/szf.2006.0464

298. Clarvis MH, Fatichi S, Allan A, Fuhrer J, Stoffel M, Romerio F, et al. Governing and managing water resources under changing hydro-climatic contexts: The case of the upper Rhone basin. Environ Sci Policy. 2014;43: 56–67. doi:10.1016/j.envsci.2013.11.005

299. Kremer K, Corella JP, Hilbe M, Marillier F, Dupuy D, Zenhäusern G, et al. Changes in distal sedimentation regime of the Rhone delta system controlled by subaquatic channels (Lake Geneva, Switzerland/France). Mar Geol. 2015;370: 125–135. doi:10.1016/j.margeo.2015.10.013

300. Turner S, Kinnaird T, Varinlioğlu G, Şerifoğlu TE, Koparal E, Demirciler V, et al. Agricultural terraces in the Mediterranean: medieval intensification revealed by OSL profiling and dating. Antiquity. 2021;95: 773–790. doi:10.15184/aqy.2020.187

301. Carrer F, Kossowski TM, Wilk J, Pietrzak MB, Bivand RS. The application of Local Indicators for Categorical Data (LICD) to explore spatial dependence in archaeological spaces. J Archaeol Sci. 2021;126: 105306. doi:10.1016/j.jas.2020.105306

www.ingramcontent.com/pod-product-compliance
Lightning Source LLC
Chambersburg PA
CBHW061543010526
44113CB00023B/2785